작은 **외침,** 큰 **울림**

작은 외침, 큰 울림

현송(玄松) **허성재** 지음

도서출판 **태원**

|프|롤|로|그|

　끝을 알 수 없는 우주공간에서 지구의 일원, 사람이라는 존재로 태어나서 살아가는 우리, 그리고 나. 한때 나는 누구인가. 나는 **어떻게 살아야** 하는가. 나는 **무엇을 남길 것인가**를 놓고 **고민했었습니다.** 지금도 여전히 비슷한 고민을 떠안고 있습니다.

　한국인의 평균수명이 해마다 조금씩 늘어난다고는 하지만, 2024년 기준으로 **84.3세에 불과**합니다. 그동안 인류가 생활해 온 오랜 세월에 견줘보면 '**찰나**(刹那)'**에 지나지 않는 순간**을 우리들은 살고 있습니다.

　스치듯 지나는 **한 사람의 일생**은 같은 듯 다르고, 다른 듯 같은 모습으로 그 삶이 정형화되어 있지 않습니다. 끝을 가늠할 수 없고, 넓디넓은 시공(時空) 속에서 태어났다가 사라져가는 **희로애락의 과정**으로 정의되는 게 '**우리네 삶**'입니다.

　자연과학과 철학의 개념, 인류공영의 틀 속에서 다뤄지는 그 어떤 가치관으로도 딱히 정리되지 않는 명제가 우리네 인생사, **나의 인생사**입니다. 나의 뿌리, 나의 생각과 가치관, 거대한 공동체 속에서 나는 어떤 역할로 어떻게, 그리고 무엇을 지향하며 살았는지 '**자서전**(自敍傳)'**의 형식으로 정리**해봅니다.

우리나라는 연도별로 다소 변동은 있지만, 대략 17,000개가량 직업이 분포해 있는 것으로 알려져 있습니다. 그 많은 직업 중에서 하나를 선택하여 인생의 절반가량인 **41½년을 보낸 어느 직업공무원의 인생사**는 한 편의 드라마처럼 애환과 부침, 또 흥미와 신비를 담고 있습니다.

　어쩌면 찰나에 잠시 머물다 사라질 한 개인의 인생사는 사람마다 시각에 따라 인식의 차이가 있을 수 있기에 다른 사람들처럼 출세나 성공을 했건 못했건, 재력이나 권력을 가졌건 못 가졌건, 이를 **남김으로 정리함에** 있어 내게 **많은 고민과 용기가 필요**했습니다.

　우리 속담에 '호랑이는 죽어서 가죽을 남기고 사람은 죽어서 이름을 남긴다.'는 말이 있습니다. 내 의지와 무관하게 이 세상에 태어났지만, 내가 **살아오는 동안 내 의지대로 소신을 갖고 올곧게 살려고 발버둥**쳤습니다. 이제 또다시 내 의지와는 다르게 **존재에서 사라질 그 끝을 향해 한 걸음 한 걸음 내딛는 발걸음 또한 새로움**으로 남기고 싶습니다.

　'**공정과 정의**'라는 담론이 사람들 입에 오르내리고, 도처에 끊임없이 판치는 '**시기와 반목**', '**내 편 네 편**' 갈라치기, 희화

(戲化)되는 '내로남불'을 우리는, 나는 안타까운 눈빛으로 바라봅니다.

보편적이어야 할 '인간의 존엄'이 순간순간, 곳곳에서 적잖게 어긋나는데도 이를 자각하지 못하고 지나침이 반복되는 위선적인 모습들, 그리고 그것을 영혼 없이 따르는 무리들을 문득문득 자주자주 되짚어 보게 됩니다.

지식·기술·정보의 민주화로 축약된 '제3의 물결'을 넘어 지능혁명과 개인자본주의로 축약되는 '제4의 물결'에 이어, 머잖아 새로운 패러다임의 '제5의 물결'이 나오게 될지 모릅니다. 우리가 상상으로만 머물 수 없는 격변의 시대를 맞고 있습니다.

날마다 새로움이 다가오는 지금, 강산이 네 번쯤 바뀔 긴 세월동안 공직자로 살아온 나의 삶, 그리고 언제일지 모를 내 인생의 종착점을 향한 '찰나의 여정'에서 '작은 점(點)' 하나로 머문 나 자신을 온전히 발가벗습니다.

그동안 내가 존재했던 이유와 머문 동안 삶의 단편(斷片)을 보탬과 뺌 없이 그대로 드러냅니다. 「공직자가 남겨야 할 것, 작은 외침, 큰 울림」이란 이름으로 …

<玄松>

[축하의 글]

내가 알던 그 사람, 그 성정이 그대로 담긴 글

이공우 / 시인, 행정학 박사

　좋아하는 선현의 가르침 중에, 지인무기(至人無己) 신인무공(神人無功) 성인무명(聖人無名)이란 말씀이 있습니다(『莊子』, 內篇, 逍遙遊). 내가 즐겨 쓰는 '달인무계(達人無界)'라는 말은, 바로 여기에서 표절한 것입니다. 꽤 오래전부터 써왔지만, 옳은 표현인지는 여전히 자신이 없습니다. 의도하는 뜻은, '어느 한 분야에서 통달한 경지에 다다른 사람에게는 경계가 없어진다.'는 취지입니다. 그 추구하는 바가 진(眞)이든 선(善)이든 미(美)이든지를 막론하고, 한 장르에 달통하게 되면 인접한 다른 영역에도 어렵지 않게 접근할 수 있다는 의미입니다. 예컨대, 미술의 대가가 위대한 음악의 아름다움을 이해하는 데 무슨 막힘이 있겠어요? 실제로, 그리스·로마 시대의 위인(偉人) 들은, 대개가 사상가였던 동시에 예술인이었고 과학자이기도 했습니다. 심지어 레오나르도 다빈치(Leonardo da Vinci)는, 관여했던 분야의 이름을 모두 거론하기조차 힘들 정도라고 합니다. 미학·음악·구도·수리학(水理學)·생물학·해부학·지리학·기계설계·동물학·지질학·무기제작·수학·항공학 등에 접근했으며, '시대를 앞서갔던 만능인'을 뜻하는 '르네상스 인간(Renaissance Man)'을 대표하고 있습니다(DAUM 백과).

서설((序說)이 길어졌는데, 허성재님의 인간형을 생각하고 생각하고 또 생각하는 긴 사유(思惟) 끝에 정리한 것입니다. 30년 가까이 보아온 그분의 성정을 '달인무계'라는 말에 담아 설명할 수도 있겠다고 본 것이지요.

　내가 처음 만났을 때, 그이는, 도청 어느 국(局)의 업무를 두루 통찰하고 부서 안팎으로 협조하는 일을 맡은 주무관(主務官)이었습니다. 그때 나는, 도청의 업무 전체를 총괄해서, 보고서도 만들고, 각 분야의 업무가 이른바 당대의 도정철학(道政哲學)에 일관성 있게 부응할 수 있도록 기획하고 지원하는 일을 담당하는 자리에 있었습니다. 자연스럽게 각 부서의 주무관들과 자주 소통하면서 업무자료를 받아봐야 하는 그런 일이었지요. 그가 만들어 보낸 보고서를 처음 보았을 때의 기억이 지금도 생생합니다. 일부러 오시라 해서 어떤 분인지를 직접 보고자 했을 만큼, 차별적이었고 훌륭했습니다.
　수년의 차이를 두고 나도 그도 공직을 떠났으니, 소식이 뜸할 수밖에 없었지요. 이런저런 기회에 간간이 그의 소식을 듣던 어느 날, 그가 국전(國展)에서 서각(書刻) 부문에 상을 받아 '국전작가'가 되었다는 신문 보도를 접하고는 적잖게 놀랐습니다. '아니 언제 그런 예술적 감각을…?'하는 마음에 순간 놀라움이 일기는 했지만, 이내 이해가 되었습니다. 사실, 짧은 시간 안에 상대방의 이해를 구하고 설득시키는 한 장의 보고서(One Page Proposal)는, 그 구성과 완성도에 있어서 하나의 시각 미술품에 비추어 결코 다름이 없습니다. 표현의 함축성, 글자의 크기와 간격, 행간의 공간 배분, 강조점에 대한 액센트의 기법 등은, 우수한 미술작품의 조건 바로 그대로입니다. 그는 이미, 예술적 탁월성을 업무보고서를 통해 발현하고 있었던 것이죠.

그의 진면목을 다시 한 번 확인한 것은 그의 농장을 방문한 때였습니다. 퇴직 후 고향인 홍천에 마련한 새 삶의 터전이었습니다. 나지막한 야산을 등진 아담한 집, 다실(茶室)을 겸한 공방(工房), 그리고 한 폭의 수채화 같은 텃밭 사백여 평_ 그의 일상이 저절로 그려지고 마음이 편안해졌습니다. 함께한 누군가가 "마치 농촌진흥청의 시범포지를 방문한 것 같다."고 말했습니다. 그러나 내 눈에는 그가 만들어 보내던 깔끔한 업무자료가 보였습니다. 많지도 적지도 않은 분량, 가로로 세로로 정리 정돈된 구성, 보는 이의 인식과 시의성이 반영된 적절한 내용 같은 것 말입니다.

이번에 출간하는 그의 책을 읽어보면서, 나는 또다시 같은 맥락의 감명을 받았습니다. 재직시절 그가 만들어 넘겨오던 업무보고서를 떠올렸습니다. 방대한 자료를 꼼꼼하게 모아, 필요적 기준에 따라 치밀하게 분류 정리하여, 정해진 분량 한정된 지면에 담아내는 그 작업은, 한 편의 논문을 쓰는 그런 고난도의 실력입니다. 적정한 용어의 선택, 수미(首尾)가 상관(相關)하는 전개, 말하고자 하는 바에 대한 기승전결(起承轉結)의 논리 등에 따라, 보고서의 질(質)과 격(格)과 결이 결정되지요. 그는 그런 점에서 탁월했습니다. 이 책의 모든 글에는 그의 그런 능력과 특장(特長)이 그대로 배어 있었습니다.

물론 여기 모아놓은 글들은, 지은이가 걸어온 삶의 역정을 담아낸 이야기, 곧 자전(自傳) 에세이(essay)입니다. 그러나, 그의 삶 그 자체에 대해 무언가 말하기에, 나는 너무 부족함이 많은 사람입니다. 단지, 우리가 살면서 부딪치는 모든 것들을 대하는 그의 신실한 태도와 남다른 의식, 그런 점에서 이 책에 담긴 여러 내용에 대해 찬사를 보내는 것이며, 분명 우리 사회를 아름답고 풍요롭게 하는 데에 큰 보탬을 줄 것으로 믿습니다. 진심으로 축하의 말씀을 드립니다.

차례

프롤로그 ··· 2

축하의 글 / 이공우 ··· 5

1부 | 나는 누구인가? / 15

01 우주공간 작은 점 - 하나의 존재 ··· 17
02 나의 뿌리 ··· 18
03 유년시절의 기억 ··· 20
04 가난을 벗어나는 길 ··· 22
05 아는 게 힘 - 배워야 했다. ··· 24
06 가정·가족의 굴레 ··· 34
07 '올곧게 산다.'는 것 ··· 60

2부 | 41½년 공직생활 / 61

08 '정부미'의 의미 ··· 63

09 왜·어떻게 '정부미'가 되었나? … 64
10 말단공무원의 시작 - 읍(邑)서기 … 68
11 타향에서 고향으로 … 70
12 면(面)서기·군(郡)서기 … 71
13 도(道)서기가 되기까지 … 75
14 서무와 차석의 공통점 … 77
15 공무원의 실력 쌓기 … 79
16 야전침상의 실체 … 83
17 직제에 없는 '직함' 쓰기 … 85
18 감사관 '허칼' … 87
19 기술직의 한계 극복하기 … 93
20 인정받은 기획력 - 척척박사 … 97
21 구시대유물이 된 필체 … 105
22 공무원과 공직자의 차이 … 107
23 복지부동과 적극행정 … 109
24 인연, 그리고 악연 … 111
25 보람과 아픔 … 118
26 소신과 굴복 사이 … 135
27 희한하게 움직인 행정시스템 … 142
28 '친환경 학교급식'의 진실 … 143
29 '강원나물밥' 사태 … 152

30 공공의 적(敵) … 156
31 농산물원종장 통합이전 실패의 전모 … 162
32 사라져야 할 '편 가르기' … 169
33 지방자치, 정치와 행정 사이 … 172
34 일만 열심히 한다고 출세하는가? … 174
35 직책에만 집착하는 웃기는 교수 … 176
36 공직의 끝자락 - 협력관·연구위원에 … 188
37 나는 성공한 공직자인가 실패한 공무원인가? … 191

3부 | 고향 부군수…그 시작과 끝 / 195

38 부군수 되기까지 … 197
39 취임식 없이 시작한 직무 … 200
40 간부회의 준비와 주재 … 205
41 직접 쓴 행사 스피치 … 207
42 행정체계 바로잡기 … 209
43 바보 부군수 만드는 일들 … 218
44 군수와 부군수 예우 차이 … 223
45 방패막이 - 배짱 있는 부군수 … 226
46 직원을 보호하라 … 233

47 위기관리 능력이란 … 237
48 부군수 생명 연장 … 240
49 '갖고 싶다. 허성재!' … 245
50 악연으로 남은 지방선거 – 군수 권한대행 … 247
51 총괄에서 실무까지 – 때론 실무 주무관 … 265
52 인사권 행사의 폐해 … 269
53 사라진 이임사 … 285

4부 | 예술의 길, 예술인 / 289

54 왜 '예술인'이 되었나? … 291
55 유명해진 서각작가 … 294
56 서각작가의 남김 … 300
57 협회 감사 – 무엇이 문제인지 … 302
58 서각으로 끝낼 것인가? … 304

5부 | 무엇을 남기나 / 307

59 삶을 되돌아보며 … 309

60 '가죽'과 '이름' 무엇이 남을까? … 313
61 악연으로 남은 그들에게 … 315
62 이번 생을 어떻게 마무리해야 하나? … 318
63 남겨진 삶을 향해 … 319

에필로그 … **321**

 # | 부록 / 325

\# 01 프로필(profile) … 327
\# 02 진화해 온 모습 … 330
\# 03 언론에 남겨진 흔적 … 331
\# 04 사진 속 기억들 … 345

1부 ‖ 나는 누구인가?

[생활신조 '올곧게 살자.'를 표현한 서각작품]

01 | 우주공간 작은 점- 하나의 존재

우주공간에서 사는 우리들이 알고 있는 수(數)는 어디까지일까? 언젠가 접했던 수의 개념, 즉 1로 시작해서 천(千), 만(萬), 억(億), 조(兆), 경(京), 재(載)까지는 대략 알고 있다.

그런데 재(載)보다 만 배가 커 인도 겐지스강의 모래알만큼 많다는 '항하사(恒河沙)'를 거쳐, 이보다 만 배가 큰 '아승기(阿僧祇)', 또 만 배가 큰 '나유타(那由他)', 또 만 배가 큰 '불가사의(不可思議)'에 이어 또다시 만 배가 커서 한글로 표현되는 마지막 숫자로 10^{68}인 '무량수(無量數)[1]' 등은 쉽게 접하지 못하는 개념이다. 최근에는 10^{100}인 숫자를 'googol'로, 또 10^{googol}인 숫자를 'googolplex'라고 영어로 쓰는 숫자 개념도 나왔다.

이처럼 우주공간에는 그 끝을 알 수 없는 수많은 생명체나 개체수가 존재한다. 그 중 대한민국 강원특별자치도 홍천군 화촌면 군업리 작은 시골마을에서 태어나 수많은 존재의 한 점으로 살아온 사람. 그가 바로 **현송(玄松) 허성재**다.

그 존재의 시작점은 1963년 음력 3월 25일 여명이 밝아오던 아침 여섯 시경 홍천의 한적한 시골마을 말고개 아래 허름한 초가집이었다. 아버지 허건영과 어머니 김종순 사이에서 태어난 아홉 명의 자녀 중 위로 둘, 아래로 둘은 일찍 세상을 떠났고, 운 좋게 살아남은 나는 다섯 남매 중 막내가 되었다. 절대빈곤 속에서 어머니로부터 모유(母乳)도 제대로 못 먹고 밥물로 대체해야 했던 지독히 어려운 환경을 딛고 살아남았단다.

수많은 우주공간의 존재 중에 작은 점 하나. 참으로 다행스럽고 **귀한 존재**가 아닐 수 없다.

---

[1] 일부에서는 10^{68}인 무량(無量)과 10^{72}인 대수(大數)로 나누기도 함.

02 | 나의 뿌리

성씨(姓氏)는 한 혈통을 잇는 족속(族屬)을 일컫는 개념으로, 특정 인물을 시조(始祖)로 하여 대대로 이어져 내려오는 단계(單係) 혈연집단을 가리킨다. 자기 혈족과 다른 혈족을 구별하는 데 중요한 기능을 하는 성은 원시사회부터 발생한 인류문화의 보편적 현상이다. 우리나라 성씨는 대략 5,600개쯤 되는 걸로 알려져 있다.

이중 김(金)씨, 이(李)씨, 박(朴)씨가 전체 인구의 45%를 차지할 정도로 많고, 허(許)씨는 대략 28위 정도로 김해(金海), 양천(陽川), 태인(泰仁), 하양(河陽), 함창(咸昌) 등 5개의 본관으로 나뉜다. 김해 허씨 인구분포는 약 134천여 명으로 전체 인구의 0.26%에 이른다.

김해 허씨 시조 허염(許琰)은 가락국 수로왕비 허황후의 35세손으로 그는 고려 때 삼중대광(三重大匡)[2]을 지내고 가락군(駕洛君)에 봉해졌다고 한다. 필자인 나는 **김해 허씨**(金海 許氏) **공휘원파**(公諱源派)의 **8세손**으로 **전체 계보로는 30세손**이다.

나의 계보(系譜) 중 직접 뵌 분은 조계(祖系)로 평생 일 안하시며 한량으로 지내신 할아버지와 내가 어릴 적에 돌아가신 할머니, 그리고 고모할머니 이렇게 세 분이 전부다. 부계(父系)로는 장남이신 아버지를 포함 4남 1녀 중 고모 한 분만 생존해 계신다.

아버지는 기골이 장대하시고 평생 농사일을 하셨는데 손재주가 있으셔서 손수 집을 짓는 등 대목수(大木手)일도 하셨고

---
[2] 정1품위 문관

틈틈이 부업으로 벌목작업을 하시기도 하셨다. 어머니는 부지런하신 성품으로 평생 밭농사와 누에를 치는 등 농사일을 하셨다.

김해 허씨 계보에서 벼슬을 한 선친들은 시조이신 허염(許琰)에 이어, 그 후손들이 병부시랑, 충주밀직부사, 현감 등 초기에는 여러 관직을 지낸 것이 「김해 허씨 계보」에 기록되어 전해오고 있으나, 최근 들어 가까운 집안에 큰 벼슬을 한 사람은 별로 없다.

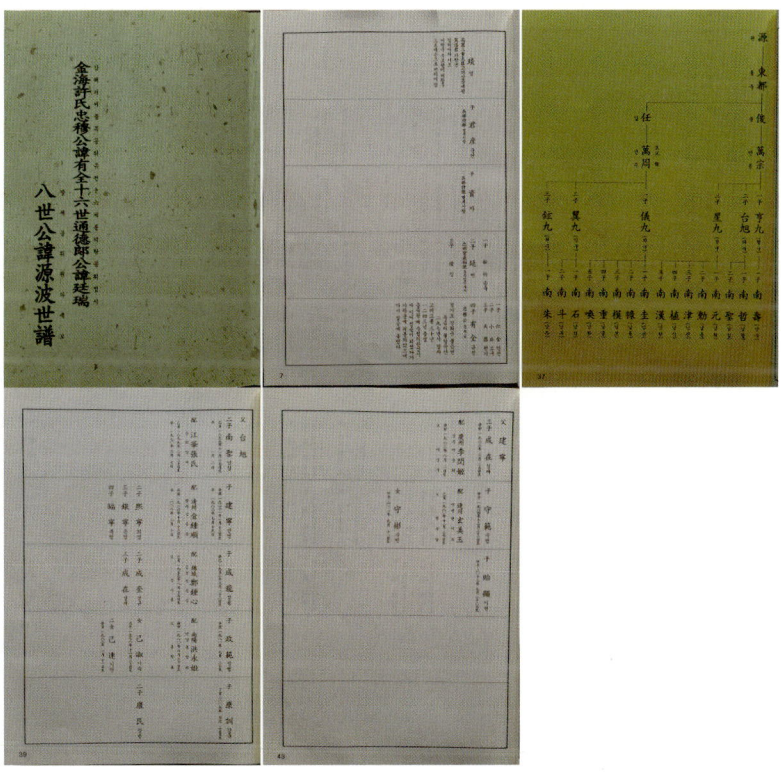

[1-1] **김해 허씨 공휘원파 계보** / 2013. 8월 홍천종친회 발행

03 | 유년시절의 기억

내가 태어난 곳인 홍천군 화촌면 군업리의 기억은 어렴풋이 남아 있는 초가집 형상과 계단식 다랑논에서 농사일 하시던 아버지를 아장아장 따라다녔던 어스름한 두 조각 밖에 남아있지 않다. 다섯 살 때 **내촌면 도관리**로 이사를 했고 그곳을 **고향으로 삼아 성장**했기 때문이다.

초등학교에 입학할 때까지는 사랑방에 앓아누우셨던 할머니가 돌아가셔서 장례치를 때 많은 사람들이 모였던 기억, 옥수수 나물밥, 찐 감자, 올챙이국수, 등잔불… 그런 모습들이 희미하게 떠오르는 게 전부다.

아버지가 일제징용에서 돌아오실 때 입고 오셨다는 국방색 코트를 잘라 어머니가 손수 바느질해서 만들어주신 옷을 입고 초등학교에 입학했었다.

초등학교 5학년 때 막내 동생이 물에 빠져 죽었던 슬픔, 그리고 초등학교 6년 내내 검정고무신만 신었던 기억, 초등·중학생 때 돈이 없어 수학여행을 못간 몇 명 안 되는 학생이 되어 부러움 가득한 채 집에서 놀았던 아픈

[1-2] 초등학교 졸업 때 츄리닝 입은 모습

추억, 중학생 때부터 꼴3)을 베고, 겨울철 농목(農木)4) 하는데 일손을 보탰던 기억들이 어렴풋하거나 생생하게 남아 있다.

---

3) 소에게 먹이는 풀
4) 농가에서 농사지을 동안에 쓸 땔나무

장거리5)에서 멀리 떨어진 외딴 곳에 홀로 자리한 집에서 산 까닭에 오솔길로 혼자 한 시간 가깝게 걸어야 했던 등하굣길의 어려움을 겪었다. 따라서 중학교 1학년 때 들어온 전기의 혜택을 학창시절은 물론, 면사무소에 근무하던 직장생활 초기까지 누리지 못한 채 호롱불·호야등6) 아래서 공부하며 생활했었다. 그럼에도 다섯 남매 중 막내인데도 유일하게 중학교와 고등학교에 진학하는 호사를 누렸던 건 행운이자 내가 공직에 진출하게 된 기회이고 밑바탕이 되었다.

고등학교는 작은 누님이 서울에서 공장생활로 입학금을 대주시고 '자가영농 시범학교'로 지정되어 전교생의 50%는 학비가 면제되었던 농고에 진학하여 부모님의 부담을 덜며 학교를 다닐 수 있었다.

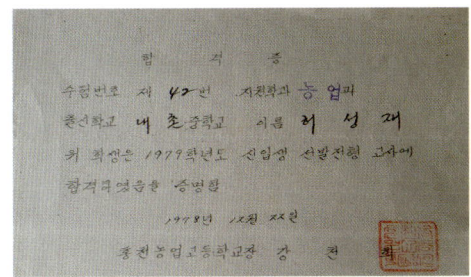

[1-3] 홍천농업고등학교 입학 합격증

지금의 농고는 모집인원 미달로 골머리를 앓지만, 당시 5개과 300명 정원에 약 450여 명이 응시하여 150여 명이 탈락한 가운데 전체 4등으로 입학했으니 나름대로 공부는 꽤 했었다.

고등학교에 다니던 3년 동안 40km가 넘는 내촌-홍천 구간 구불구불한 비포장도로를 오가던 완행버스로 왕복 2시간 넘게 매일매일 통학하는 악조건에서도 1, 2등을 다투는 학업성적으로 고등학교를 졸업했다. 돌이켜보면 **가난했던 가정경제**와 **어려웠던 주변 환경**이 오늘의 내가 있게 한 **자양분**이 됐다.

---

5) 오일장이 서던 길거리로 필자가 다니던 학교 등이 밀집한 내촌면 도관리의 소재지
6) 석유를 넣은 그릇의 심지에 불을 붙이고 유리로 만든 등피를 끼운 등(燈)

04 | 가난을 벗어나는 길

　한국 사회는 조선시대 말기부터 시작된 일본의 수탈과 1950년 6.25전쟁으로 20세기 초반까지 전쟁의 상처와 가난에서 벗어나지 못하고 있는 상태였다.
　1961년 박정희 정권이 시작되면서 본격적인 산업화가 도래했다. 1962년 제1차 경제개발 5개년 계획(1962~1966)을 시작으로 국가가 시장 경제에 적극 개입하는 한국식 발전 모델이 출현했던 시기였다. 한국 경제의 틀을 새롭게 바꾸려는 과도기에 내가 태어났다.
　내가 태어난 1963년에 농림수산업의 비중이 63.1%를 차지하였고, 광공업의 비중은 불과 8.7%에 그쳐 당시 전형적인 농업국가에서 벗어나지 못하였다. 그럼에도 전통적인 농업방식으로 인한 낮은 생산성은 절대빈곤을 벗어날 수 없었던 시기였다. 농촌에서 가난한 농부의 아들로 태어난 나는 춥고 배고픈 유년기를 보내야 했다.
　산업화의 거대한 물결 속에서 초등학교만 겨우 졸업하는 둥 마는 둥 했던 형과 누이들은 서울로 올라가 산업현장에서 남들과 비슷하게 돈을 벌어야 했고, 큰 형님은 시골에서 부모님과 농사를 지으셨는데, 운 좋게 중·고등학교에 진학하게 된 나는 맘껏 배불리 먹을 수 없었던 가난 속에서도 틈틈이 농사일을 거들며 유년기와 청소년기를 보냈다.
　도회지에서 전기와 전화를 비롯한 나름의 문화를 누리며, 예쁜 신발에 예쁜 옷을 입었던 또래 아이들과 비교되는 부러움을 안고 성장했다. 다섯 남매 중 유일하게 중·고등학교를 졸업하게 된 호사스러움은 어린 나이였음에도 '나는 배웠으니

다른 사람들 보다는 성공한 사람이 돼야 한다.'는 강박관념(强迫觀念)과 책임감이 다가왔었다.

농고를 다니면서 미숙하게나마 접했던 새로운 영농기법을 텃밭에 조금씩 적용해 보는 시도도 해봤지만, 다랑논과 비탈진 밭, 전기도 안 들어온 외딴집, 규모화되지 못한 농사일로는 도저히 미래를 향한 비전을 찾을 수 없었다.

완전한 형태는 아닐지라도 산업화·공업화의 진전과 통일벼로 대표되는 녹색혁명의 성과들이 나타나면서 고등학생 때가 돼서야 배고픔은 어느 정도 해소될 수 있었다. 형과 누이들보다 공부를 더 한 나로서는 '잘 사는 미래를 내 스스로 찾아 열어야 한다.'는 고민으로 보낸 고등학교 재학시절이었다.

'가난을 벗어나는 길', '무지갯빛 내 인생의 진로', '나는 어떤 길을 걸어야 하나?'… 이런 무거운 명제들을 품고 지내느라 나의 학창시절은 남들 다하는 담배는 물론, 당시 유행했던 통기타 치며 유행가 부르던 호사(好事)는 엄두도 내지 못했었다.

오직 바보스러울 만큼 주요 대학의 합격 커트라인을 살펴보고, 농고출신에 다소 유리한 농림직·지도직 공무원과 순경시험과목에 관심을 두고 흐릿한 등잔불 아래서 공부하는 게 일상이었다.

그래서 일까! **'노력은 결과를 배신하지 않는다.'**는 말처럼 대대로 이어오던 농사일을 벗고 뒤에서 따로 다루게 될 내 인생의 직업이 된 **'공직생활'**을 시작할 수 있는 **터전을 고등학교 3학년 1학기**에 이뤘다. 고등학생이 공무원시험에 합격했다는 소문이 작은 시골동네에 퍼지고, 동네 선·후배들로부터 "공부했던 책을 달라."고 하는 등 부러움의 대상이 되기도 했다. 이로 인해 풍족하진 않지만 가난을 벗을 수 있게 됐다.

05 | 아는 게 힘- 배워야 했다.

■ 대학 진학에 실패하다. ■

고등학교 3학년 1학기에 강원도 농림직 공개경쟁채용시험에 합격하여 재학 중에 춘천 석사동에 위치한 강원도지방공무원교육원에서 8주간의 합숙교육을 이수하는 등 더 이상 내가 직업선택에 고민하지 않아도 되었지만, 나는 대학에 꼭 진학하고 싶었다. 처음부터 공무원은 꼭 하려는 생각보다 공무원시험의 출제경향과 수준 등을 알아보고픈 생각에서 접근했었기 때문이었다. 고등학교에 진학한 초기부터 '나는 대학에 간다.'는 큰 꿈을 안고 부모님과 상의도 없이 혼자서 대입학력고사 준비를 했다.

농고의 교과편성은 인문과목의 비중이 매우 적을 뿐만 아니라, 학업의 목적, 방향, 교과편성 등에 비춰 근원적으로 대학진학과는 거리가 멀었다. 영어와 수학은 1학년 때에만 1주일에 각 1교시에 불과하고 대부분 농업계열 전문교과 위주로 편성되었기 때문에 대입학력고사 준비는 거의 독학이나 다름이 없었다.

가정 형편도 있어서 부모님과 상의도 안하고 나 혼자만의 비밀공부다보니 입시학원은 생각조차 할 수 없었다. 집에 전기도 안 들어오니 TV 교육방송 특강도 접할 수 없었다. '계란으로 바위치기'라 할 수 있는 불가능에 가까운 도전이었다.

그래도 나름 열심히 준비를 했다. 진학을 못해도 '면서기(面書記)'는 할 수 있으니 강박감은 다소 덜 수 있었다. 담임 선생님을 설득해서 응시원서를 내고 1982학년도 대입학력고사를 치른 결과 320점 만점에 164점의 성적을 얻었다. 내신 성적은 3학년 1학기 중에 8주간의 지방공무원교육원 신규임용후보자과정 합숙교육 입교에 따라 기말시험을 보지 못하여 직전 중간고사 성적의 80%를 적용하는 학칙규정으로 1등급은 놓치고 2등급을 받았다.

당시 이 성적으로는 잘 하면 강원대학교 동일계열인 농과대학 농학과에 합격할 수 있는 어중간한 점수였다. 다만, '공무원 신규후보자 과정'교육 입교로 인한 34일간의 결석이 내신 성적 적용에서 대략 8점정도 감점되는 불리함을 감내해야 했다.

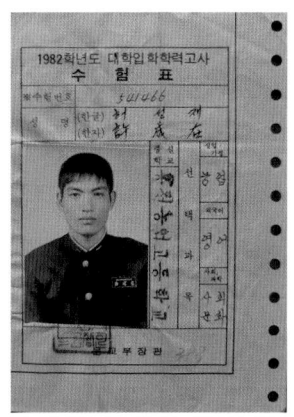

[1-4] 대입학력고사 수험표

강원대학교 농과대학 농학과에 응시원서를 내고 입시전형에 참여했다. 면접관이 "집에 농사지을 수 있는 농지가 얼마나 되느냐?"는 질문에 나는 "논밭 5,000평정도 됩니다."고 답변하니, 다시 "5,000평이면 몇 정보인가?"라고 묻기에 "1정보가 3,000평이니 약 1.7정보쯤 됩니다."라는 답변을 했던 기억에 비춰 면접은 무난히 끝냈다고 생각했다. 그러나 결과는 합격하지 못했다. **강원대 진학의 실패**는 결과적으로 내가 **공무원 생활을 계속할 수 있었던 계기**가 되었다.

■ 두 개의 학사학위를 얻다. ■

아쉬움 가득한 대학 진학에 실패하고 고등학교 졸업직전 발령받아 시작한 공직생활을 하면서 스스로의 의지와 노력만 있으면 배움과 학위취득의 길은 얼마든지 있다는 사실을 알았다. 공직 생활을 하면서 주변 선배나 동료들이 방송통신대학에 진학하여 틈틈이 공부해서 학위를 취득하는 모습들을 접하게 되었고, 나도 도전하기로 했다.

홍천군 산업과에 근무할 때인 1984년 한국방송통신대학교 행정학과에 입학하여 협력학교인 강원대학교에서 학기별로 평일에 며칠씩 있는 출석 수업을 수강하기도 했지만, 당시 홍천군이 「일선행정강화 시범 군[7]」인 까닭에 9급 말단직원인 내가 특작계 차석으로 근무하다보니 평일 휴가 내는 게 부담이 됐고, 또 요즘처럼 교통여건도 좋지 않아 춘천까지 수강하러 오가는 것도 수월찮아 결국 두 학기를 수강하고 중도에 포기했다.

서울 올림픽이 열린 1988년 8월 강원도청에 전입한 이후 주변에 방송통신대학교 교육과정을 수강하는 선배·동료직원들이 많았고 출석수업도 토·일요일에 집중되는 방향으로 바뀐 데다 지역학습관이 춘천에 있으니 수강여건이 크게 개선된 데에 힘입어 1991년 행정학과에 다시 입학했다.

소위 말단 공무원 신분에서 정시퇴근은 꿈도 꾸지 못하던 시절에 늦은 밤 학기별로 두꺼운 교재를 읽고 녹음테이프를 카세트로 들으며 공부한다는 게 쉬운 일이 아니었다. 심오하지 않은 벼락치기 공부인 까닭에 1학년 교양과목인 「철학개론」은 '베이컨의 경험론과 데카르트의 합리론을 비교 설명하라.'는 주관식 중간고사를 바꿔 썼던 씁쓸함을 포함해 몇 과목은 1, 2점이 부족해 몇 자루의 권총(F학점)을 받아 재수강하기도 했다.

다행히 같은 학과에 동료직원 5명이 그룹을 이뤄 주관식 시험의 예상문제를 공유하기도 했고, 나보다 나이 많은 만학

---

[7] 읍·면 기능 강화를 위해 읍·면 차석에 실무고참인 7급을, 군청 계(팀)의 차석은 하위직인 8·9급으로 배치하던 당시의 인사운용 지침

동료들과 함께 하면서 서로에게 의지가 되기도 했었다.

전 학년 평점 2.0 이상이면 졸업시험 없이 연구논문으로 대체되는 학칙을 적용받아 어렵다는 졸업시험도 안 치르고 한 번 중도 포기했었던 한국방송통신대학교를 재입학 5년 만인 1996년 2월 **「행정학사」 학위**를 취득하면서, 그토록 꿈꿔왔던 대학을 졸업했다. 대학 못간 한(恨)을 풀었다.

서울 올림픽공원 펜싱경기장에서 있었던 대학졸업식에 직접 참석하여 학사복을 입고 학사모를 썼던 기억은 아직도 또렷하다. 졸업기념 선물로 장모님이 주신 1돈짜리 황금 넥타이핀은 아직도 소장하고 있다.

행정학과를 졸업하던 그 해 같은 학교 농학과 3학년에 편입학했다. 편입학한 이유는 첫째는 비교적 어려운 교양과목 중심의 1, 2학년 과정을 건너 뛸 수 있고, 둘째는 농업직렬인 내가 훗날 농업연구관 단수직(單數職)으로 보임되던 당시의 농산물원종장장이나 감자원종장장 등 농업관련 사업소장이 되려면 농업전공 학위가 있어야 연구직으로의 전직(轉職)임용이 가능했기에 미리 준비해 둘 필요성 때문이었다.

인문계열 교양과목 없이 전공교과 위주의 농학과 3, 4학년 교과는 농고 출신이라 기본 소양은 갖춰진데다 고등학교보다 심오할 뿐 자연과학계열의 교과를 공부하는데 큰 어려움은 없었다.

다만, 「잡초학」은 농약종류가 유기인계·카바메이트계·유황계·유기비소계 등으로 나뉘는데 화학에 대한 이해가 부족한 나로서는 암기하거나 이해하는 데 어려움이 있었다.

또한, 「식용작물학Ⅰ」의 경우 '벼 육묘에 있어 스트레스가 생육상황에 미치는 현상을 비교하라.'는 실습과제로 당시 서울사무소에 근무하면서 관사로 살았던 가락동 주공아파트의 베란다에다가 벼 육묘상자 1개에 볍씨를 파종하고 표준구와 실험구로 밭을 나눠 관리·관찰하면서 과제를 수행했었던 기억이 아직도 생생하게 남아 있다.

그 외에는 큰 어려움 없이 농학계열의 전공교과들을 이수했고, 성적 또한 행정학 전공 때보다는 잘 나와서 비교적 수월하게 마칠 수 있었다. 그렇게 편입학 2년 만인 1998년 2월 두 번째 학사인 「농학사」학위를 취득했다.

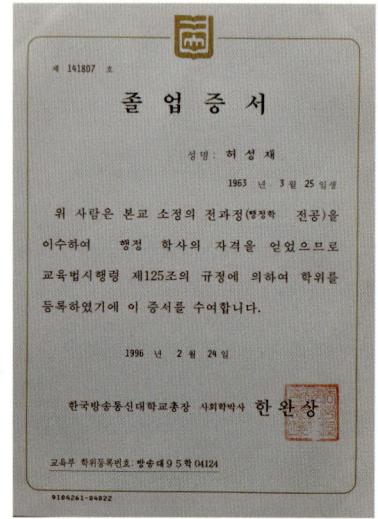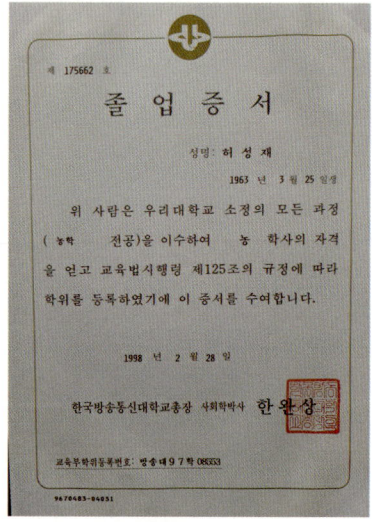

[1-5] 방송통신대학교 행정학과·농학과 졸업증서

■ 대학원을 졸업 - 행정학석사가 되다. ■

두 번째 '학사학위'를 받은 지 10년 쯤 지난 시절이었다. 그동안 중견실무자인 '주사'에서 초급관리자인 '사무관'으로 승진도 했고, 더 늦기 전에 공부를 조금 더 해야겠다싶었다. 대학원 석사과정에 도전하기로 하고 입학전형을 살폈다.

공직에 몸담고 있는 현실을 감안하여 야간과정으로 범위를 좁혀 검토했다. 강원대학교 경영대학원과 연세대학교 정경대학원을 놓고 장·단점을 비교했다. 강원대대학원은 4학기 과정으로 생활근거지인 춘천에 소재해 있고, 국립이라 한 학기 학비가 100여만 원으로 저렴한 반면, 연세대대학원은 원주까지 왕복해야 하는데다 사립이라 한 학기 학비만 500여만 원으로 경제적 부담 요인이 됐고, 5학기 과정으로 학사운영 기간도 길었다. 다만 연세대학교와 강원도 사이에 「위·수탁 교육 협약」을 체결하여 성적만 좋으면 학비의 50%를 장학금으로 감면받을 수 있었다.

나는 "기왕이면 S·K·Y 중 하나인 소위 명문대학교로 가자!"는 생각에 2008년 연세대학교 정경대학원 행정학전공 과정에 응시원서를 내서 합격했다.

매주 수요일 정시 퇴근과 동시 과속으로 원주에 위치한 연세대학교 매지(원주)캠퍼스에 도착해서 동문회가 준비한 샌드위치나 빵 조각으로 저녁을 때우고 오후 7시부터 자정까지 6시간의 강의를 듣고 집에 돌아오면 새벽 두시 가까이 되는 강행군을 2년 반 동안 해야 했다.

첫 학기인 2008년 전반기 첫 성적표로 공통과목인 통합세미나 P, 전공과목인 일반행정이론, 정부개혁론, 지역혁신체계론, 행정관리자론 4과목 모두 A^+로 4.3점[8] 만점을 받았다. 이는 학업성적에 욕심을 내서 **5학기 내내 '열공' 하는 계기**가 되었다.

2008년 전반기부터 2010년 전반기까지 5학기동안 이어진 대학원 수강 과정은 정말 힘들었다. 첫 성적이 만점인 까닭에 개인적인 공부 욕심으로 기말고사의 예상문제와 답안 정리, 이해와 암기 등 사서 고생한 측면도 있고, 초급관리자인 사무관으로 강원도의회사무처 의정담당으로 근무를 하던 시기였다. 상임위원회 의사일정 관리와 위원회 의사운영, 의안검토보고서

---

8) 국내 대부분의 학점등급 및 체계가 4.5점 만점이나 연세대학교는 4.3점 만점임

작성 등 고유 업무관리 외에도 회기 중에는 비록 야간이라 할 지라도 수강을 위해 일정을 비우는데 제약이 따랐다.

그럼에도 상임위원장님과 도의원님들의 이해와 배려로 2년 반의 긴 대학원 과정을 잘 마칠 수 있었다. 5학기 전체 성적이 4.3점 만점에 4.23점으로 대학원 전체 수석은 못했지만 '**행정학전공 수석**'으로 졸업식장에서 상장을 받았고, 지방 신문에 기사화 되는 영광도 안았다.

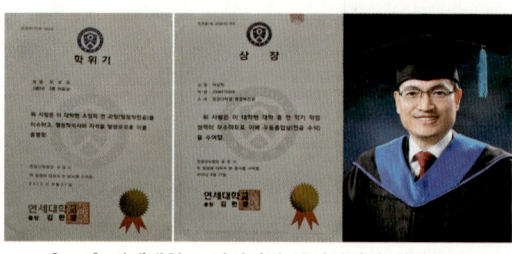

[1-6] 연세대학교 석사과정 졸업사진과 학위증서

[1-7] 연세대학교 정경대학원 행정학석사 학위취득 보도기사

대학원 마지막 학기인 5학기는 공통과목으로 「통합강좌」한 과목뿐이었다. 이는 논문이나 리포트 작성요령 등을 강의하고 졸업논문이나 연구보고서를 작성하는 교과이다.

수강생 모두 본인 희망에 따라 논문 또는 연구보고서를 의무적으로 제출해야 했는데, 나는 「연구보고서」로 선택하여

과제를 수행했다.

연구과제는 1998년부터 2010년까지 3선의 민선 김진선 도정의 농어촌혁신운동이었던 **「새농어촌건설운동의 문제와 개선방안」**으로 정하고, 이 운동의 그동안의 성과와 문제, 보완발전 과제 등을 심층적으로 분석하여 **미래지향적 운동으로 발돋움 시키기 위한 대안제시에 중점**을 두었다.

그 이유는 이 운동이 강원농정의 핵심 사업으로 농어촌 혁신의 발판을 마련하여 잘 사는 농어촌을 만드는데 크게 기여했다는 순기능에도 불구하고 상사업비를 둘러싼 마을 갈등과 불협화음이 자주 발생하는 등 많은 역기능이 나타나서 내가 속해있던 도의회 의원들의 문제제기가 빈발했는데도 집행부의 P국장과 관련부서에서 개선의지가 별로 없었기 때문이었다.

나의 대학원 통합강좌 「연구보고서」는 논문화 되지는 못했지만 A⁺학점을 받은 점에 비춰 **손색이 없는 '연구보고서'**였다고 자부한다.

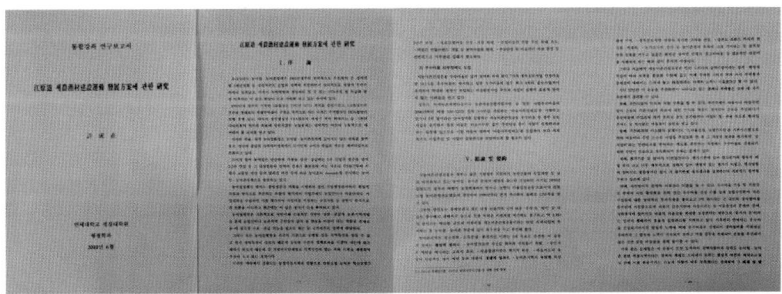

[1-8] 연세대학교 석사과정 연구보고서(발췌)

대학원 졸업이후 얼마 지나지 않아 최문순 도지사님과 같은 당 소속인 K 도의원이 졸업논문을 보고 싶다고 해서 졸업논문이 아닌 「연구보고서」로 대체했다고 하니 1부 달라고 해서 전달했다. 나중에 알고 보니, 이를 도지사 비서실에 전달해서 도지사님께 보고되어 「새농어촌건설운동 개선방안」검토 방향으로 메모가 집행부에 하달됐고, 2012년부터 **보완된 새농어촌건설 운동 지침으로 반영되는 모토**(母土)로 활용되기도 했다.

■ 연세대학교 「고위자과정」을 수료하다. ■

석사 학위를 취득하고 나니 더 이상 제도권에서의 학습 기회는 없을 것이라고 생각했다. 그런 까닭에 그 때부터는 독서의 시간을 가졌다.

교보문고에 회원가입을 해서 내게 직·간접적으로 도움이 될 만한 여러 분야의 책들을 주문해서 읽었다. 인문학, 자연과학, 시사, 철학 … 한 달에 10권 넘는 분량의 책들을 정독하고 필요한 내용들은 요점도 정리하는 방식이었다. 이는 내가 공·사생활에서 글을 쓰거나 말을 할 때 많은 도움이 되기도 했다.

그러던 중 연세대학교 정경대학원 고위자과정 모집내용을 접하고 또다시 참여하기로 했다. 각계의 전문가들 강의도 듣고 인적 교류도 할 수 있겠다 싶었다.

2011년 4월부터 2012년 2월까지 1년간 이어진 고위자과정은 정규 교육과정이 아닌 평생학습 차원으로 운영되는 과정이어서 일단 평가가 없으니 부담이 없고, 정치·경제·사회·문화 등 여러 부문과 관련 분야 전문가들의 강의를 듣고, **관리자로서 갖춰야할 소양들을 접하는 소중한 계기**였다.

당시 강원도의회사무처에 재직하던 시절로 그 해 4월 27일 보궐선거로 취임하신 최문순 도지사님을 가까이서 뵙지 못하고 지냈었는데 마침 「도지사 특강」 일정이 잡혀 학교에서 영접 안내했고, 강의 도중에 '이 자리에는 우리 도청의 농촌개발 전문가도 한 분이 참여하고 있다.'는 소개를 세 번이나 하셨던 기억도 있다.

이 과정에 함께했던 사람들은 당시 정치지망생이었던 L·S 등 두 사람은 훗날 지역구 국회의원으로 활동하기도 했고, 원주 지역에서 나름 성공했거나 중요한 역할을 하고 있는 이들과의 인적 네트워크를 구축했다는 점에서 매우 유익한 교육과정이었다.

[1-7] 연세대학교 고위자과정 수료증 / 기념사진

06 | 가정·가족의 굴레

　가정(家庭)은 사전적 의미로 '부부를 중심으로 그 부모나 자녀를 포함한 집단과 그들이 살아가는 물리적 공간인 집을 포함한 생활 공동체를 통틀어 이르는 말'이다. 가족(家族)은 '1. 부부를 중심으로 하여 그로부터 생겨난 아들, 딸, 손자, 손녀 등으로 구성된 집단, 2.동일한 가족관계등록부 안에 있는 친족, 3.같은 조직체에 속하여 있거나 뜻을 같이하는 사람을 비유적으로 이르는 말'이다.
　사람이 살아가는 희로애락의 과정에 '가정'과 '가족'은 뗄 수 없는 용어이자 관계이다. 누구나 겪었을 희로애락이 반복되고 쌓였을 것처럼 나도 지금껏 혼자 살지 않았으니 가정을 이뤘고, 가족이 있다. 책에 남기는데 수많은 **번민과 고민**의 과정을 거쳐야만 했던 **'곡절'과 '굴레'의 가정과 가족사**다.

■ 나의 아버지, 그리고 어머니 ■

　나의 부모님은 교육의 혜택을 누리지 못하신 분들이다. 평생을 농사일로 사셨다 해도 과언이 아닌 부모님들. 내가 아는, 내 기억에 남은 부모님의 삶은 고단함의 연속이었다.

[1-10] 소장하고 있는 한 장의 부모님 사진

　아버지는 1921년 태어나셨다. 평생 일을 모르고 사셨던 할아버지와 일찍 세상을 떠나신 할머니 슬하에서 5남 1녀 중 장남이셨던 당신의 일생은 부모 형제, 자식들을 거둬야 하는 큰 짐을 지고 사셨다.

일제치하에서 장남이 탄광으로 징용을 다녀오셨던 아버지, 내가 직접 목도(目睹)하지 못하고 전해들은 얘기지만, 징용기간 큰 소 9마리를 살 수 있는 큰돈을 모아 오셨는데 한량처럼 지내셨던 할아버지가 모조리 쓰셨단다. 징용에서 큰돈을 모으실 정도면 당신의 강인한 생활력을 읽기에 충분하다.

내가 한창 공무원 수험준비를 하던 고등학교 3학년 이른 봄. 비가 부슬부슬 내리던 어느 휴일 날 아버지가 "다랑논의 논두렁 정리를 위해 가래질을 해야 하니 가랫줄을 잡으러 나오라."고 부르셨는데, 나는 막바지 수험준비를 핑계로 나가지 않고 공부만 했다. 급기야 아버지로부터 욕설과 함께 따귀를 얻어맞았다. 그때 처음으로 "평생 아버지처럼 농사일이나 하며 지내란 말이에요!"하며 대들었다. 내가 살면서 아버지께 늘 죄송한 '마음의 짐'으로 남는 일이었다.

또 한 번은 내촌면사무소에 근무하던 공직 초기에 둘째 형이 내촌에 재원 대책도 없이 개척교회를 신축하면서 부모님께 손을 벌리는 일이 있었는데 아버지가 "네가 봉급 받으니 적금을 깨서라도 형 좀 도와주면 좋겠다."고 하셨는데 당시 형편으로 아버지의 뜻을 따르지 못했다.

그로부터 얼마 뒤인 1983년 여름 일요일. 건강도 좋지 않으셨던 데다, 돈 문제를 포함한 가정 내 불협화음 등 당신께서 짊어진 짐이 무거우셨던지 갑작스레 스스로 세상을 떠나셨다. 평생 가장으로 힘겹게 사셨던 당신의 마지막 모습을 컴컴한 방에서 처음 접하고 수습해야 했던 기억의 조각들. 그리고 아버지의 뜻을 거슬렀던 두 사건이 내게 회한으로 남았다.

어머니는 1926년 태어나셨다. 열다섯 살 때 맏며느리로 시집을 오셔서 평생 농사일로 지내시다가 아버지가 돌아가신 후 큰 형님이 시골 농사일을 접고 도시로 나가시게 되면서 시골 생활을 접으셨다.

슬하에 키워보지 못하고 어려서 세상을 떠난 네 명의 자식들에 대한 회한, 어린 자식을 두고 집나간 맏며느리와 장남의 고단한 삶… 당신의 말년은 늘 회한으로 보내셨다.

심성은 착하신데 수다스러우시고, 자식들에게 말을 가리지 않으셔서 형제남매간에 불화를 일으키시기도 했다. 농사일을 접은 후 큰 형님과 막내인 우리 집을 오가며 지내셨고, 내가 단독주택을 장만한 후 돌아가실 때까지 우리 집에서 사셨다.

우리 부부는 가톨릭신자였지만 작은형의 영향으로 개신교를 믿으셨는데 다니시던 교회에서 낙상으로 입원도 하시고, 치매로 인해 가끔 찾아오는 자식들에게 "며느리가 밥도 안 준다. 막내아들 내·외가 나를 때린다. …"등등의 말도 안 되는 얘기를 하셔서 형제들 간 다툼과 갈등을 유발시켜 왕래를 끊어 놓기도 하셨다.

2007년 '설' 명절에도 자식들이 찾지 않았고, 입양하여 키웠던 나의 어린 막내딸이 전날 할머니의 욕창을 닦아드렸는데. "나는 수빈이가 참 고맙다."고 하신 게 마지막이 되셨다.

연휴의 끝자락 아침. 가정보다는 사무실 일에 우선을 두었던 나는 출근길에 아내에게 "어머니가 밤새 신음하시더니 조용하신 걸 보니 주무시는가 봐요. 깨어나시거든 식사 챙겨드려요."하곤 평소와 달리 문도 안 열어보고 사무실로 나왔다.

아무도 없는 텅빈 사무실에 홀로 나와 PC를 켜고 일을 막 시작할 무렵에 아내의 다급한 목소리와 딸아이의 울음소리가 수화기 넘어 들려왔다. "어머니가 이상해요. 아무래도… 어떡해…"라는 아내의 울음 섞인 떨리는 목소리에 순간이 왔음을 느꼈다. 119에 출동을 요청하고 황급히 집으로 달려가니 거의 비슷한 시간에 구급대원들이 도착했다. 이미 운명하신 뒤였다.

자식들도 찾지 않은 마지막 명절에 쓸쓸히 소천하신 나의 어머니… 제대로 살펴드리지 못하고, 임종도 지켜드리지 못한 죄책감 등등 지금도 눈시울이 붉어지고 회한으로 남아 있다.

어머니의 장례식. 마지막 가시는 길을 편안하게 잘 모셔드려야 했지만, 평소 쌓였던 형제남매간의 불협화음이 잦았던 터에 막내며느리로서 치매를 앓으셨던 어머니를 나름 최선을 다해서 모셨지만 좋지 않은 얘기만 들었던 아내가 폭발했다. 누구 한 명 장례비용 부담도 없이 "부의금 들어오는 걸로 치르라."는 말부터 "잘 모셨느니 못 모셨느니…" 좋지 않은 말을 들었으니 아내가 폭발할 수밖에 없었다.

거기다가 장례절차를 결정하는 문제도 남아 있었다. 개신교 신자이셨기에 어머니가 다니시던 교회 목사에게 알렸는데 하루가 지나도 아무런 소식이 없었다. 천주교식으로 하자니 고인께서 다니지 않으셨기에 할 수 없이 일반장례로 모셨다.

더욱이 둘째형은 몇 년 동안 소식 없이 지내던 터라 어머니의 소천을 알릴 방법도 없었다. 현직 경찰관으로 근무하던 친지의 도움을 받아 장례 전날 늦은 밤 어렵사리 주소만 확인하여 장례 후에 편지를 보내는 것으로 알려야만 했다.

어느 누구 한 명 장례 절차도, 비용부담도 손 놓은 상태에서 막내이지만 내가 모시다 돌아가셨으니 마지막 가시는 길도 내 책임과 주도하에 모셔드릴 수밖에 없었다. 처남들에게 장례비용 집행을 맡겨 무사히 장례를 치렀다.

이런 우여곡절 끝에 나와 아내가 직접 모셔왔던 어머니의 삶과 '교회장(敎會葬)'이 아닌 '일반장례'로 모신 걸 두고는 이런저런 뒷말이 들려와서 아내나 내가 한동안 왕래를 접고 지낼 만큼 많이 힘들어 했었다.

■ 만남과 인연 ■

　고등학교 3학년 여름 방학이 끝나갈 무렵인 1981년 8월 13일, 당시 전국적으로 아폴로 눈병이 급속히 확산되면서 학생신분으로 공무원 시험에 합격하여 지방공무원교육원에서의 「신규임용후보자과정」교육 수료를 하루 앞당겨 한 날이었다.
　그해 6월 21일부터 시작된 교육과정은 학기 중 결석과 방학을 포함하여 8주간 합숙교육 이었다. 긴 교육과정에 함께했던 동기 겸 농고 1년 선배였던 P로부터 H여고 3학년생이었던 L을 소개받아 처음 만났다. 홍천읍내 한 분식점 문을 열고 들어오는 회색치마에 분홍색 윗도리, 작은 키, 단발머리 소녀는 여고생이라고는 믿기지 않을 초등학생 같은 느낌이 들었다.
　당시 통신수단은 굳이 언급하지 않아도 될 터, 편지를 접어 또래 학생을 통해 인편으로 보내서 가끔 만나는 그런 만남이 이어지고, 고등학교 졸업 전 정선군 사북읍사무소에 초임 발령을 받으면서 멀리 떨어진 곳에서 지내게 되어 주로 편지로 소식을 주고받으며 교제를 했다.
　1년여 만에 고향인 홍천군 내촌면사무소를 거쳐 1984년 봄 군청 산업과에 근무하면서 읍내 D생명보험 영업소에서 경리사원으로 일했던 그녀의 집과 가까운 곳에 단칸방을 얻어 자취를 했다. 그녀가 퇴근길에 자취방에 가끔 들렀다가 집으로 가는 일이 잦았다.
　그녀의 부모님이 우리 둘의 교제사실도 아시게 되었다. 나중에 안 사실이지만 시내에서 보일러가게를 운영하시던 아버님이 안면이 있는 군청 모 계장님에게 내가 어떤 사람인 지 물으셨다는 얘길 흘려들었고, 또 어머님께는 "그 친구 혼자서 뭘 제대로 챙겨먹겠나, 먹거리 신경 좀 써줘라."고 하셔서 어느 날은 자취방에 반찬 그릇이, 또 어느 날은 지금은 먹지 않는

영양탕 냄비가 와 있기도 했었다.

　내촌 본가에도 그녀가 몇 번 다녀갔는데, 나의 아버지를 한 번 뵌 후에 갑작스레 돌아가시면서 훗날의 며느리 존재를 잘 모르셨을 게다. 그렇게 둘의 사귐은 양가에 알려지게 됐다.

　그러던 어느 날 그녀가 자취방에서 하룻밤을 자고 갔다. 그로부터 얼마 지나지 않아 그녀의 몸에 변화가 왔다. 딱 한 번 잠자리가 새 생명을 잉태한 것이다.

■ **결혼 - 파란만장한 가정** ■

　그녀가 직장생활을 접고 내 자취방으로 왔다. 대부분의 여성들이 결혼하거나 임신을 하면 다니던 직장을 관두던 시절이었다. 막내인 내가 먼저 결혼할 수 없어 결혼식은 미룬 채, 처가 부모님이 작은 옷장과 서랍장, 냉장고, 이부자리를 마련해 주셨고, 조금 더 넓은 사글셋방에 신접살림을 차렸다.

　자취생활을 끝내고 사글셋방이지만 새로운 보금자리에서 출·퇴근을 배웅하고 맞아주는 아내, 길거리에서 바쁘게 지나가시는 장인어른의 반가워하시는 모습, 가끔 임신한 딸을 위해 다녀가시는 장모님, 매형으로 반겨주는 어린 세 처남들… 평안하고 작은 행복이 느껴지던 시기였다.

　그해 을지연습 기간이었던 어느 여름날 밤, 집에 전화기도 없던 때 어떤 수단인지 흐릿한 기억이지만 장인어른이 병원으로 실려 가셨다는 소식에 임신한 아내를 자전거 뒷자리에 태우고 달려갔다. 도착했을 땐 이미 유명(幽冥)을 달리하셨다.

　무덥던 여름 날. 결혼식도 없이 함께 살던 때 갑작스레 돌아가신 장인어른의 장례는 장녀였던 아내 밑으로 어린 세 명의 처남들이 감내할 수 있는 처지가 되지 못했다. 고향에서 나오신 큰 형님과 어린 나이였던 내가 장지에서 손수 하관(下棺)을 했던 기억이 남아 있다.

　나의 생가가 있었던 홍천군 화촌면 군업리 골짜기에 위치한 산기슭에 장인어른을 모셨고, 장인어른의 장례를 계기로 나의 아버지와 아내의 할아버지가 중년 시절 한 때 알고 지내시던 사이였다는 걸 알게 되었다. 아이러니한 인연이란 생각이 든다.

　면서기가 군서기가 되어 새로운 근무환경에 적응하면서, 신접살림을 차리고, 장인어른이 돌아가시는 등 우여곡절을 겪었던 그해 12월 21일. 예정일을 한 달쯤 앞두고 아내의 진통이 시작됐다.
　다가올 새해로 예상했던 출산은 갑작스런 진통에 당황스러움과 걱정을 안고 급하게 병원으로 달려갔고, 조금 미숙하긴 했지만 인큐베이터에 들어가지 않을 건강한 사내아이로 이 세상에 태어났다. 스물한 살의 어린나이에 부모가 됐다.
　갑작스런 출산으로 미처 준비하지 못했던 까닭에 "미역 좀 사 오게!"라는 장모님 심부름으로 잠시 자리를 비운 사이 낳는 바람에 두고두고 아내로부터 핀잔을 듣는 빌미를 주기도 했다.

　신혼초기 낮은 봉급으로 사글세에, 아이 분유와 기저귀 값, 세 식구 살아가는데 여유가 없었다. 작은 규모의 재형저축을 들면서 풍족하진 않지만 그럭저럭 살아갈 즈음 뜻하지 않은 일이 생겼다.
　내촌면사무소에 근무할 때 둘째형이 교회신축에 필요한 시멘트를 농협에서 외상으로 가져다 쓰고 갚지 않았던 일이 있었다. 어느 날 P 조합장이 보자고 해서 갔더니 "조합이 감사를 받고 있는데 자네 형이 가져간 시멘트대금 문제가 지적돼서 곤란해 졌는데 절대로 자네한테 돈 갚게 하는 일은 없을 테니 서류상 도장만 찍어 달라."는 것이었다. 지역에서 유지(有志)였고 형 문제로 곤란해졌다는 말에 몇 번의 다짐만 받고 는 순진하게 원금 150만 원의 채무서류에 도장을 찍어줬었는데 몇 년이 지나서 내가 군청에 근무할 때 급여압류 서류로 돌아온 것이었다. 원금과 이자를 다 갚을 때까지 매달 봉급에서 50%를 원천 징수 당하게 되었다. 인간적 배신감에다가 박봉에 어렵게 생활하는 아내에게 미안했다.

그렇게 얼마간 압류를 당하다가 아내가 어디서 빌려왔다며 돈뭉치를 주며 채무상환을 한꺼번에 하자고 했다. 내촌농협에 빚 갚으러 가니 조합장은 어디론가 피해갔고, 그동안 압류되었던 급여액을 포함하여 223만 여원을 떠안아야 했다. 그 때 사글세방 월세가 3만 원이었으니 꽤 큰돈이었다. 나중에 알고 보니 급여압류로는 도저히 살 수가 없어 장모님으로부터 목돈을 빌렸던 것이었다.

1988년 여름. 서울올림픽을 앞두고 도청으로 발령이 나면서 홍천에서 춘천으로 이사를 했다. 세 식구가 도청 바로 아래 단독주택에 역시 사글세방 하나를 얻어 새로운 둥지를 틀었다. 도청 정문에서 약 100m 정도 거리의 큰 길가였기에 출퇴근이 용이한데다 교통비가 들지 않았다.

그렇게 시작한 춘천생활은 아이도 커서 유치원과 초등학교, 중학교에 들어가면서 아내가 전자제품 공장을 시작으로 맞벌이를 해서 가정경제도 나아졌고, 공무원 임대아파트를 시작으로 사글세 생활을 벗고 몇 차례의 임대아파트와 전세를 거쳐 소형 아파트를 분양받아 정착하게 되었다.

아이가 사춘기를 맞으면서 비뚤어지기 시작했다. 외아들인데다가 나의 어려웠던 유년시절과 성장과정을 생각해서 부족함 모르게 잘 키워보고 싶었다. 공부를 열심히해주길 바랐는데 게임과 힙합 댄스에 빠져드는 듯 했다.

내가 사업소 근무로 타지에서 몇 년 떨어져 살기도 했고, 녀석이 민감할 시기에 거의 절반을 출장으로 보내야했던 감사관실 근무를 한데다 아내도 맞벌이로 아이에게 손이 덜 갔던 때문이라 생각됐었다. 또 집보다는 사무실 일에 우선을 두고 휴일과 밤낮을 가리지 않고 일에만 매달려온 나의 공직행태가 영향을 미친 게 아닌가 하는 생각도 들었다.

고등학교 입시를 앞두고는 진학할 학교를 정하는 문제를 두고 아이와 갈등이 생겼다. 나와 아내는 "향후 대학진학도 해야 하므로 인문계학교에 진학해야 한다."는 입장이고, 아이는 평소 공부에 그다지 관심이 없었던지라 "인문계학교에 가서 하위권으로 뱀의 꼬리가 되느니 실업계학교에서 상위권으로 용의 머리가 되겠다."는 그럴듯한 말로 고집을 부렸다.

오랫동안 실랑이를 벌이다 결국 춘천의 C실고에 입학한 아이는 1학년도 채 마치지 못한 채 자퇴를 했고, 일부러 멀리 전라남도 영광군에 위치한 ㅇㅇ대안고등학교에 입학시켰었는데 얼마 지나지 않아 중도 하차하고 돌아왔다.

자식을 제대로 교육시키고 제대로 된 직장을 잡도록 이끌어주는 게 부모의 역할이라 여겼고, 더욱이 유년시절 가난으로 어렵게 배움의 과정을 겪어야했던 나로선 아쉬움이 많았다.

구슬려보기도 하고, 또 때론 주먹이 깨지도록 두들겨 패보기도 했지만 '자식 이기는 부모 없다.'는 말처럼 마음대로 안 되었다. 우여곡절 끝에 검정고시로 고등학교 학력을 취득하고 H전문대학에 진학했지만 여기서도 중도 하차하고 말았다.

■ 가슴으로 낳은 아이 ■

 신혼 초에 범정부적으로 가족계획이 한창 권장되었고 경제적으로 어려웠던 형편과 맞닥뜨려 아이 하나만 잘 키우자고 해서 아내가 피임시술을 했었다. 세월이 흐르면서 주변의 딸 가진 부모들이 부러웠다.
 경제적으로도 점차 안정이 되고, 예쁜 딸을 키워보고 싶었다. 더욱이 예쁜 여동생이 있으면 아들 녀석의 정서에도 도움이 되겠다 싶었다. 아내가 먼저 제안을 하고 나와 아들이 뜻을 함께 했고, 어렵사리 어머니와 장모님의 동의를 얻어 입양을 결심했다.
 2001년 10월 어느 날. 경기도에 소재한 D아동보호기관의 연락을 받았다. 직장의 상사였던 감사관·계장님께 "애 낳으러 다녀오겠습니다!"라는 농담을 하며 연가를 내서 아내와 함께 설렘 반, 기쁨 반의 마음으로 아이를 만나러 갔다.
 아동보호기관 관계자로부터 입양절차, 아이의 간단한 특성 등의 설명을 전해 듣고, 포대기에 쌓인 예쁘고 귀여운 딸아이를 처음으로 만나 새 식구로 데리고 왔다. 미국 무역센터 건물이 테러에 의해 무너지던 2001년 9월 11일 세상에 태어난 수빈(守彬)인 그렇게 가슴으로 낳은 아이가 됐고, 우리 가정에 많은 변화를 가져왔다. 다행스럽게도 건강하게 무럭무럭 자라줬고, 오빠도 동생을 많이 예뻐했다.
 늦둥이 딸 수빈이의 양육은 어려서 분유 타는 물은 야채를 우려서 이용할 만큼 가족 모두가 정성으로 키웠다. 맞벌이 부부였기에 낮 시간 보육은 믿을만한 동료직원 부인이 맡아주시기도 했다.
 녀석이 한 때 유행했던 '신종플루'에 감염되어 내가 특별휴가를 얻어 집에서 함께 지내며 병원을 데리고 다니기도 했다.

개구쟁이 탓에 몇 차례의 팔·다리 골절 시에는 깁스(Gips)에 장난 섞인 낙서를 해주기도 했었고, 어렸을 땐 산으로 바다로 강으로 자주 데리고 다녔다. 해외여행도 두 차례나 내가 직접 데리고 다녀왔었다. 각별한 사랑으로 키웠다.

■ 부부 갈등 ■

부부는 백년가약으로 맺어진 사이다. '검은머리 파뿌리 될 때까지 서로에게 사랑으로 이어나가야 한다.'는 의미다. 우리 부부도 이른 나이에 가정을 이뤘지만 그 출발은 같은 생각으로 시작했었다.

아내는 넉넉지 않은 가정형편에다가 세 명의 남동생을 둔 맏딸이어서 H여고를 대학진학 보다는 졸업 후 취업에 치중하는 '실업반'을 선택해서 1등으로 졸업했다. 주산·부기 등의 자격증을 취득하여 졸업 직후에 곧바로 취직하는 등 똑똑하고 자존감이 강했다.

여느 집처럼 가정을 이루고 살아오면서 가끔씩 다투는 일도 있었다. 우리 부부가 주로 다투게 된 일들은 내가 집보다는 직장에 우선을 두어 왔고, 아들 문제가 주된 것이었다. 특히 아들문제는 "하나밖에 없는 아들인데 직장을 관두고 아이한테 집중해 주면 좋겠다."는 내 제안에 아내가 따라주지 않았던 데다가, 결국에는 학교 공부를 제대로 하지 않고 중도 하차한 게 자주 거론됐었다.

요즘은 '일과 가정의 양립'이라는 개념이 보편화됐지만, 그때만 해도 내 자신이 '공무원이라면 국민과 도민에게 우선을 두어야 한다.'는 확고한 생각이 자리 잡고 있었다. 특별한 프로젝트가 있을 땐 밤새워 일하고 아침에 잠시 집에 들러 씻고

면도하고 옷 갈아입고 나오는 일이 잦았었다. 내가 생각해도 정말 멋대가리 없는 '가장(家長)'이자 '남편'이었다.

거기에다가 나는 아내가 아주 친한 친구들 외에는 밖으로 다니며 만나는 걸 싫어했다. 주변에서 몇몇 불륜사례들도 있었고, 몰려다니며 남편들 흉보는 볼썽사나운 일들을 못마땅하게 생각했기 때문이었다. 이 또한 지나고 보니 나의 편협한 생각이었다.

내가 서울사무소에 근무하던 어느 날. 아내가 장모님과 친척집에 다녀온 후 잠자리에서 "우리 따로 살면 안 될까요?"라고 말을 해서 이유를 따져 물었더니 "친척집 아저씨뻘 되는 K 아무개가 자기를 짝사랑해서 아직까지 결혼도 안하고 혼자 사는데 마음이 아프다."는 거다.

생뚱맞기도 하고, 어처구니도 없었지만, 서울에 떨어져 지내던 시기라 장문의 편지도 쓰고, 전화도 더 자주하고 그렇게 지나친 일이 있었다. 그러다 딸아이 입양과 양육으로 더 이상 탈 없이 지나갔었다.

그렇게 몇 해가 지난 어느 날. 집에서 속만 썩이던 아들을 집에 놔두는 건 부모로서도, 아들 자신을 위해서도 바람직하지 않다는 판단이 섰다. 우리 부부와 아들과의 세대차이도 있고, 가치관도 달랐다. 하는 일 없이 빈둥거리며 게임놀이에 치중하는 등 무엇보다 딸아이의 교육적 측면에서도 달리 방법이 없었다. 자식에게 못할 짓이지만 강한 충격요법이 필요했기에 셋방을 하나 얻어서 아들을 거의 반강제적으로 집에서 내보냈었다.

이를 위해 잠시 아들이 집에 들어오기가 쉽지 않게끔 단독주택을 세주고 보안조치가 잘 된 현대식 신축 아파트에 전세로 옮겨 살았다. 단독주택 세입자가 다른 지역으로 전근을 가게 되면서 집 관리 차원에서 다시 돌아와 살던 어느 날 아내와 다툼이 있고 다음날 아내가 집을 나가서 소식이 없었다.

딸아인 엄마가 없어졌다면서 울고불고 보챘다. 휴대전화기도 집에 놔두고 유심칩(USIM Chip)만 빼가지고 나가서 며칠 째 소식이 없었다. 가까운데 살고 있던 처남들과 가깝게 지내던 아내 친구들에게 연락을 해도 행방을 알 수 없었다.

이때 딸아이가 "이모, 이모"하며 따르던 아내의 친구 P가 걱정스러워 하며 가끔 집에 들러 달래주기도 하고, 내게 세탁기 돌리는 법을 가르쳐주기도 하고… 그렇게 거의 일주일 만에 집으로 돌아왔다. 그 일이 있고나서 아내에게 더 잘 해주려 마음을 다잡기도 했었다.

세월이 흘러 속 썩이던 아들이 결혼할 처자를 데리고 인사를 왔다. 우리 부부가 어린나이에 혼전임신으로 결혼을 했는데, 아들도 처음 인사 온 날에 "뱃속에 아이가 자라고 있다."는 거다. 황당했지만 며느릿감 처자는 아들보다 연상에다가 됨됨이가 괜찮게 느껴졌기에 우리 식구로 받아들였다.

사돈댁과 상견례를 하면서 아이들 혼사문제를 논의했더니 배도 불러오고 당장 결혼식 치를 형편이 못되니 아이 낳은 후 택일해서 결혼식을 올려 주기로 의견을 모았다. 아들 내외가 살 아파트 한 채를 매입해서 신접살림을 차려주었고. 2012년 7월 22일 첫 손자가 태어났다.

손자의 백일 잔칫날. 아내는 동창들과 춘천 문배마을로 모임에 다녀오기로 했다며 나갔다. 그동안 모임에 나가는 걸 말리다가 나이도 들어가고 해서 내가 간섭을 안 하니까 더 자주 어울리게 됐었다. 백일잔치 시간은 다돼가는데 전화도 안 받다가 저녁때가 돼서 돌아왔다. 돌 반지 준비도 안 해놓고

늘게 돌아와선 되레 목소리를 높이는 아내를 몰아 붙였다. 돌이켜보면 내 잘못도 있지만 예전과 다르게 행동하는 아내의 모습에 화도 나고 이해가 되질 않았다.

얼마 지나지 않아 손자도 제법 컸고 아들내외 결혼식을 준비하는 과정에서 며느리 혼수를 두고 작은 소동이 벌어졌다. 아들이 사춘기 때 집안에 있던 우리 결혼반지를 포함해서 금붙이를 몰래 가져다 팔아 쓴 적이 있었는데, 며느리에게 우리한텐 말도 없이 "뭐, 뭐해준다."고 했던 모양이었다.
나는 며느리도 있는 자리여서 아들에게 "너희들 살 집 장만해 주느라 가진 돈도 없는데 부모와 상의도 없이 얘기를 하면 어찌하란 말이냐."면서 "내게 남아 있는 금붙이 몇 개를 줄 테니 보태서 능력범위에서 준비하라."고 했는데 아내가 "그걸 왜 주려해요. 차라리 내게 줘요!"하는 거다. 이런 돌발행동에 아들과 며느리는 아내에게 서운한 태도를 보였다.
한바탕 소동이 있었고, 나 또한 애들이 돌아간 후 심하게 꾸짖었다. 아내가 아들내외에게 좋지 않은 인상을 준 행동으로 정(情)을 떼려 했는지 지금 생각해도 이해 못할 일이었다.

아들내외의 결혼날짜를 잡고 본격적으로 준비에 들어갈 무렵. 아내는 잠자리를 거부했다. 가끔 갈등과 다툼은 있었지만, 금슬이 나쁘지 않았었기에 도저히 이해가 안 되었다. 어떤 때는 "내가 아는 한 사람은 이혼하고 나서 평생 못했던 사랑을 마음껏 한다더라."는 등 이상한 말을 하는가 하면, 그동안 몇 차례 갈등도 있었기에 여간 신경 쓰이는 게 아니었다.
두어 달쯤 딸아이 방에서 떨어져 지내는 아내를 구슬려보기도 하고 때에 따라선 협박을 해봐도 요지부동이었다. 밥상만 차려주고 아예 말없이 지내는 아내에게 다른 방법이 없었다.

나와는 "숨이 막혀 더 이상 못살겠다."는 아내와 한 공간에서 계속 함께 산다는 것은 딸아이에게도 못할 짓이었다.

아내에게 "당분간 떨어져 지내보자."고 하니 굳이 "깨끗이 이혼해 달라."고 했다. 어처구니도 없고, "몇 달 후 아들내외의 결혼식도 잡혀 있으니 애들 결혼시킨 후에 다시 얘기하자."고 했다. 아내는 살던 단독주택의 등기이전과 월 얼마씩의 딸아이 양육비를 요구해서 그렇게 하는 것으로 합의했다.

아내의 요구대로 헤어지기로 한 때부터 그동안 아내가 관리해 오던 몇 개의 보험증서와 잔고가 마이너스 1,900여만 원에 이르는 급여통장을 건네받았다. 급여계좌가 마이너스로 된 특별한 이유가 도저히 이해되지 않았지만 헤어지는 마당에 얼굴 붉히고 싶지 않아서 그냥 받아들였다. 부랴부랴 일부 보험을 해약해서 월세 35만 원짜리 신축원룸 방을 얻고, 싱글침대와 텔레비전 1대를 구입하는 것으로 분가할 준비를 했다.

집에서 나오기 하루 전날 아내와 식탁을 사이에 두고 마주 앉아 "수빈인 우리가 잘 키울 생각으로 입양했던 아인데 이렇게 돼서 그 아이에게 미안하게 됐어요. 녀석을 위해서라도 가급적 집은 더 큰 집으로 바꾸는 게 아니면 처분하지 말고 잘 살았으면 해요."라는 말을 전했다. 아내도 "기왕 이렇게 됐지만 수빈인 잘 키울 테니 걱정 말고, 당신도 혼자 살기엔 아직 젊으니 나보다 좋은 여자 만나서 잘 살면 좋겠어요."라고 했다. 그러면서 아들내외 결혼식은 부모로서 책임이 있으니 서로 협의해서 잘 마무리해 주기로 했다.

2012년 12월 19일. 아내와 30년 가까운 결혼생활을 사실상 접고 월세로 얻은 원룸으로 집을 나왔다. 가끔 출근하지 않고 집에서 곧바로 출장 갈 때에 직원들이 집 앞으로 오는 경우가 있었는데, 화목한 가정을 이루지 못한 게 창피하기도 하고 사무실 직원들에게 어떻게 알려야 할 지 난감했다. 직속 상관이던 국장·과장, 그리고 같은 팀 차석에게만 창피했지만 피할 수 없는 일이었기에 알렸다. 깜짝 놀라며 안타까워했다.

집에서 나온 후 얼마 지나지 않아 아내가 수빈이와 함께 동태찌개 냄비를 들고 내가 사는 원룸에 찾아왔다. 며칠 전 수빈이 책값을 보내 달라서 송금한 직후였다. 아마도 내가 사는 모습이 보고 싶었던 모양이려니 했다. 되돌아가고 얼마 지나지 않아 아내로부터 "애 책값 받고 반찬 가져다주고 왔어요."란 뜬금없는 카톡이 왔고, 곧이어 "잘못 보낸 거예요.ㅠ 신경 쓰지 마세요"라는 내용이 또 왔다. 도대체 뭐지… 나중에 비극이 있은 후에 그 이유를 유추해볼 수 있었다.

2013년 3월 17일. 아들내외 결혼식을 치른 후 아내의 생각이 달라지기 시작했다. 이미 집 한 채의 등기를 이전해 줬고, 딸아이 양육비도 자동이체로 매달 보내주고 있었는데, "시골에 있는 땅의 반을 달라"거나, "당신 가지고 있는 카메라 등 사진장비도 1,000만 원 정도 되니까 그것도 반만큼 달라."고 억지를 부리기 시작했다. 누군가 뒤에서 부추기는 것 같은 느낌이 들었다. 집 나올 때 1,900여만 원의 부채까지 안고 나왔던 터라 아내의 요구를 들어줄 수 없었다.

그러던 어느 날. 아내는 내가 근무하던 강원도청의 사무실로 찾아와 과장님을 포함해서 직원들 다 있는데서 "허성재! 당신이 사람이야. 재산 더 내놔. 내가 요구하는 대로 해주면 당장 이혼해 줄게…" 우리는 같은 나이였어도 평소 서로 존칭을 썼는데 대뜸 반말과 큰소리로 소란을 피웠다. 내게 창피를 줘서 압박하려는 거 같았다. 평소와 다른 아내의 태도와 사무실에서 겪은 수모로 충격을 받아 조퇴를 내고 집에서 힘든 고민을 해야 했었다.

아내는 날이 갈수록 뭔가에 쫓기는 듯 조급하게 행동했다. "공무원연금을 현 시점으로 계산해서 반을 달라."고 하는 등 요구사항도 계속 늘어났다. 자기가 먼저 헤어지자고 해 놓고, 몇 달을 두고 설득해도 막무가내로 이혼을 종용하던 사람이 태도가 돌변했다. 심지어 "짐 싸서 다시 들어오라."고 하는 등 오락가락 어처구니없는 말들을 했다. 점점 누군가 뒤에서 조정하고 있다는 확신이 들었다.

그러면서 "엄마하고 어디 다녀와야 한다."거나 "친구모임이 있어 하룻밤 자고 와야 한다."며 수빈일 가끔 내게 맡기는 일도 있었다. 내가 아내의 태도가 변한 사유를 미리 살펴봤어야 했는데 헤어지기로 한 마당에 간섭하는 것도 바람직하지 않아서 그냥 지나쳤던 게 불찰이었다.

몇 달 동안 실랑이를 벌이다가 도저히 안 되겠다싶어 아들을 불러 입회를 시킨 가운데 딸아이 양육비를 올려주는 대신 앞으로 일체의 추가 요구를 하지 않는다는 '각서와 합의서'를 작성하기에 이르렀다. 부모가 돼서 자식들 보기도 민망했지만, 이미 돌아올 수 없는 강을 건넌 터라 하루빨리 종지부를 찍고 싶었다.

■ 아픔으로 끝난 인연 ■

2013년 7월 8일. 이혼에 합의해 주겠다며 아내가 법원에서 만나자고 했다. 법원 앞에서 만나 인접한 변호사사무실에 들러 협의이혼 신청서류 작성을 위해 변호사와 상담하는 과정에서 또다시 말을 바꾸면서 "이대론 이혼 못해 줘!"하곤 그냥 가버리는 거였다. 황당하기도 하고 뭐라 말할 상황도, 별다른 방도가 없어 그냥 사무실로 돌아왔다. 그날 밤 늦게 전화를 걸어와서 옥신각신 통화를 했다. 이게 마지막 통화가 되었다.
 2013년 7월 9일 아침. 출근해서 막 일을 시작하려는데 수빈이가 다니던 M초등학교 담임 선생님이 전화를 걸어 왔다. "오늘 수빈이가 학교에 오질 않았는데 어머니께 전화 드려도 안 받으시고, 무슨 일 있으신가요?"라는 내용이었다.
 전화를 끊고 아내와 수빈이 에게 몇 차례 전화를 걸었는데 둘 다 안 받아서 위층에 세 들어 살던 아내의 여고동창 친구에게 전화를 해도 연결이 안됐다. 순간 불길한 생각이 들어 사무실 직원에게 잠시 집에 다녀오겠다고 하고선 택시를 타고 집으로 갔다.
 현관문은 걸려 있고, 여러 차례 문을 두드려도 인기척이 없었다. 건물 벽을 올라 창문을 열고 들어갔다. 순간 아뿔싸! 두 모녀가 거실에 누워 있는데 이미 늦었다. 눈앞이 캄캄했다.

 119에 신고를 하고, 아들과 처남들에게, 사무실에 사고 사실을 알렸다. 구급대원과 경찰 감식팀, 언론사 카메라가 모여들었다. 나는 넋이 나간 사람이 돼서 시신을 옮기고, 오후에 경찰서에서 그간 가족과의 관계, 별거하게 된 이유와 경위, 전날부터의 행적 등을 긴 시간에 걸쳐 조사를 받았다. 그날 밤늦게 검사의 지휘가 떨어져 장례 절차를 밟았다.
 갑작스런 아내와 딸아이의 주검 앞에 우리 가정의 속내를 잘 모르던 직장의 직원들과 친지, 친구들의 억측과 비난이 쏟아졌다. 해명할 상황도 아니었고 무조건 둘을 잘 보내주어야 한다는 것밖에는 달리 생각할 겨를이 없었다. 아내와 수빈이의 영정 사진을 넋 나간 채 바라보고 있을 뿐이었다.
 며느리는 평소 아내가 좋아했던 '약밥'과 수빈이가 좋아했던 '콜라'와 '마이쮸'를 제사상에 올려줬다. 그날 밤부터 장례일까지 사흘간 억세게 많은 비가 내렸다. 여성 장례사의 양해를 얻어 아내와 수빈이의 염습(殮襲)을 직접 도왔다. 수빈이의 긴 머리카락을 곱게 빗겨서 머리끈을 묶어주었다. 아내와 수빈이의 차가운 몸 구석구석을 소금물 머금은 솜으로 손수 닦아내고 입술에 립스틱도 발라주었다. 악연으로 끝난 아내, 영문도 모른 채 엄마를 따라 간 가슴으로 낳았던 수빈이의 마지막 가는 길에 그렇게라도 해줘야겠다고 생각했기 때문이었다.

한꺼번에 둘의 주검을 마주한 황망함에, 잘 키워보겠다고 입양해서 열 두 살의 초등학교 5학년생으로 짧은 생을 마감한 수빈일 향한 미안함으로 울래야 울 수도 없었다. 참고 참았던 눈물이 장례식장에서 운구 될 때, 화장장에서 한 줌의 재로 변한 둘의 모습과 수빈이의 치아교정 중이었던 불길 먹은 보철물을 보면서 통곡하고 말았다. 목 놓아 울부짖으며 몸부림쳤다. 그렇게 그들을 떠나보내야 했다.

슬픔을 가득안고 쓸쓸한 원룸으로 돌아왔다. 아들내외가 "아버님 절대 딴 맘 가지시면 안 돼요. 혼자 계시면 힘드실 테니 당분간만이라도 저희 집에 오셔서 지내세요."라며 수시로 전화를 하거나 원룸으로 손자를 데리고 찾아왔다.

처가 식구들의 부탁도 있고, 내 자신 아내와 딸을 향한 죄책감과 미안함에 봉의산 기슭에 자리한 사찰에다가 위패를 봉안하고 아침저녁 출퇴근길에 들렸다. 그들이 다시 돌아올 수 없기에 부질없는 일이었지만 그렇게라도 해 주고 싶었다.

그날 이후 잠을 잘 수도 없고, 가슴이 묵직하고 답답하게 저며 왔다. 며칠 만에 초췌한 모습으로 출근을 했다. 얼굴을 들고 다닐 수가 없었다. 국·과장님께서 "당분간 업무는 직원들에게 미뤄주고 계장님 몸과 마음이나 잘 추스르라."는 관심과 배려 속에 며칠을 보냈지만 잠을 못 자는데다 입맛도 없어 제대로 챙겨먹지 못하니 몰골이 말이 아니었다.

문상했던 직원들에게 송구스런 맘을 담아 '인사 글'을 만들어 내부통신망으로 보냈다. 일부 험담하기 좋아하는 몇몇 사람들이 호재(好材)라도 만난 듯 비아냥거림이 있다는 얘기도 들려왔지만, 여러 사람들이 위로의 답장을 보내주기도 했었다.

....

죄송스런 마음 담아 인사드립니다.

제가 살아온 반백년... 나름 잘 살았다고 생각했습니다. 불의에 굴하지 않고, 비겁하게 피하지 않고, 저의 신조인 '올곧게 살자.'에 방점을 찍으며 그렇게 살아왔습니다.

그래서 직장에서 악연으로 남은 인간관계에도 버티며 지내왔습니다. 과정 속에 쌓인 스트레스를 풀길이 없었습니다. 때론 사진에, 때론 등산에, 때론 서각에... 그렇게 힘든 과정을 헤치며 살아왔습니다.

누군가에게 위로받고 싶은 고비에서 가끔 있는 아내와의 다툼은 인내의 한계를 드러내 서로에게 상처만 쌓여 결국 헤어짐으로 귀결되고 아내의 이혼제의로 지난 연말부터 나 홀로 살기 시작했습니다. 한 가정의 가장으로서 그 가정을 성실하게, 화목하게 지켜내지 못했습니다.

돌이켜보면 다 부질없는 자존심 싸움인 것을... 보이지도 만질 수도 없는 무형의 틀 「자존심」이 무엇이기에 이처럼 참담한 결과를 불러왔는지... 이제 와서 후회하고 성찰한들 무슨 소용이 있을까요?

저의 알량한 자존심으로 인해 "짐 싸서 다시 돌아오라."는 아내의 말에 귀 기울이지 않았습니다. 저의 부덕하고 알량한 자존심으로 아내와 눈에 넣어도 아프지 않을 저의 딸 수빈이까지 모두 잃었습니다.

겉으로 행복한 척 했던 게 송구합니다. 먼저 간 아내와 어린 딸에게 한 없이 미안합니다. 싸늘한 주검의 현장을 목도했고, 제 손으로 직접 염습해서 보낸 아내와 딸... 저는 그들에게 큰 죄를 지었습니다.

아내와 어린 딸이 떠나간 현실이 믿기지 않습니다. 생후 한 달쯤 입양했던 수빈이를 끝까지 지켜주지 못해서 더더욱 가슴이 아픕니다. 다른 부모 만났더라면 잘 살 수 있었을 텐데... 따로 보내준 용돈을 써보지도 못하고 고스란히 남겨둔 채, 잠결에 영문도 모른 채 엄마 손을 잡고 따라갔습니다.

오늘도 어둠이 채 가시지 않은 이른 아침 아내와 딸을 찾아보고 왔습니다. 영정 속 모습으로 다시 돌아온다면 이제는 그 알량한 저의 자존심 다 내려놓고 잘 살 수 있을 텐데... 저만 이렇게 홀로 살아남아 비겁하게 일상으로 돌아왔습니다.

   세차게 내리는 빗속에 문상의 번거로움 드리고, 화목한 가정의 모습을 보여드리지 못한 큰 죄를 지었습니다. 이런 인사말씀드릴 염치도 없어 며칠을 망설였습니다. 정말정말 죄송합니다.   허성재 올림

....

Re: 오랫만 이지요?

평소 존경하고 사랑하는 허계장님...~!
무어라 위로의 말씀을 드려야 하는지는 모르겠으나
그냥, 메일을 받고 먹먹한 마음을 가만히 있으면 안 되겠다 싶어 몇 자 글을 남깁니다...
내가 허 계장님을 알고 지낸지도 벌써 이십여 년~~!
강원도청이라는 조직을 통해 알게 되었고.. 무수히 스치고 지나가는 많은 인연 속에, 같은 연배, 같은 종씨라는 이유만으로 남과 같지 않은 애틋함으로 죽마고우의 관계는 아니지만... 나름, 직장 동료로써 서로 애정을 갖고 나쁘지 않은 감정으로 대해 온 것 또한 사실이지요...
옆에서 오랜 세월 지켜본 허 계장님은 ,
자타가 공히 인정하듯이...올곧고, 불의에 굴하지 않으며, 능력 있는 공무원으로 조직에서 꼭 필요한 한사람으로 생활을 했고, 지금도 그 자리에 있지요...
그 악연의 어떤 한사람을 빼고 말이지요...
그러나 보편타당적인 사실에 입각한 허계장님은 누가 뭐래도 우리 조직에 꼭 필요한 공무원이고...나의 동료이고... 우리 종씨이고....
상급자에게 사랑받고, 하급자에게 존경받으며 동료들에게 신의 있는 그런 공무원입니다..
이번 사건으로 인해, 변하는 건 아무것도 없어요...
단지, 개인의 불행 중에 하나인 것이지..그것이 허 계장님의 평가에 어떤 변화도, 인생에 제약도 되지 않는 다는 것입니다...
앞으로 남은여생 열심히 살면서, 허 계장님 개인적으로 고인들에게 죄송스런 마음을 갖고 그 분들의 몫까지 열심히 사진 찍고, 등산하고, 서각해서 상 받으며 사시는 모습을 오래도록 보고 싶네요...
어차피 우린 비슷한 시기에 조직을 그만두고... 생을 마감할 동무이니까요...
우리 서로 화이팅 합시다... 다시 한 번 주제넘지만... 위로의 말씀과

함께 힘 솟는 화이팅을 드립니다.. 허성재..화이팅~~~!!!!!!
2013. 7월 더운 날 오후에.... 별로 보잘 것 없는 동료 허씨 드림....

Re:계장님!

무슨 말과 행동이 위로가 되겠습니까?
다만, 어려운 시절에 태어나 사춘기라는 불만을 표출하지도 못하고
커 버렸고, 어느덧 힘겨운 가장으로서 무한한 책임감과 의무감 하나
로 살아오고 있는 70-80 세대들,
다들 처자식 문제로 이혼을 밥 먹듯 하며 살아 왔을 겁니다.
저 또한 아내와의 다툼으로 숱하게 이혼을 생각 했지요?
그러나 이런저런 사유로 풀고 또 풀고 지내오고 있습니다만 모든
사람들이 그러하듯 위태위태한 곡예사의 삶을 살아오고 있습니다.
계장님!
세월이 약이라고 했습니다.
부디 힘을 내시고 예전의 잔잔한 미소로 대해 주시던 모습
계속 뵐 수 있기를 기원합니다.
혹 시간이 좀 지나서 조금의 여유가 생기시면 쏘주 한잔 하시죠?
계장님 주변에는 계장님을 진정으로 걱정하는 사람이 많다는 것을
잊지 마시길 바랍니다.　　　　　　고ㅇㅇ 올림

Re:허성재 계장님 !!!

먼저 뭐라 위로의 말씀을 드려야 할지 모르겠네요 ㅠㅠ
늘 밝고 당당하셔서 그런 아픔이 있는 줄 몰랐습니다.
자존심이 강한 분이란 건 알았지만... 부부지간에는 자존심 없어도
되지 않을까요?
그래도 자존심은 꼭 필요한 겁니다. 너무 자책하진 마세요~~~
계장님!!!
어려우시겠지만... 꿋꿋하게 참고 이겨내셔야 합니다. 그것만이 돌아
가신 사모님과 따님께 미안함을 갚는 길입니다.
다시 한 번 힘내시라는 위로의 말씀을 드리면서 두 분의 명복을 기원
합니다~~~　　　2013. 7.19(금) 17:17　정ㅇㅇ 드림

....

장례를 치른 다음 날 둘째 처남이 찾아와 "누나가 막내네로부터 빌려간 돈이 꽤 되는데 매형이 정리해 달라."고 한다. 아들내외도 갑작스런 변고를 겪었던 터라 충격이 컸을 것이기에 손수 호적을 정리하고 금융기관 계좌들을 정리했다. 계좌를 정리하는 과정에 그동안 아내가 그토록 '돈'과 '재산'에 집착했던 이유를 알 수 있었다.

내가 집 나오기 전 아내와 갈등을 겪던 시절부터 아내의 초등학교 남자동기 G와 돈거래가 있었음을 계좌 거래 내역으로 확인했다. G는 "외국인 여성 결혼 알선도 하고, 동기 모임의 회비도 탕진했는가하면, 네 번째 여자와 산다."는 등 그의 친구나 주변인들로부터 좋지 않게 평가받고 있었다는 얘기들이 들려왔다. 이런 친구의 사탕발림에 넘어가 가까이 지내면서 등기 이전해 줬던 주택을 담보로 은행에서 대출을 받은 목돈과 막내 동생네서도 돈을 빌려다가 건넸고, 처음에는 이자를 받는가 싶더니 나중에 끊기면서 받을 수 없게 되자 속앓이를 했던 것이다.

이 일이 알려지고 나서 그토록 내게 원망과 악담을 퍼붓던 아내 친구들과 일부 친지들의 비난이 잦아들기 시작했다. G는 둘째 처남이 만나보니 거래내역이 증거로 남아 있는데도 잡아뗐고, 일부 금액만 인정했다는데 이내 아무런 연락이 없었다. 아내의 명예를 생각해서 법적인 환수 절차를 접었다.

매수인을 잘 만나면 3억 원은 족히 받을 수 있었던 후평동 단독주택을 흉가(凶家)라는 이유로 헐값인 1억 8천만 원에 급하게 처분하여 아내가 벌려 놓은 채무와 은행대출금을 정리하고 나니까 6천 7백여만 원이 남았다. 대략 일곱 달 만에 1억 원이 넘는 재산을 남자동기의 꾐에 빠져 날린 것이었다.

아내에게 넘겨줬던 집을 처분해서 남은 돈은 "수빈이라도 곁에 있었다면 모를까 난 아직 살 집도 없지만, 나 혼자 살아

가지 못하겠냐. 앞으로 손주 녀석들에게 어떤 계기가 될 때 용돈은 모르겠지만 더 이상은 너희들에게 재정적으로 큰 도움을 줄 수 없을 테고, 엄마에게 넘겨줬던 것이니 너희들이 요긴하게 보태서 쓰거라."는 말과 함께 아들내외에게 모두 건네주었다.

아내와 수빈이가 떠나간 후유증은 심각했다. 아내보다도 수빈일 제대로 키우지 못한 죄책감과 녀석을 향한 그리움이 사무쳤다. 가만히 있어도, 드라마를 보다가도, 일을 하다가도 눈물이 쏟아지고, 도저히 깊은 잠을 잘 수가 없었다. 사무실에서도 일손이 잡히지 않았다.

죄책감에 얼굴을 들고 출근하는 것도 힘들었고, 때론 문득문득 아내와 수빈일 따라가고 싶은 충동도 일었다. 그렇다고 그런 모습으로 수습될 것도 아니었다. 주변의 호사가(好事家)들에게 또 다른 비아냥거림의 소재만 줄 게 뻔했다. 일단 이겨내야 한다는 생각뿐이었다.

청내(廳內) 보건직 사무관에게 부탁하여 강원대병원과 한림대학부속 성심병원의 정신과전문의를 1명씩 추천받아 그해 7월 24일 사무실과 가까운 곳에 위치해서 걸어서 다닐 수 있는 성심병원 정신건강의학과를 찾았다. 자초지종을 얘기하며 상담을 받았다. 전문의 L교수는 "대부분 정신과 진료를 꺼리는 경향이 있는데, 혼자서 이겨내려다가 큰일 냅니다. 정말 잘 찾아오셨어요. 함께 잘 견뎌내고 이겨내도록 해보십시다!"라며 몇 가지 설문조사를 거쳐 두툼한 약을 처방받았다.

약을 먹은 후 마음이 다소 안정되는 듯 잠은 좀 잘 수 있었으나, 문제는 사무실에서 내 의지와 다르게 졸려서 버틸 수가 없었다. 멍해지면서 집중할 수가 없고, 여름에서 가을로 넘어가는 계절이라 복도와 연결된 2개의 사무실 출입문을 열어놓아서 오가는 직원들에게 의자에 기대 잠자는 안 좋은 모습만 자주 보여주게 됐다.

몇 주 후 의사에게 얘기를 해서 수면제 성분이 들어간 약을 반으로 줄여서 처방받았는데도 그 강도만 낮아졌을 뿐, 거의 마찬가지였다. 그렇게 몇 달 동안 정신과 약을 먹으며 견디다 못해 도저히 안 되겠다싶어서 11월 22일 마지막 진료를 끝으로 스스로 병원을 더 이상 찾지 않았다.

기나긴 고통의 터널 속에서 힘들게 버텨오다가 다음해인 2014년 1월 서기관 승진과 더불어 평창군 도암면(대관령면)에 위치한 강원도감자종자진흥원장에 인사 발령되어 춘천을 떠나면서 생활환경이 바뀌었고, 아픈 기억을 줄이려 애쓰는 생활패턴에 힘입어 점차 안정을 찾기 시작했다.

이런 나의 아픈 가족사를 두고 훗날 실·국장 부인들이 하릴없이 몰려다니며 수군거렸다는 얘기까지 내게 들려왔다.

■ **새로운 출발** ■

대관령에서 관서장으로 약 1년간 근무하면서 아픔을 잊는 방편의 하나로 일에 전념했다. 손수 관용차를 운전해서 대관령지역과 강릉시 왕산면, 홍천군 내면, 양구군 해안면지역 씨감자 보급종 채종 농가를 구석구석 돌았고, 강릉시 왕산면 소재 감자원종장의 씨감자 원원종과 원종포장을 수시로 살피면서 잡념을 떨쳐버리려 애썼다.

2014년 4월 30일. 아들내외의 둘째로 손녀가 태어났다. 귀여운 녀석의 탄생은 가끔 수빈이 생각을 키우기도 했지만 내게 큰 힘이 됐다. 아들네 식구들이 화목하게 살아가는 모습이 보기 좋았다.

아픔을 이겨내려 낮 시간엔 업무로 몸을 혹사(酷使)시켰고, 밤에는 관사의 방 한 칸을 작업 방으로 꾸며, 늦은 밤까지 서각(書刻)9)으로 시간을 보냈다. 관사가 1층이 캐노피 형태로 비어 있는 2층에 자리 잡은 아파트였기에 작업에 전혀 지장이 없어서 다행이었다.

몇 년 전부터 시작한 서각은 어느 정도 실력도 인정받기 시작했고, 예리한 칼과 끌, 망치로 작업을 하는 예술 활동이라 집중해야 했다. 몇 시간씩 잡념을 가질 겨를도 없이 집중해야 한다. 이런 과정에서 서각 스승으로 내게 가르치던 나와 같은 또래 여인과 가까워졌다.

그녀는 내가 '고통의 터널' 속에서 힘들어할 때 누구보다도 나의 아픔을 이해해 주고 위로의 말로 내게 큰 버팀목이 돼 줬었다. 그렇다고 비극으로 마친 가정과 결혼생활의 아픔이 있었던 까닭에 몇 년이 지나도록 그녀의 존재를 주변에 드러내놓을 수 없었다.

내가 거쳐 온 가정과 결혼생활, 그 아픔의 굴레, 그리고 먼저 간 가족들에 대한 미안함, 특히나 입양해서 끝까지 제대로 키우지 못한 죄책감으로 '새로운 가정'을 갖는다는 게 무리이고 염치없는 일이라 주저하면서 숙제로 남겨 왔었다.

홍천군 부군수로 일하다가 갑작스레 공직을 접을 변곡점의 지경에 이르러 더 이상 감출 필요도 없었고, 공직의 전환기였기에 6년 가까운 교제를 이어온 그 여인과 새로운 출발을 위한 '가정'을 꾸리기로 하고 혼인신고를 했다.

먼저 간 아내나 수빈이에게도 나보다 더 맘을 써주는 고마운 사람, 때론 친구처럼 그렇게 내 남은 삶에 동행인이 되었다.

---

9) 예술의 한 장르로 나무판 등에 글씨나 그림을 새기는 미술활동의 하나.

07 | '올곧게 산다.' 는 것

    나의 생활신조는 **'올곧게 살자.'**이다. '올곧다'의 사전적 의미는 '1.바르고 곧다, 2.비뚤어지거나 기울지 않다'라고 해석된다. 내 삶의 과정에서 공·사 구분하지 않고 이런저런 이유와 편의에 흔들리지 않으려 했고, 바른 길이 아니면 과감하게 물리치려는 마음가짐으로 살았다.
    되돌아보면 '내가 과연 얼마나 올곧게 살았나?'의 물음이 남는다. 나를 잘 알건, 잘 모르건 보는 사람에 따라 인식의 차이는 있을 수 있겠지만 이런 바탕에서 살려했다는 점은 자신 있게 내 놓을 수 있다.
    공직자로서 갖춰야할 성실과 사명감, 무한책임감, 그리고 '정의와 열정'의 관점에서 어긋나지 않으려 했다. '가정 < 공직'이라는 등식으로 지난 세월을 살아오면서 나는 가정과 가족을 온전히 지켜내지 못한 씻을 수 없는 굴레를 남겼다.
    정치와 행정의 궁극적 지향점인 '국민을 편안하게 하는 것'에 방점을 찍고 법과 제도의 틀 안에서 행정가·공직자로서 과거와 현재, 그리고 미래에 있어 부끄럽지 않게끔 공직 40여년을 이어 왔다. 그 길은 험난했다. 때론 시기의 대상이 되고, 때론 정치적 접근에 맞서다가 불이익을 겪기도 했다.
    '올곧게 산다.'는 것은 그 실천도 어렵고, 남겨지는 성과물도 또렷하게 드러나지 않는다. 요즘 문득문득 누구를 위해, 무엇을 얻기 위해 '올곧게 살았나.'를 반추(反芻)해 보게 된다.
    나의 생활신조 '올곧게 살자.'의 종착점은 '난 참 바보처럼 살았구나.'가 아닌 **내 인생 그래도 제대로 살았구나.'**에 방점을 찍고 싶다. 은근히 그런 성과물을 기대해 본다. <玄松>

2부 ‖ 41½년 공직생활

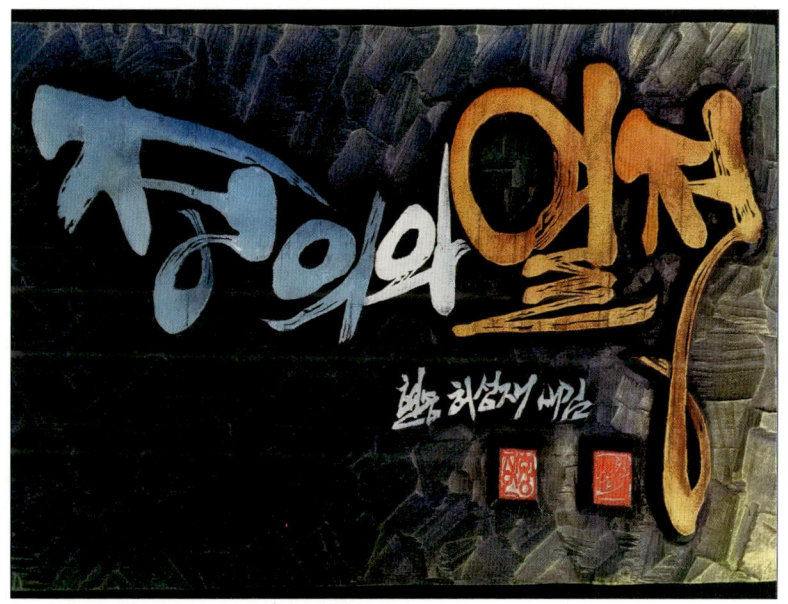

[공직생활을 표현한 서각작품 '**정의와 열정**']

08 | '정부미' 의 의미

공무원의 개념은 '국가 또는 지방자치단체의 업무를 담당하고 집행하는 사람'으로 정의된다. 공무원은 국가공무원과 지방공무원으로 대별(大別)되고 지방공무원은 '지방자치단체에 소속되어, 지방자치단체의 사무를 담당하는 공무원'이다.

우리 농정제도의 하나로 '추곡수매(秋穀收買)'가 있었다. 가을에 거두어들인 쌀의 수급을 조절하여 농가 소득을 보장하고 가격을 안정시키기 위해 정부가 농민에게 직접 일정량의 벼를 사들이는 이중 곡가제다. 지금은 '공공비축미'로 그 명칭이 바뀌었지만, 이처럼 쌀값 조절을 목적으로 정부가 사들여 보유하고 있다가 필요할 때 되파는 쌀이 '정부미(政府米)'다.

한 때 우스갯소리로 "식인종이 공무원을 어떻게 부를까?"라는 물음의 답이 '정부미'였다. 공무원 신분을 일반 국민과 구별하는 차원으로 표현된 뜻일 게다.

정부미는 양곡의 수급관리 과정에서 몇 년씩 묵혀 햅쌀에 가까운 일반미와 비교해보면 **미질도 밥맛도 떨어지는 경우**가 많았다. 우리 공무원들이 아무리 친절·신속·공정하게 국민을 대한다 해도 그들의 관료사회에 대한 시선은 곱지 않은 게 현실이다.

공무원이 지켜야할 의무가 법으로 정해져 있지만 일부 일탈된 행위들이 나올 때마다 도매금(都賣金)으로 취급되고 있다. 이런 차원에서 **일반미처럼 질도 맛도 좋은 '정부미'가 되어야** 한다는 차원에서 우스갯소리일 지라도 그래야 식인종들이 '정부미'인 **우리를 보다 맛나게** 받아들이지 않을까?

09 | 왜·어떻게 '정부미'가 되었나?

어려운 가정형편으로 인문계학교가 아닌 농고를 다니며 3학년으로 접어든 1981년. 농사일만큼은 벗어나려고 한층 고민하던 때였다. 내심 대학진학을 꿈꾸며 정규 학교과정 이외에 틈틈이 대입학력고사 준비를 하고 있을 무렵, 지방공무원 공개채용시험이 있다는 소식을 접했다.

해마다 우리 학교에서 대학에 진학하는 인원이 많지 않았던 까닭에 대학에 진학한다는 보장도 없었던 터에 도대체 공무원시험이 어떠하기에 여러 사람들이 관심을 갖고 매달리는지 호기심이 생겼다.

[2-1] 공부했던 수험서

농고생으로 영어·수학이 취약한 나는 행정직보다 이런 과목이 없는 농림직으로 준비하면 수월하지 않을까 싶었다. 공무원을 하고 안하고의 문제가 아닌 합격은 해보자는 생각에서 도전해보기로 하고, 서점에서 「5급농림직(농업분야)」 종합본 책을 한 권 샀다.

시험과목이 생물, 국어, 국사 및 국민윤리, 식용작물, 토양비료, 농업경영 등 6과목 이었는데, 농업경영은 3학년 2학기 교과라서 전혀 공부하지 않은 과목이기도 했다. 수업시간을 뺀 나머지 아침저녁 통학버스 안이나 집에서 늦은 밤까지 공부를 했다. 그렇게 준비를 하면서 홍천군청 민원실에 가서 응시원서를 접수했다.

한두 달 바짝 매달려 과목별로 암기와 이해를 반복했다.

마지막 단계에서 모의시험문제를 풀어보니 나름 용기가 생겼다. 과목별 40점미만의 과락 없이 평균 60점을 넘기면 일단 합격선 안에 드는데 이 선을 넘는 점수가 나왔다.

  1981년 5월 17일. 춘천 성수고등학교에 시험을 치르러 도착해보니 교복을 입은 수험생도 여럿 보였다. 경쟁률도 꽤 되는 듯 많은 인파들이 모였다. 워낙 많은 인파가 몰려 크게 기대를 안 하고 시험을 치렀다.

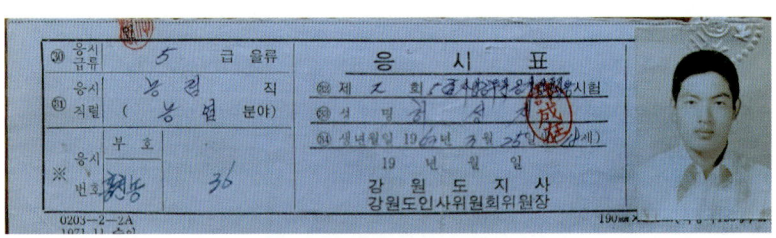

[2-2] 공무원시험 응시표

  그리고 한참을 지나서 학교수업을 마치고 귀가한 날 평소 무뚝뚝하시던 아버지가 미소를 머금고 뜯겨진 노란색 등기우편 봉투를 건네주셨다. '채용신체검사서'를 준비해서 면접시험을 보라는 내용이었다. 강원대 부속병원의 전신이었던 춘천의료원 각 과(科)를 돌며 신체검사를 받고 '공무원 이력서' 등을 준비해서 교복 차림으로 면접시험에 응시했다.

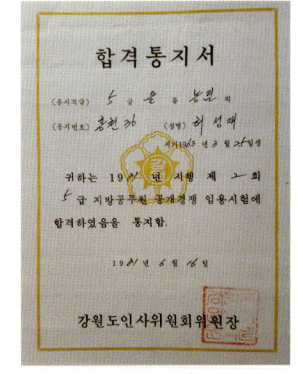

  짧은 머리에 교복을 입고 면접시험에 온 내가 어려 보였던지 면접관이 '교장선생님 성함'과, 벽의 적산온도 그리고 'PR의 뜻'을 물었었다. "PR은 처음 듣는데 앞으로 열심히 배우겠습니다!"라고 답변했던 기억이

[2-3] 공무원시험 합격통지서

아직도 또렷하다. 1981년 6월 16일 최종 '합격통지서'를 받았다. 강원도 일괄 공채로 농림직 100명을

뽑았는데 그 많던 재학생 중 우리 학교에서만 나와 동기생 K를 포함해서 딱 두 명만 합격했다.

    최종 합격된 후 학교에 다니고 있는데 화천군수로부터 6월 21일부터 8주간 강원도지방공무원교육원에서 진행될 '신규임용후보자과정' 교육에 입교하라는 통지가 왔다. 내가 화천군으로 배치된 걸 처음 알았다. 학교 측의 양해를 거쳐 34일간의 유고결석을 하면서 입교했다.

[2-4] 신규임용후보자과정 모습과 교육 수료증

    학교에서 정규교육만 받다가 새마을과정을 포함하여 공무원이 되기 위한 전문 교육과정인데다 교재도 한문이 많아 따라가기가 수월찮았다. 수료하면 곧바로 임용되도록 되어 있었기에 화천군청 행정계장 앞으로 '아직 고등학교 3학년에 재학 중이라 발령은 졸업할 때까지 유보시켜 달라.'는 내용으로 편지도 보냈었다.

    교육과정을 마치고 휴일에 화천군청으로 인사를 갔더니 행정계장이란 분이 "허성재 군이 누구냐. 편지 잘 받았었는데, 졸업할 때까지 발령은 안낼 터이니 학교 잘 마치고 오라."고 하셔서 돌아와 학교에 다니고 있었다. 나중에 도청에 근무하면서 알고 보니 당시 화천군의 행정계장이 강원도 총무과장과, 화천군 부군수를 거쳐 3선의 민선 화천군수를 지내신 정갑철

군수님이셨다.

얼마 후 강원도지사 명의로 임용예정지가 '화천군'에서 '정선군'으로 변경되었다는 통보를 받았고, 학교수업 마지막 하루를 남겨 둔 날 정선군수로부터 '12월 15일자 인사발령통지' 전보를 받았다.

맨날 교복과 교련복만 입다가 인사발령이 났는데 양복도, 기성복도 입고 갈 마땅한 옷이 없었다. 면소재지 장날 보따리 옷 장사를 하시던 친구어머니에게 밤늦게 찾아가 기성복 바지와 점퍼 한 벌을 급히 사서 입고 다음 날 부임지로 향했다.

정선까지는 원주에서 태백선 열차를 타면 됐는데, 평창에 연고를 두셨던 담임 선생님께서 평창에서 정선으로 가는 버스가 많으니 평창을 거쳐서 가라고 일러주셨다.

그런데 평창에 도착해 보니 정선으로 가는 버스노선이 많지 않아 어두워진 밤이 돼서야 정선에 도착했다. 가파르고 꾸불꾸불했던 비행기재를 아찔한 느낌으로 넘었던 기억이 아직도 또렷하다.

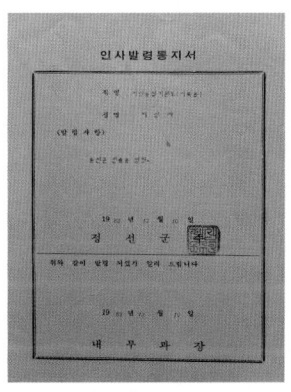

[2-5] **최초의 공무원임용장**

정선 읍내 여인숙에서 하룻밤을 묵고 다음 날 아침 군청에 가서 임용장을 받았다. "신규, 허성재, 지방농림기원보 시보에 임함. 1호봉을 급함. 사북읍 근무를 명함." **정선군 사북읍사무소**. 나의 **첫 공직 부임지**가 됐다.

10 | 말단공무원의 시작- 읍(邑)서기

첫 부임지. 사북읍사무소는 지금의 고한읍에 있었다. 사북에는 사북출장소가 있다가 나중에 사북읍으로 분할 승격되었는데 당시에는 국내 화석연료가 많이 쓰이던 때라서 관내에만 탄광이 50여개 가까이 채탄작업이 이뤄지는 등으로 읍(邑)인구가 6만 7천여 명에 이르던 곳이었다. 우스갯소리로 '광업소 봉급날은 길거리의 개도 돈을 물고 다닌다.'는 때였다.

사북읍이 인구나 경제규모면에서 비교적 컸었기에 읍장 아래 부읍장에 이어 다른 읍면과 달리 주사급(6급)이긴 해도 총무·주민·산업·개발 등 4개 과장의 직제가 있었다.

오후에 읍사무소에 도착해서 부임인사를 하고나서 총무과 새마을계에 배치됐다. 초짜 공무원이 행정이 뭔지도 제대로 모르는데 무슨 일을 어떻게 해야 할지 몰라 시키는 일만 하는 수밖에 없었다. 내가 글씨를 잘 쓰는 편이었기에 가리방10)으로 문서나 대장(臺帳), 안내문을 만들거나, 소규모 새마을사업의 설계도면을 트레이싱지(tracing paper)에 옮겨 그리는 등의 업무를 도왔다.

첫 부임지에서 15일 동안의 첫 봉급을 받았다. 당시 9급 1호봉 봉급이 89,100원으로 내가 마지막 10만 원 미만의 봉급표를 적용받은 당사자가 되기도 했다.

옆에서 한두 달 지켜봤던 총무과장과 총무계장이 나를 총무계로 재배치하는 발령을 내서 통계·문화공보 등의 업무를 맡았다. 주산자격도 없는데 6만 7천여 명에 달하는 '인구조사'

---

10) 일본어의 하나로 철필(鉄筆)로 글씨를 써서 등사하는 등사판(謄写版)의 일종

통계의 합동작업을 정선 읍내 여인숙에서 계산기로 집계하느라 고생했었고, 동료 직원이 운전하는 오토바이 뒷자리에 매달려 50~60개쯤 되는 광업소와 연탄공장을 일일이 찾아다니며 '광공업통계조사'를 했던 기억은 잊을 수 없다.

마을담당으로 천년고찰 정암사와 삼척탄좌 정암광업소가 있는 고한15리를 맡았다. 마을담당공무원이라고 이장님이 정암광업소를 동행해서 인사를 시켰는데 광업소 접견실에서 회사현황을 차트로 브리핑 받았던 일도 있다. 당시 공직사회에 대한 존경과 대우를 짐작하는 사례이기도 했다.

광산촌인 사북읍에서 1년 남짓 근무하는 동안 처음엔 당시 동원탄좌 광부로 일하셨던 큰형님 댁에서 잠시 지내다가 읍사무소 뒤쪽에 있던 2인1실의 직원합숙소에서 몇 달을 지냈고, 몇 달은 셋방을 얻어 자취를 했다.

발령받은 초기에 고등학교를 졸업하지 않았다는 이유로 식사나 술자리에서 상사들이 술은 못 마시게 해서 안주만 먹었던 웃지 못할 추억도 있다.

당시 총무과장으로 모셨던 김일동 과장님은 작은 체구에 성격이 올곧고 깐깐한 분이셨는데 달필이셔서 각종 행사용 플래카드나 상장·표창장은 물론, 지휘보고서나 차트 등을 쓰실 때 옆에서 도우미 역할을 자처하여 어깨너머로 배워 나중에 내가 유익하게 활용하기도 했다. 내가 감사관실에 근무하던 때 정선지역에 출장 갔다가 퇴임하신 선배님을 수소문해서 식사를 한 번 대접해드리며 안부와 소회를 여쭈며 뵙기도 했었다.

정선군은 나의 공직생활 첫 발령지였기에 그 의미가 남다르고 정선군과 연고가 있는 선배·동료·후배들에겐 그래서 더욱 가깝게 지내는 계기가 되었다.

11 | 타향에서 고향으로

갓 고등학교를 졸업한 사회 초년생 공무원의 객지생활은 업무 수행도 녹록치 않았지만 늘 외로웠다. 워낙 먼 거리인데다 교통여건도 좋지 않았을 뿐더러 차비를 쓰는 것도 아껴야 했기에 집에 자주 올 수도 없었다. 가끔 동료들과 가까운 유원지에 놀러 다니거나, 음식점에서 밥을 먹고, 꽤 많이 분포해 있던 다방에 들러 노닥거리는 게 휴일의 일과였다.

모교에 재직하고 계시던 고등학교 3학년 때 담임 이영운 선생님께 가끔 안부 편지를 써서 안부를 여쭈며 지냈었다. 겨울로 접어든 어느 날 동료직원이 "허 기사 홍천으로 발령 날 거 같아. 홍천군에서 할애요청 공문이 왔다는데…"라고 말한다. 얼마 전 담임 선생님으로부터 "잘 하면 머잖아 홍천으로 올 수 있을 거 같다."는 편지를 받았었는데 그 건인가 보다 생각했다.

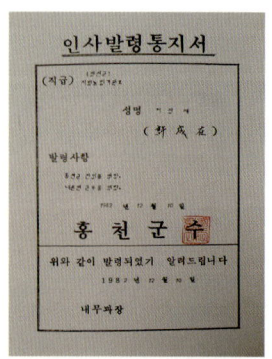

[2-6] 홍천군 전입 발령장

1982년 12월 9일. 정선군수로부터 12월 10일자로 **홍천군으로 전보**되는 공문을 받고 탄광촌에서의 근무를 마치고 홍천군으로 왔다. 고향인 내촌면 사무소에 발령받아 또다시 전기 혜택이 없는 고향의 시골집에 보금자리를 잡았다.

나중에 담임 선생님을 뵈었더니 내가 선생님께 썼던 편지를 들고 군청 행정계 차석한테 "나의 제자로 필체가 이렇게 좋고, 아주 똑똑한 인재이니 고향으로 데려와 달라."고 직접 부탁을 하셨단다. 정말 고마우신 분이셨다.

12 | 면(面)서기 · 군(郡)서기

　　탄광촌이긴 했지만 도회지였던 곳에서 근무하다가 깡촌 이었던 고향의 면사무소로 돌아오니 근무환경이 아주 열악했다. 청사 바닥이 나무마루인데다 사무실 중앙에 장작 때는 난로가 놓여있고, 별채의 건물 당직실 옆에 재래식화장실이 있었다. 1년 전까지 살던 전깃불도 없는 외딴시골집은 도회지물을 조금 먹었다고 여간 불편한 게 아니었다.
　　내촌면사무소에서 '새마을업무'를 맡았는데 연초에 '새마을사업 조기발주 발대식' 플래카드를 사북읍사무소에 근무할 때에서 어깨너머로 배운 실력으로 면사무소 마당에 흰색 천을 길게 펼쳐 놓고 페인트 붓으로 직접 썼다. 이후 각종 행사의 글씨는 거의 내가 도맡아 쓰기도 했었다.
　　하루는 저녁이 다 된 늦은 오후에 대한통운 화물차량 1대가 면사무소로 들어왔다. 무슨 용건인지 운전기사에게 물으니 송장(送狀)을 내미는데 인근 마을 새마을사업 자재인 시멘트 400포대를 싣고 온 것이다. 마을 이장에게 연락을 하고 화물차 옆자리에 앉아 마을회관 창고 앞에 도착했는데 이장 혼자 나와서 기다리고 있었다. 곧 날은 어두워질 테고, 할 수 없이 나는 트럭 위에 올라 16톤의 시멘트 포대를 일일이 들어 내리고 마을 이장은 밑에서 받아 옮겨쌓는 일을 직접 했다. 이 일로 허리를 다쳐서 나중에 두 번의 척추 수술을 받게 되면서 평생 고질(痼疾)로 지내게 됐다.
　　이어서 '사회업무'를 맡았다. 사회업무는 생활보호대상자들에게 양곡을 배급하는 업무가 제일 비중 있었고, 마을상수도 소독용 염소(鹽素)의 수급관리도 했다. 생활보호대상자에게 정해진

기준량에 따라 한 달 치씩 쌀·보리쌀 등 양곡과 생활비를 현금으로 나눠주는 게 쉽지 않은 일이었다.

면서기의 일은 고유 업무 외에도 담당마을별로 종합행정을 해야 했다. 체납세금 징수, 목표가 정해진 누에씨·씨감자 신청 받는 일은 물론, 높은 산 정상부에 설치된 전술용 헬기장 보수공사도 직원들이 직접 하는 경우가 많았다.

일은 고되고 힘들어도 고향에서 고향사람들을 위해 일한다는 게 즐거웠다. 마을과 마을을 연결하는 양회다리도 놓아지고, 시골집들의 지붕과 변소가 개량되는 등 하루하루 달라지는 모습에 나름 보람도 느꼈다.

……

고향의 면사무소에서 1년 조금 넘게 근무한 1984년 3월 **홍천군청 산업과로 발령**이 났다. '읍(邑)서기'로 시작해서 '면(面)서기'를 거쳐 '**군(郡)서기**'가 됐다.

산업과 발령초기엔 「**특작계**」에서 일했다. 특용작물과 채소·과수 등의 원예작물, 잠업, 고랭지반출도로 개설과 사후관리 등의 업무를 담당했다. 또 당시 정부의 농정시책으로 드라이브를 걸었던 '복합영농 시범사업'도 우리 팀 업무였다. '쌀 자급'은 어느 정도 이뤄졌지만 가난을 벗어나기 위한 돈 되는 농업의 관점에서 매우 중요한 업무영역이었다.

농수산부고시였던 '다년성(多年性)작물 계약재배실시요령'에 따라 조선맥주주식회사(현 HITE의 전신)와 농민을 대표하여 맥주원료작물인 홉(Hop)의 계약과 수매단가 협의 결정, 수매에 이르는 과정에 깊게 관여했고, 잠업 업무는 농가의 짧은 기간 고소득 작목으로 적극 장려되던 까닭에 뽕밭조성, 누에씨 신청·공급, 양잠교육 및 지도, 잠견(蠶繭)수매 등의 업무를 담당했다. 또 무역업자들이 나서서 농가와 계약재배를 했다가 수매와 연계되지 않아 이슈화 됐던 자소엽, 엘더베리, 원두충 등의 원예·특용작물 피해농가들의 민원해소를 위해 동분서주 했던 일들도 기억에 남는다.

특작업무가 농가소득 향상과 직결되기 때문에 연찬회 등 군수님이 참석하시는 대규모행사가 잦았고, 관련 계획이나 결과보고서를 손 글씨로 쓰던 시기였는데, 나는 글씨를 잘 쓰는 편으로 이때 국한문 혼용 문서를 많이 만들었다. 비록 9급이지만 특작계의 차석(次席)이어서 부군수·군수님 결재도 직접 받는 일이 잦았다. 한번은 행사계획 중 폐회를 '閉會'가 아닌 '廢會'로 잘못 썼다가 사교진 군수님한테 질책을 받기도 했었다. 이런 과정에서 배우고 익힌 까닭에 요즘도 국한문 혼용이 한글만 쓰는 것보다 더 익숙해져 있다.

산업과 특작계를 거쳐 「농사계」로 자리를 옮겼다. 농사계는 벼와 밭작물(田作物) 관련 업무를 다루는데, 쌀 자급 외에는 절대 부족한 식량자급 달성을 위해 범정부적으로 식량증산에 정책역량을 집중하던 시기였다. '식량증산상황실'을 운영해서 연중 거의 휴일이 없었고, 모내기가 제 때 이뤄지지 않거나, 논에 '피11)'가 많거나, 도열병이 발생된 논에서 농약냄새가 안 나면 도지사가 시장·군수에게 '경고장'을 주던 시절이었으니 여간 신경 쓰이는 업무가 아니었다.

중앙과 도(道)에서 내려오는 '식량증산시책 6단계 평가'는 관선시절 군수의 능력평가와 다름없으니 그만큼 업무 부담이 컸었다. 큰 재해라도 나게 되면 대대적인 피해조사를 거쳐 '농작물재해피해 복구계획'을 세우고 관내에 주둔해 있는 군부대로부터 군인을 지원받고, 공무원들을 응급복구에 동원하는 업무를 총괄하기도 했다.

---

11) 볏과에 속한 한해살이 풀(잡초)

한 번은 큰 수해가 나서 농업분야 피해가 속출했었는데 도청에서 당시 7급 직원 A가 "피해가 워낙 크니까 유실·매몰 면적만 매일매일 보고하고, 침수피해는 일주일에 한 번씩 보고하라."고 했었다.

다음 날 유실·매몰 면적만 읍면별로 집계해서 전화로 보고 했는데, A직원이 "침수는?"하고 묻는다. 나는 "침수피해는 일주일에 한 번만하기로 하지 않았습니까?"라고 대답 했더니 "뭐 이런 ㄱㅅㄲ가 있어! 그러니깨내 누가 그런 말을 했어 인마! 과장 바꿔! 아니 부군수 바꿔!" 하는 거다.

요즘엔 상상조차 할 수 없는 아주 부적절한 언행이자 행태였지만, 그 시절엔 도청과 군청의 수직적 관계가 이런 정도였었다.

13 | 도(道)서기가 되기까지

　군청에 몇 년 근무를 하면서 출장을 내려오는 도청 농정관련 부서 직원들을 자주 만나고, 또 '회의'나 '합동작업'으로 도청에 출장을 가서 도청 직원들을 알게 되었고, 글씨를 잘 쓰는데다가 업무도 잘 챙기는 걸로 평가받으며 도청의 과·계장이나 직원들로부터 도청 전입을 제의받기도 했다.
　요즘은 시·군에서 도청으로 전입하는 경우 먼저 '파견'형태로 전입했다가 일정기간 지나면 정식 전입형태로 이뤄지고 있어 시장·군수가 동의만 하면 쉽게 전입할 수 있지만, 당시 도청으로의 전입은 아주 특별한 배경이 아니면 전입시험이나 교육성적우수자로 제한되었던 시절이었다.
　나는 1988년 3월 지방공무원교육원 '농업실무자과정' 교육에 입교하여 **1등으로 수료**했다. 교육성적이 94.8점으로 2등과는 0.1점 차이였다. 이때는 제5공화국 시절로 각급 교육기관에서 과정별 1등으로 수료하는 사람에게는 도지사 상장과는 별도로 전두환 대통령의 아호를 따서 만든 '일해재단'에서 시상금을 주는 '일해교육상(日海敎育賞)'을 수여하는 제도가 있었는데, 이때 시상금으로 당시 경제여건 등을 감안할 때 비교적 많은 금액인 50만 원이나 받았다.
　또 교육수료 후 남동우 군수님을 군청 청사 계단에서 뵈었는데 "귀하가 이번에 교육가서 1등 한 사람인가요? 교육원에 있는 내 친구 L이 나한테 전화했더라고요."하시면서 손을 덥석 잡아 집무실로 데리고 가시더니 즉석에서 3만 원의 격려금 봉투를 주시기도 했었다. 이렇게 도청으로 전입할 수 있는 **자격 요건**을 갖추었다.

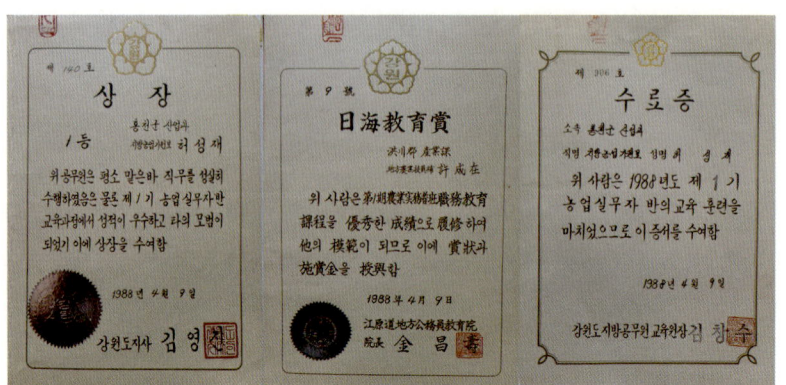

[2-7] 교육성적우수자 상장, 수료증

　교육성적우수자로 도청 전입이 한창 진행되던 때 훗날 민선 홍천군수를 지내신 당시 군청 재무과장이셨던 N과장님께서 "왜 굳이 도청으로 가려하느냐. 여기 있으면 내가 책임지고 행정직으로 전직시켜 줄 테니 다시 생각해 보라."고 하셨지만. 나는 "큰물에서 노는 게 좋을 거 같습니다."하고 N과장님의 제의를 받아들이지 않았다.
　만일 이 때 도청으로의 전입을 미루고 행정직으로 전직해서 도청으로 전입했었다면 훨씬 융통성 있는 자리로의 보임이 가능하지 않았을까 하는 생각을 가끔 가져보기도 했지만 전문직으로 지내온데 대한 나름의 보람과 긍지를 갖기도 한다.

　어쨌든 서울올림픽 준비가 한창이던 1988년 8월 1일. 강원도청 식산국 잠업특작과로 인사발령을 받아 '**도(道)서기**'가 되었다.

14 | 서무와 차석의 공통점

　도청에 전입해서 과의 서무업무를 맡았다. 서무는 과에서 제일 졸병으로 고유 업무 외에도 잡다한 일들을 도맡아 처리를 해야 했다. 국(局) 주무과에서 수시로 부르면 업무를 전달받아 처리하거나, "각 과 서무담당은 어디(어느 과)로 오라!"는 청내 방송에 따라 다녀오는 등 발로 뛰는 업무가 많았다. 매주 작성되는 '주간업무보고'는 32절 박지(薄紙)에 묵지를 넣어 타자기로 작성하고, 이를 몇 부씩 복사해서 제출해야 하는데 얇은 종이가 복사기에 자주 걸려서 애를 먹기도 했었다.
　또, 직원들 급여는 과별로 고용직[12] 여직원이 취급하는 게 관례였는데 우리 과는 여직원 행실에 문제가 있다는 이유로 서무인 내게 주어져 급여계산도 직접 했고, 봉급날엔 직원들 재형저축 등을 불입하러 금융기관별로 현금을 들고 다녀오기도 했었다. 이 때 우리 과 소속으로 내무부장관 수행비서로 파견 중이셨던 유정복[13] 사무관님께 매달 '봉급명세서'를 직접 보내드린 관계로 당시 격려를 받는 등 인연이 되기도 했다.
　식목일행사·국 단위 체육행사 등에는 서무가 먹거리와 쌈채소 등을 직접 준비해야 하는 관계로 아내와 시장을 봐서 전날 밤늦도록 준비하기도 했다.
　1988년 부활된 국정감사는 갓 전입해온 나를 엄청 힘들게 했다. 국, 과별로 '예상 질의·답변자료'를 A·B·C급으로 나눠서 작성하였는데, 당시 PC보급이 안됐고 모든 보고서나 문서는 손으로 써야했으므로 도지사님 검토사항인 'A급'의 경우

---
12) 특수 경력직 공무원에 속하여 단순한 업무에 종사하는 공무원, 지금은 '기능직 공무원'으로 일반직 공무원의 한 유형으로 전환됨
13) 나중에 김포시장, 민선 인천광역시장, 농림수산부장관, 국회의원 등을 역임

검토단계별로 수정되는 사항을 몇 차례씩 새로 써야 해서 손가락이 붓고 꾸덕살14)이 생기기도 했다.

서무업무를 보던 기간 중 신관 1층에 있던 과 사무실을 의회건물 지하3층으로, 다시 신관 5층으로, 다시 본관 옥상 가건물로 세 번씩이나 거의 끝에서 끝으로 옮기느라 요즘처럼 용역업체가 아닌 직원들이 대부분 직접 이사를 해야 했고, 서무를 담당했던 내가 공용집기류와 문서의 짐을 싸고 옮겨야 했다. 이 과정에서 한번 수술 받았던 허리의 '추간판 탈출증'이 재발돼 두 번째 수술을 받기도 했다.

세월이 흘러 국 주무팀 차석이 된 시절. 행정정보화와 '노조' 출범 등 공직내부에도 많은 변화가 왔다. 과거처럼 **'서무담당자'를 부르던 게 '주무과 차석'으로 대체**됐다. 조직 안에서 민감한 사안이나 조금 껄끄러운 일들은 어김없이 국 주무과 차석을 불러 전달하는 방식으로 바뀌었다.

VIP 순방, 국정감사 등 굵직굵직한 현안이 있을 때마다 국 주무과 차석을 불러 업무지침을 전달하고 이를 정리해서 보내주는 일이 잦았다. 과거 서무들이 하던 업무영역과 형태가 그대로 국 주무과 차석에게 전가됐다.

매년 '농정시책 추진계획'은 물론이고 국정감사와 도의회 업무보고서, 국 단위 조직·인사관리에다가 심지어 도지사 '공약사항'관리와 '언론인터뷰 자료'도 국 차석인 내가 직접 챙겼다.

여름휴가도 몇 년간 거르고, 주말과 휴일을 거의 반납하다시피 했다. 오직 사무실 일에만 매달려 있었다. 그 원인 중 하나가 9급 서무 때 하던 역할과 국 주무과 차석으로 일 했던 때의 공통점·유사점이 많았기 때문이었다.

---

14) '굳은 살'의 방언

15 | 공무원의 실력 쌓기

 공직 초기에 나는 선배·동료들에게 "저는 머리가 안 따라주니 몸으로 때웁니다!"라는 농담 섞인 말을 자주 했었다. 농고출신의 말단기술직공무원이 객관적으로 드러낼 게 별로 없었다. 남들처럼 대학이나 명문 고등학교를 나오지 못했고, 행정직도 아니었다. 그렇다고 태생적으로 굵은 동아줄을 잡은 금수저도 아니었다. 그나마 붓글씨를 포함해서 글씨를 조금 잘 썼고, 한문을 거의 읽고 쓸 수 있는 게 낫다고 볼 수 있었다.
 당시에 농고 출신 농업직공무원을 주변에서 '똥패[15]'라 비하해 칭하는 경향이 있었다. 어찌 보면 공직입문 자체에서 타고난 '흙수저'였던 거다.
 그렇다면 이런 바탕에서 할 수 있는 건 오직「국민교육헌장」에 나와 있는 '타고난 저마다의 소질을 계발하고, 우리의 처지를 약진의 발판으로 삼아, 창조의 힘과 개척의 정신을 기른다.'라는 글귀에 바탕을 두고 대응하는 수밖에 없었다.

■ 성실- 실력의 밑바탕 ■

 공무원은 '공무를 담당하고 집행하는 사람'이다. 이런 공무원에게는 6대 의무[16]가 법령으로 정해져 있다. 그 중에서도 '모든 공무원은 법령을 준수하며 직무를 성실히 수행해야 한다.'는 '성실의 의무'가 맨 앞에 규정돼 있다. **'성실'이 공무원의 실력을**

---

15) 질은 낮아도 양만 많으면 만족하는 사람을 놀림조로 이르는 말인 '똥배'의 방언
16) 성실, 복종, 친절공정, 비밀엄수. 청렴, 품위유지의 의무

가르는 **바탕**이 된다.

　나는 다른 사람들보다 출근을 일찍 했다. 특히 서무를 보던 8・9급 시절엔 더욱 그랬다. 남들보다 일찍 사무실에 나와서 신문을 찾아다 놓고 매일 사무실 바닥을 물걸레로 청소를 했다. 업무 시작 전에 신문 등 보도기사 내용을 거의 훑어 봤다. 몸에 밴 이른 출근은 관리자가 돼서도 여전했다.

　업무를 남에게 미루지 않았다. '누군가 해야 할 일이라면 내가 한다.'는 기조를 지키려 했다. 윗분들에게 보고하기 어려운 사안은 대신 결재를 받거나 보고를 대신해주기도 했고, 누군가 나서야할 일로 모두가 꺼릴 땐 나서서 해결했다.

　시의성 있게 처리해야할 업무는 밤을 새워서라도 끝을 보았다. 이런 까닭에 업무를 제 때 처리하지 못하거나, 핑퐁 하는 부하들에 대해서는 '성실함의 기준'으로 삼기도 했다.

■ **보기 좋은 떡- 맛도 좋다.** ■

　공무원의 실력 유・무를 쉽게 가를 수 있는 요소 중 하나가 '문서나 보고서'다. 이런 실력을 흔히 '기획력'이라 하는데, 이런 '기획력'이 하루아침에 생기는 게 아니다.

　간혹 '연설문'처럼 서술형 문장으로 쓸 경우도 있지만 대부분의 문서나 보고서는 '서술개조식(敍述個條式)'이 많다. 따라서 쉬우면서도 함축적인 용어를 적절히 써야 하고, 서체나 굵기를 달리해서 강조를 줘야할 경우도 있다.

　나는 평소에 기재부・내무부 등 중앙부처, 기획관실・지방과 등 도청 요직부서의 잘된 문서나 보고서들을 흘려보지 않았다. 그 형식과 내용들을 내 것으로 만들었다. 멋진 문서는 '내려 받기'해서 PC에 저장해 놓고 기획업무에 인용했다.

가급적 간단명료한 단어와 문장으로 문서나 보고서의 질을 높이고, 특히 한 문장에서 '~을, ~를'과 같은 접미사가 반복적으로 기술(記述)되지 않게끔 신경 써 생활화했다.

공문서나 보고서를 만들 때 쉽게 넘긴 게 별로 없었다. 어떤 땐 잠자리에 들었다가도 좋은 생각이나 용어가 떠오르면 벌떡 일어나서 메모했다가 다음 날 반영하기도 하고, 새로운 프로젝트(Project)에는 접근방향을 정하는데 고민에 고민을 거듭했었다.

이렇듯 관심을 갖고 신경써가며 10년, 20년쯤 지나니까 저절로 몸에 배고, 윗분들의 보정기회나 횟수가 크게 줄었다. **'보기 좋은 떡이 맛도 좋다.'**는 성과물로 인정받았다.

■ 올바른 방향설정과 추동력이 실력이다. ■

행정은 '국가나 지방자치단체가 목표달성을 위해 서로 협동해서 관리하는 작용'이라고 정의된다. 그렇다면 지향해야할 목표가 분명해야하고 그 목표가 이뤄지도록 추진하는 게 중요하다. 아무리 잘된 행정계획이라 해도 **실행되지 않고 계획에 그친다면 실효성이 없다.**

2013년 10월 17일. 유통원예과 농식품산업담당으로 미국 동부지역 한인마트와 「강원농식품 수출을 위한 MOU체결과 특판행사」를 위해 뉴욕에 해외 출장을 갔다. 당시 미국 안에 대형마트점 50개 정도를 운영하는 대규모 유통그룹인 H사 대표와 강원도지사가 MOU를 체결하기로 하고 사전에 협약서안 등의 협의를 끝냈었다. 현지에 도착해서 행사 전날 저녁식사를 겸한 회의(Meeting)를 하는데 그룹 대표이사 G회장이 불참한다는 거다. 일행으로 동행했던 농식품업체 대표들은 특판행사 만이라도 그대로 하자고 했지만 나는 물러설 수가 없었다.

　나는 "사전에 협의가 끝난 사안인데 지켜지지 않는다면 신의를 저버린 것으로 행사 자체가 무의미 하다. 행사를 접고 귀국한다. 이 부분에 대한 모든 책임은 귀 측에 있는 거다."라고 강력하게 어필하고 일행에게 "귀국 비행기 티켓을 바꾸도록 하라."면서 저녁 식사도 접고 묵고 있던 호텔로 돌아오는 결기를 보였다. 그날 저녁 늦게 "G 회장이 내일 예정대로 행사에 참석한다."는 연락이 왔다. 일개 사무관이 대규모 유통회사 회장의 일정을 바꾸도록 해서 예정됐던 행사를 계획대로 마쳤다.

　2014년. 감자종자진흥원장으로 부임했다. 부임 후 얼마 지나지 않아 씨감자 채종농가와 강원감자조합공동법인(감자조공)에서 씨감자를 제 때에 팔지 못한 재고량 문제로 도지사 면담을 요청하는 등 현안으로 대두됐었다. 근본 원인을 분석해 보니 도가 채종농가로부터 수매·공급하는 씨감자 가격과 농협 등이 채종농가의 잔여 씨감자를 별도로 수매하여 높은 가격으로 판매해 왔는데 전년도 감자가격이 낮게 형성되다보니 전국적으로 농민들이 재배를 꺼려 종자공급이 원활하지 못하면서 감자조공이 큰 손해를 입게 되자 이를 도(道)가 보전(補塡)하라는 거다. 나는 이번 기회에 씨감자가격 단일화가 필요하다는 판단에 따라 관련 농협장과 감자조공 대표, 씨감자채종농가협의회 대표 등을 불렀다. 몇 차례 회의를 통해 당위성과 논리를 바탕으로 설득시켜 40년 넘게 지속돼 온 '씨감자가격 이원화 문제를 단일화'해서 말끔하게 해결했다.

　요즘은 행정 관료들이 어떤 현안에 맞닥뜨리면 회피하는 등 소극적으로 대응하는 경향이 있지만, 나는 그 **목적과 방향이 옳다면 마다하지 않고 정면대응**으로 밀어붙였다.

16 | 야전침상의 실체

1994년 7월부터 1996년 12월 사이. 7급으로 농어업정책과에 근무할 때다. 이 때 농어촌지역 중장기 투자계획인 「농어촌발전 5개년 계획」과, 농림수산부장관 훈령인 「농림수산사업 통합실시요령」이 새로 제정·시행되면서 강원도 농림어업분야 예산신청과 배정을 총괄하는 업무를 담당했다.

기존에 농림수산부·농촌진흥청·산림청·수산청 등 부처별로 이뤄지던 국비예산의 신청과 배분을 통합 관리하는 체제로 바뀌었으니 그 업무량이 양적·질적으로 크게 늘어났다.

농림수산부에서 만들어 내려 준 데이터베이스 프로그램 외에 각 사업별 기초자료 작성을 위해 당시 보편화되지 않았던 '쿼터스'와 '스프레드시트' 프로그램을 배워가며 새로운 업무를 수행했다.

당시 2조 8천억 원 규모의 「농어촌발전 5개년 계획」과 매년 1조 원에 가까운 「농림사업 예산신청」의 집계·분석 작업이 한창일 때는 거의 열흘에서 보름정도 사무실에서 지냈다.

추운 늦겨울 새벽 서너 시까지 일하다가 집에 가면 식구들 잠을 깨우게 될까봐 사무실 T탁자에 방석을 깔고 그 위에서 옷걸이에 걸려 있던 직원들 점퍼를 가져다 덮고 새우잠을 자는 일이 잦았었다.

그 시절엔 각 사무실 열쇠를 당직실 열쇠함에 최종 퇴청자가 걸어 놓으면 다음 날 최초 출근자가 당직실에 걸려 있는 열쇠로 문을 열고 들어오던 시스템이었는데 남들보다 일찍 출근하시던 계장님이 문을 두드려서 사무실에서 잠자다가 일어나 문을 여는 일이 며칠씩 반복됐었다.

아침에 일어나 잠시 집에 들러 면도하고 옷만 갈아입고 다시 사무실로 나와서 일하는 게 일상이었다.

이 때 직속상관이셨던 S 계장님이 국·과장회의에서 "요즘 허성재가 사무실에 야전침대를 놓고 일하고 있습니다!"라고 다소 과장되게 보고하시는 바람에 '야전침대 얘기'가 청내에 돌았었다.

그래서 내게 **'야전침상(野戰寢牀)의 전설'**이 생겨나게 되었다. 이 때 정말 한도 끝도 없이 일에 빠져봤다.

을지연습기간 중에만 실국장님들 집무실 구석에 며칠간 야전침대를 놓고 쓰던 시절이었는데 어찌 7급 직원이 사무실에서 호사스럽게 야전침대를 쓸 수 있겠는가! 그만큼 밤낮없이 열심히 일을 했다는 방증이기도 했다.

17 | 직제에 없는 '직함' 쓰기

공직생활을 40년 넘게 해오는 동안 네 번의 '직제에 없는 직함'을 썼다. 공식적이건 비공식적이건 원활한 직무수행을 위해 어쩔 수 없는 경우가 생기기도 했다.

1992년 10월 31일. 7급으로 승진하면서 대관령에 있는 감자원종장에서 근무를 하게 됐다. 관리계 차석으로 재산과 차량·장비 관리업무를 담당했는데 당시 현원 30여 명 중에서 관리계 소속이 14명으로 거의 절반을 차지했었다.

대관령지역에 국가기관으로 있던 감자보급소, 국립종축장 대관령지소 등 유관기관 차석들을 '주임'이라 부르고 있는 관행에 따라 당시 장장, 계장, 직원들이 각 계의 차석을 비공식적으로 '주사·기사'가 아닌 **「주임」** 으로 불렀다.

1997년 1월 10일. 6급으로 승진하면서 서울사무소 창설요원으로 혼자 발령받았다. 사무실 임대와 리모델링, 집기류 배치에서부터 관인제작 등 사무소 개소 준비의 대부분을 혼자 마무리할 즈음 약 한달 뒤 소장과 직원의 후속인사가 났다.

서울사무소의 주된 임무가 중앙정부 동향 파악과 인적 네트워크 구축, 출향인사 관리 등이었는데, 중앙부처를 방문할 때 내미는 명함에 '농업주사'로 쓰려니 일을 보는데 애로사항이 많았다. 각 시·도서울사무소와 협의한 끝에 소속 직원들은 '부장'이라는 직함을 통일해서 쓰기로 했다.

마침 사무소에 오신 최각규 도지사님께 자초지종을 말씀드리니 '부장보다 더 나은 명칭이 좋겠는데, 각 시도가 그렇게 통일했다니 그렇게 쓰라.'고 흔쾌히 용인해 주셨다. 반공식적으로 서울서 근무한 3년 여 「**부장**」이란 직함을 사용했다.

　2019년 1월 1일. (재)강원농촌융복합산업지원센터로 파견 인사발령을 받았다. 도 산하 사업소장으로 얘기가 되다가 갑작스레 바뀌었다.
　인사발령 직후 센터장님과 협의해서 센터업무를 직접적으로 수행하는 것보다는 민간 조직의 특성을 고려해서 업무가 제대로 수행될 수 있도록 중요사항을 자문해 주는 게 좋겠다는 판단에서 「**협력관**」 직함으로 1년 반을 지냈다.

　2020년 7월 10일. 강원도인재개발원 「**연구위원**」보직을 받았다. 직제에 없는 보직이다. (재)강원농촌융복합산업지원센터 협력관으로 있으면서, 강원대학교 현직 L교수가 대표이사 겸 센터장을 맡고 있었는데 센터가 제 기능을 못하고 있는데다 회계부정 사례도 보여 이를 바로 잡고자 수차례 도 지휘부와 관련부서에 살펴보도록 했지만 개선의지가 전혀 없었다.
　대부분 국·도비 보조금으로 운영되는 센터의 보조사업을 불투명하게 관리하면서, 자신이 부회장으로 있는 '민간학회'의 행사비 일부를 편법으로 집행케 하는 등 상식에 반하는 행태들이 눈에 띄었다.

　협력관은 센터의 계선라인에 있지 않아 직접 책임질 일은 없지만, 도청 간부로서 향후 문제가 발생하면 고스란히 도정에 부담이 돌아갈 것이 자명하여 그냥 지나칠 수 없었다.
　그런데도 제 기능과 역할을 기대할 수 없고 회계부정 정황이 있는 L 교수란 작자의 말, 내부의 보고보다 외부인들 말에 귀 기울이는 어쭙잖은 인사권자의 인사발령에 어쩌겠는가?

18 | 감사관 '허칼'

2000년 1월 31일부터 약 3년간 감사관실에서 감사요원으로 근무했다. 감사관실에는 업무의 특성을 고려해서 소수직렬도 직렬별로 1명씩 배치되고 있었는데, 직전에 근무하던 농업직 C 선배가 암으로 명예퇴직하게 되면서 내가 후임으로 발령받았다.

민원감사팀[17] 직원 7명 중 '주사'승진 순서에 따라 '사석(四席)'이 되었다. 당시 G시 출신의 L담당이 "직원들을 깐깐하고 피곤하게 해서 농업직 C 선배가 암에 걸렸다."는 얘기가 나올 정도로 분위기가 좀 어수선했었다. 감사관실에서 근무한 지 얼마 지나지 않아 퇴근길에 L 담당과 차석·삼석 등 직원 몇 명이 모여 소주잔을 기울였는데, 나는 팀 분위기를 바꿔보고자 L 담당께 "전 지금까지 인격모독에 대해서는 그냥 넘어간 적이 없고 앞으로도 그럴 생각입니다. 함께 근무하면서 얼굴 붉히는 일은 없었으면 합니다. 대신 제게 주어진 업무는 완벽하게 하겠습니다."라고 강한 어조로 얘기를 했다. 그래서인지 그 분과 근무하는 동안 과거에 비해 많이 부드러워 지셨고, 별다른 갈등이나 마찰 없이 지낼 수 있었다.

지금은 합의제행정기관인 '감사위원회'로 바뀌었고 4개 팀에 불과했던 조직이 8개 팀으로 확대 개편되어 보다 전문적인 감사기능을 갖췄는데, 당시 '민원감사팀'은 종합감사 지원과 함께 도지사 특명사항 조사, 민원사항 감사, 공직기강 감찰, 특정사안 부분감사 등을 담당하게 되어 다양한 분야의 업무를

---

17) 감사관실에 감사기획·회계감사·기술감사·민원감사·법제·송무팀이 있었고, 민원감사팀은 얼마 후 조직개편에 따라 '직무조사팀'으로 변경되었음.

접할 수 있게 되었다.

　감사는 행·재정상, 신분상 처분이 따르기 때문에 관련법규와 사실관계를 명확하게 살펴야하고, 또 위법·부당한 사항을 발견하고도 그냥 지나치면 직무유기와 연계될 수 있는 특수성을 가진 업무이다. 감사관이 확실한 업무연찬과 법리검토를 거쳐 판단하고 결론을 내려야하기에 대충대충은 있을 수 없다.

　감사관18)들의 특성에 따라 '애칭'이 붙었는데, 훗날 감사위원장을 지낸 지적직 P 감사관은 어떤 사항을 발견하면 절대 놓아주지 않는다 해서 '불독'으로, 임업직 R 감사관은 깐깐한 일처리에다가 지적사항을 그냥 넘기지 않는다 해서 '포청천'이라 불리기도 했다. 나는 법과 원칙에 따라 흔들리지 않고 칼로 무 자르듯 끊고 맺음이 확실하다 해서 **'허(許)칼'**로 통했었다.

……

　2001년 6월 13일. 지방언론에 C군 지역에 대규모 산림을 무단으로 개간하여 훼손됐다는 보도가 있었다. 워낙 큰 규모의 불법행위였기에 특별감사 지시를 받고 감사에 착수했다.

　민통선 안 구릉지형태의 경사진 산림을 육안으로 봐도 어마어마한 면적이 농지로 개간돼 있었다. C군 감사부서에 지적공사로 하여금 현황측량을 하도록 조치해서 결과를 받아보니 6필지에 77,528㎡(약 7.8ha)의 산림이 개간된 것을 특정했다. 이어서 관련부서인 산림과와 농업정책과 관계 공무원들을 상대로 인허가 절차의 적법성 여부와 불법행위의 추진 경과를 하나하나 살폈다.

[2-8] 산림불법행위 감사결과 보고서

---

18) 당시 준국장급 감사관 아래 담당사무관, 주사·주사보급 감사요원이 있는데, 감사요원을 관례적으로 '감사관'이라 호칭하였음.

이 과정에서 L 군수가 관련부서 공무원들에게 개간허가를 종용하였고, 이에 관련법규를 위반하면서까지 개간허가를 내주는 등 불법행위를 확인하여 단체장 기관경고와 관련공무원 3명을 징계토록 처분요구를 했다.

이 건 감사로 L 군수가 도 지휘부를 직접 찾아 사과와 함께 재발방지를 약속하게 하는 등 감사 우수사례로 청내에 회자(膾炙)되기도 했었다.

……

2002년 11월 22일부터 신문과 방송 등에 W시 국장급 공무원 등이 부동산 투기 의혹이 있다고 며칠간 대대적으로 보도가 됐다. 관련해서 내가 특별감사에 긴급 투입됐다.

현지에 내려가 감사장을 차리고 관련서류를 제출하도록 하니 이미 관련서류 일체가 검찰로 넘겨진 상태였다. 검찰에 양해를 구해서 서류를 되돌려 받은 다음 서류검토를 먼저 끝내고 나서 당사자인 J 국장을 불렀다.

처음에 완강하게 잘못이 없다고 큰 소리 치던 J 국장에게 본인의 '공직자재산등록서류' 등 근거자료들을 들이밀며 하나하나 조목조목 따져 물었다. 처음 큰소리로 항변하다가 서서히 무너지기 시작했다. J 국장과 함께 불법행위에 가담했던 N 지부장 H씨 집무실을 방문해서 사실확인서를 받는 등 철저한 증거자료 확보도 병행했다.

이렇게 해서 2천 7백여만 원 상당의 지방세 포탈과, 취득 농지의 방치행위, 시청사후보지 부당 관여 등의 불법행위를 적발해서 포탈 지방세 추징과 비위공직자에 대한 중징계를 요구했다. 또 J 국장과 친분을 유지

[2-9] 부동산투기의혹 감사결과 보고서

하며 함께 연루됐던 ○○안과 원장, ○○건설 대표 등 감사로 접근할 수 없는 민간인에 대해서는 '수사자료'로 통보하는 등의 조치를 했다. 당시 도지사님께 감사결과를 보고 드리니, '아주 잘 조사되고 정리된 것으로 보임. 조사한대로 적법조치 하기 바람'이라는 메모로 격려를 받기도 했었다.

얼마 후 이 건과 관련해서 사법기관에서 관련자들에 대한 사법조치가 뒤따랐는데, 감사가 체계적으로 잘 정리돼서 수사 및 기소를 쉽게 할 수 있었다는 얘기가 들려왔다.

또한 몇 달 후 W시에 공직감찰을 왔던 감사원 감사관이 이 건을 살펴보려 해서 "이미 강원도가 특별감사를 통해 조치된 사안이다."라고 하니, 관련 문서를 가지고 오라고 하여 직무조사담당과 함께 관련 서류를 가지고 내려갔는데, 감사결과보고서와 조치결과를 확인한 감사원 감사관이 우리 S 담당님에게 "어떻게 이토록 완벽하게 감사를 했는지, 우리 원에도 이런 감사관이 필요한데… 계장님은 이런 직원과 근무를 하시니 참으로 복 받으신 분이네요."라는 말을 했다고 들었다.

......

도지사 특별지시로 '동해안지역 산불피해지복구사업 특별점검'을 위해 G시를 방문했는데, 임업직 실무자가 감사장을 찾아와서 "우리 ○○계장이 벌기령(伐期齡)에 도달하지 않은 소나무 벌채허가를 하도록 지시를 해서 어쩔 수 없이 허가처리를 해 주긴 했는데 나중에 문제될까봐 두렵고, 고민이 많은데 한두 번도 아니고 어찌해야할지 모르겠다."고 상담을 해왔다.

당사자인 ○○계장을 불러 재발 방지를 위해 엄중히 구두(口頭)주의를 주려 했는데, "그런 일이 전혀 없다."고 잡아떼는 거다. 나는 "잘못을 시인하고 앞으로 그런 부당한 지시를 다시는 하지 않겠다고 확약해주면 그냥 넘어갈 거고, 그렇지 않으면 현지감사를 하겠다."고 했는데도 여전히 잡아뗀다. 나는 다시 한 번 "감사를 해서 문제가 확인되면 그냥 넘어갈 수 없는 사안이다."고 했는데도 굽히지 않았다. 이에 특별점검을 진행하면서 제보내용에 대한 확인감찰을 병행했다.

최근 몇 년간 소나무 벌채허가 된 리스트를 작성해서 이 중 한 곳에 둘러보니 문제가 심각했음을 확인했다. 그런데 벌채된 소나무 그루터기에 송진이 흘러 마르고, 곰팡이로 인해 시커멓게 변해서 나이테로 수령을 확인하는 게 어려웠다.

다음날부터 산림조합중앙회 강원도지회의 협조를 얻어 '영림작업단' 2개 팀을 지원받아 현장에 투입해서 확인해야할 벌채한 소나무 그루터기를 기계톱으로 잘라내면서 명확하게 현장조사를 실시하니 당사자가 기겁을 하며 그제야 잘못을 시인하기 시작했다. 사전에 구두경고하면서 다짐을 받았던 데다가 외부 인력까지 투입한터라 철저한 현장조사를 통해 소나무 수령 50년이 지나야 벌채허가를 할 수 있지만 27~28년 밖에 되지 않았는데도 위법하게 벌채허가토록 한 ○○계장의 위법·부당한 행위를 적발해서 중징계를 요구하는 처분을 했다.

이처럼 기계톱까지 동원한 나의 감사방식과 접근법이 구전(口傳)으로 빠르게 일선 시·군 등에 퍼지면서 '허칼'이미지가 더욱 뿌리내리는 계기가 됐다.

……

이 밖에도 「산불피해산림 복구사업」으로 추진한 묘목의 식재여부 확인을 위해 총을 멘 병사의 도움아래 민통선 안의 현장을 속속들이 다니며 심도 있는 현장조사를 하거나, 「수질보전실태 부분감사」로 도내 대규모 리조트 주차장 지하에 설치된 오폐수처리시설을 직접 들어가서 흘러넘친 오폐수덩어리를 밟아가며 확인하는 등 부여된 감사나 감찰활동을 철저하고도 확실하게 수행했다.

이와 같은 감사기법과 사명감으로 다른 감사관에 비해 굵직굵직한 사안을 많이 배당받게 되면서 감사관실 근무 3년 동안 '경징계' 이상의 징계요구 인원만 28명에 이르는 등 감사관 '허칼'로서의 역할을 충실히 수행했다.

반면에 '철저한 감사관'으로 널리 알려지면서 일선 시·군으로부터 업무처리와 관련해서 감사부서나 실무부서에서 사전에 업무처리 방향 등을 문의해오는 일이 많았다.
어찌 보면 요즘 제도화 된 '일상감사'나 '사전감사제도'까지는 아닐지라도 그만큼 **감사관으로서 인정**받았다는 방증일 게다.

19 | 기술직의 한계 극복하기

공무원의 조직 및 인사관리는 「강원도 행정기구설치 조례」, 「강원도 공무원 정원조례」등 관련법규에 따라 이뤄진다. 기술직 공무원은 행정 직렬과 달리 보임될 수 있는 자리에 제약이 많다. 따라서 농업 직렬인 내가 갈 수 있는 자리와 업무에 제약이 따르고 행정 직렬에 비해 승진도 느린 편이다.

대부분 농업과 관련 있는 관서나 부서에서 일했다. 다행스럽게 수도권 농수산물 유통 지원 기능이 있는 서울사무소와 앞선 [18장]에서 다룬 감사부서에서 각각 3년씩 농업 전담부서가 아닌 곳에서 근무하는 기회가 있었다.

소수직렬은 행정 직렬이 대다수이거나 여러 직렬이 혼재된 조직 안에서 능력을 인정받지 못하게 되면 그 직렬 전체에게 부정적 영향을 끼칠 수 있기에 각고의 노력이 필요하다.

1997년 1월. 서울사무소 창설 요원으로 나 홀로 발령받아 혈혈단신으로 사무실을 꾸미고, 신규 관서 개설에 필요한 모든 사항들을 깔끔하게 마무리 했다. 중앙정부의 정책동향관리와 수도권 인적 네트워크 구축, 농수산물 유통정보의 제공과 판로 확충 등 확실하게 자리매김하도록 했다. 농업직에 대한 선입견을 없애도록 최선을 다해서 일했다.

2000년 1월. 서울사무소에 이어 감사관실로 발령받아 또다시 농정부서가 아닌 곳에서 근무하며 '명감사관(名監査官)'으로 명성을 떨쳤다. 농업직이었기에 더 원칙을 지키고 더 노력하며, 더 뛰어난 성과를 이뤄내고자 했다.

2003년 1월. 감사관실에서 농정산림국 농어업정책과로 인사발령 되어 자리를 옮겼다. 주무팀인 농어업정책팀 '삼석'자리에 앉았다. 국 주무과인 관계로 지금까지 '차석'은 '주사' 중에서도 고참 격인 '행정주사'가 쭉 맡아왔었다.

그로부터 넉 달이 지난 5월 23일, 인사발령으로 고참 이었던 P차석이 사무관으로 승진하면서 나보다 현직급 승진일이 늦은 중고참급 행정주사 B가 전입해 오면서 강원도 최초로 행정직들의 전유물이었던 주무과 주무팀 차석 자리가 '농업주사'로 대체되는 변곡점이 됐다.

인사부서를 비롯해서 행정직들의 시선이 좋지 않았고, 당시 주무담당이던 L사무관이 행정직인 B를 '차석'에 앉히려다 농업직 출신 L국장께서 "허주사가 업무능력도 있고 고참 순으로 앉는 게 맞다."고 하셔서 내가 '차석'이 됐다. 이게 바로 기술직이 겪어야 하는 현실이다.

나는 최초의 농업직 국 주무과 차석이라 행정직들에 견줘 결코 뒤지지 않는 차석이 되어야 한다고 다짐했다. 이것만이 행정직들의 좋지 않은 시선을 불식(拂拭)시키는 길이라 생각했기 때문이다.

당시 주무과 차석은 휴일도 거의 사무실에서 지내야 했다. 워낙 일이 많기도 했었고, 휴일엔 보다 집중해서 보고서 등을 만들 수 있어서 능률도 올랐다. 또 가끔 지휘부가 실국에 지시하는 사항이 있기도 하고, 긴급한 사안이 발생될 경우 국장과 기민하게 연락이 닿아야 했기 때문이었다.

농정산림국 주무과 차석이 된 후 제일 먼저 보고서의 틀을 바꿨다. 국 업무보고서 등의 틀을 보기 좋은 콘셉트(concept)로 새롭게 설계했다. 전문용어와 함축적인 단어들을 쓰고 서술 개조식의 보기 좋은 보고서로 탈바꿈해 나갔다.

달라진 보고서 체계에 대해 상사와 동료들로부터의 반응이 달라지기 시작했다. 김진선 도지사님이 평소 강조하셨던 '강원도의 특성과 강점'을 살리며, '강원도형', '고부가가치', '전국 최초·전국 최고'라는 철학과 용어를 보고서에 담았다. 한번은 보고서에「환경친화형 농업」을 다루면서 전문용어로 자주 쓰는 '수탈(收奪)농업19)'이란 용어를 넣었다가 도지사님께 '일제를 연상시키는 용어'라는 지적을 받기도 했었다.

매년 하반기쯤 연례적으로 있는「실국별 시책보고」에서 도지사께서 "농정국처럼 보고를 해야 한다."는 말씀을 하셔서 몇 개 실·국 주무과 차석들이「시책보고서」를 보내 달라고 했었다. 이렇게 농업직 주무과 차석으로 서서히 인정받으며 자리매김했다.

국 주무과 차석은 가끔 도지사님 언론인터뷰 자료들을 만들기도 하는데, 이런 자료는 공보관실이나 기획관실 기획담당이 실국별로 자료를 받아 보완하는 방식으로 정리해서 도지사님께 보고된다.

도지사님이 좋아하시는 서체와 글자크기, 철학과 즐겨 쓰시는 용어들로 현안자료를 정리해서 관련부서에 보내주면, 관련부서 담당이나 차석들이 "허성재 차석이 만드는 농정국 자료는 별로 손댈게 없다."며 술자리에서 안주삼아 얘기했다는 말도 직·간접적으로 자주 전해 들었다.

이런 현안자료들은 국·과장 결재를 받거나 약식 검토를 거쳐 넘기는데, 자료를 사용하실 분의 입장에서 만들었지만 L국장님의 경우 '서술문장형'을 요구하며 며칠을 검토하고 수정하셨다. 할 수 없이 '서술개조식(敍述個條式) 자료'를 따로 만들어 먼저 넘겨서 이미 '도지사님 인터뷰가' 지났는데도 이 분은

---

19) 퇴비 등 지력증진을 꾀하지 않고 화학비료 등에 의존하여 농작물을 재배하는 농법을 의미

계속해서 당신 스타일로 수정하며 일주일이 지나도록 발목을 잡는 정말로 어처구니없는 경우도 있었다.

내가 제일 듣기 싫어하는 게 '기술직이라서…, 똥패가 어쩌고저쩌고…'라는 말이었다. 온전히 실력으로 평가받으면 된다는 각오와 다짐으로 공직에서 일했다. 늘 농업직 후배들에게 "편 가르기 하지 말고 농업직의 구성원으로 각자의 역할을 잘해서 최소한 '똥패' 소리는 듣지 말자."라고 강조했었다.
그래서 내가 농업직 인사조정안을 검토하던 때는 여러 직렬이 혼재된 부서에 농업직 한 명을 배치해야 하는 경우에 그 직원이 제대로 역할을 하지 못하게 되면 농업직 전체에 부정적 영향을 미칠 수 있어 그나마 괜찮은 직원을 골라서 전보될 수 있도록 했었다.

내가 **최초의 농업직 국 주무과 차석**이 된 이후 지금까지 **20년 넘게 이어져** 오고 있다. 자라온 환경이 달라서 기술직인 농업직으로 공직에 입문했지만 조직 안에서의 능력발휘는 자신의 몫이다. '**노력은 결과를 배신하지 않는다.**'는 걸 체득했던 국 주무과 차석 시절이었다.

20 | 인정받은 기획력- 척척박사

어떤 일을 꾸미어 계획하는 것을 '기획(企劃)'이라 한다. 영어로는 'plan' 또는 'project'라고 표기한다. 거창한 말 같지만 간단하게 표현하면 '계획서나 보고서를 만드는 것'이다.

공직 사회에서는 '기획력=능력'으로 평가되기도 한다. 공무원의 능력이 있고 없음을 가르는 여러 가지 요소들 중에서 '기획력'이 그만큼 중요한 요소라 할 수 있다.

나는 8·9급 '서무' 때부터 어떤 보고서나 계획서를 만드는 일이 많았다. 내 소관 업무가 아니더라도 시급한 문서는 자의건 타의건 내가 처리해야할 때가 잦았다.

1989년 8월. 강원도가 전국 생산량의 90% 이상 점유하고 있는 고랭지채소[20] 가격이 폭등하자 농림수산부 차관이 우리 C 과장님으로 하여금 「고랭지채소 수급 및 가격안정대책」을 준비해서 직접 올라와 보고해 달라는 지시가 있었는데, 소관인 원예계(園藝係)에서 보고서 작성이 제때 이뤄지지 않고 있었다.

보다 못하신 C 과장님이 내게 보고 자료를 챙기도록 하셔서 고랭지채소 재배 및 생산동향, 가격불안정 요인, 도 차원의 안정화 대책, 대정부 건의사항 등을 골자로 한 보고서를 만들고 직접 '스몰차트'를 따로 만들어 드렸었다.

내가 기획업무를 가장 많이 다뤘던 시기가 국 주무과 차석을 할 때였다. 농정산림업무 전반의 실무를 총괄하는 직무를 맡다보니 국 전체 업무를 기획할 기회가 많았다.

---

[20] 표고 600미터 이상으로 높고 한랭한 곳에서 심어 가꾸는 무·배추

VIP 업무보고와 도의회 업무보고, 농정산림업무 추진계획 등 연례반복적인 기획업무들은 물론, 국 나름대로 현안업무를 총괄적으로 다뤄야 했었다.

......

2003년 7월 28일.「경제진흥 확대회의」에서 김진선 도지사님의 지시사항이 나왔다. "농어촌활력화 종합대책을 수립 추진하되, 특성화·체계화 되도록 대책을 새롭게 정립하고 균형발전 개념에서 접근하며, 구성방향은 ▸절대 수준에서 떨어지는 부분은 그 수준을 올려주고, ▸지역 잠재력을 발굴, 발전시켜 나가며, ▸교통을 비롯한 인프라와 제도적 부분을 확실하게 갖추어나간다는 원칙하에 빠른 기간 내 대책을 수립하기 바람"이 지시사항의 골자다.

그 해 5월 7일 강원도정 사상 처음으로 농업직 출신을 농정산림국장에 보임한데다. 평소 도지사님이 관심을 갖고 고민해 왔던 농어촌 문제의 구체적인 방향성을 언급하신 것이다. 도백이라면 보여주기에만 매몰될 게 아니라 이런 철학과 전문성, 리더십(Leadership)이 필요하다는 관점에서, 그리고 농어업·농어촌 문제에 큰 관심을 갖고 계셨던 도지사님이 존경스럽기도 하고, 또 도정사상 최초의 농업직 국장과 농업직 주무과 차석이 보임된 마당에 '뭔가 확실하게 보여 드려야 한다.'는 각오와 사명감이 맞닥뜨려졌다.

농어업·농어촌 문제는 농정산림국에만 국한된 사안이 아니었다. 우리 국뿐만 아니라 농촌지도와 농업기술 시험·연구업무를 관장하는 농업기술원과 해양수산 업무를 관장하는 동해출장소는 물론, 농어촌도로 등 건설도시국, 농공단지 등 산업경제국 소관업무까지 종합적으로 다뤄야 했다.「농어촌활력화 종합대책」이란 Project로 강원도 농어업·농어촌이 안고 있는 문제를 분석하고 강원도의 특성과 강점을 살려 강원도

농어업·농어촌이 나가야할 방향, 향후 5년간의 투자계획 등을 총 망라한 「중장기 종합대책」을 수립하는 일에 착수했다.

8월부터 10월까지 약 세 달 동안 도지사 지시사항에 맞는 방향에서 콘셉트(concept)를 정하고 관련부서로부터 각각의 계획들을 받아 체계적으로 다듬어 실무진들과 수차례 협의·조정하면서 함축적으로 정리했는데도 100쪽에 가까운 두툼한 보고서가 나왔다. 관련 실국장 등 협조를 거쳐 두 분의 부지사님까지 결재를 받아 도지사님께 결재를 넣었다. 당시 김진선 도지사님은 결재문서를 비서실에 갖다 놓으면 틈틈이 꼼꼼하게 살펴보시고 결재를 해서 내보내시는 시스템이었다.

꽤 오랜 시일이 지나도 결재서류가 나오지 않았다. 그러던 중 2004년 새해가 된 연초에 도지사 집무실에서 '실·국 시책보고'가 있었다. 농정산림국과 농업기술원이 합동으로 국·과장, 국 주무담당과 주무과 차석이 보고장에 들어가는데, 시책보고를 시작하기도 전에 소파 옆 협탁서랍에서 내가 넣었던 두툼한 결재서류를 꺼내시더니, "내가 이 보고서를 몇 번을 봤고, 아주 체계적으로 너무 잘됐는데, 투자계획대로 재정 뒷받침을 못해줄 거 같아서 결재를 미루고 있었다. 이걸 도대체 누가 만들었나?"라고 하셔서 그 자리에서 국장님이 "우리 주무과 차석인데 이 직원입니다."해서 주목받았고, 투자규모를 조금 조정해서 다시 보고 드리기로 하여 결재서류를 받아왔다.

그로부터 일부 사업을 긴축적으로 조정해서 약 5,000억 원 정도를 줄인 5년간 총 1조 2,399억 원 규모의 대책으로 최종 결재를 받아 마무리했다. 그런데, 도지사님께서 「농어촌 활력화 대책」을 직접 발표를 하시는 한편, "그냥 시행하지 말고 유관기관·학계·농어업인단체 등이 참석하는 보고대회를 열라."는 지시와 함께, 며칠 뒤 '실·국장회의'에서 "전 실·국이 농정산림국처럼 현안대책을 만들고 보고대회를 개최하라!"고

지시를 하셨다.

　보고대회 행사는 세밀하고 많은 준비가 필요했다. 또다시 일이 계속됐다. '행사는 잘해야 본전이다.'라는 말이 있듯 행사를 잘해야 몇 달 동안 고생하며 만든 계획이 빛을 보고 제대로 추진될 수 있기 때문이다.

[2-10] 농어촌활력화대책 보도기사

　2월 25일로 「농어촌활력화 종합대책 보고대회」일정을 잡고, 대책을 책자로 인쇄해 오고, 발표용 PPT를 만들고, 참석여부 확인, 좌석표, 명패, 말씀자료 등 세밀한 준비를 거쳐 도지사님 주재 하에 도의회의장을 비롯해서 농어업인단체장, 학계 등이 참석한 가운데 성대한 행사를 했다. 이 보고대회에는 "실국별로 농정산림국처럼 '현안보고대회'를 개최하라."는 도지사님 지시가 있었던 터라 실국 주무담당이나 주무과 차석들도 배석하여 벤치마킹하기도 했었다.

……

　매년 하반기가 되면 실국별로 다음연도 시책보고서를 만들어 지휘부에 보고를 한다. 연례 반복적인 일이지만, 실·국장들이 도지사의 도정철학에 맞는 신규 시책 발굴을 포함한 시책방향과 계획보고를 통해 평가받는 자리이기도 하다. 그래서 시책보고서를 만드는 주무과 차석이 스트레스를 많이 받고 공을 들여야 하는 업무 중 하나이기도 했다.

　나는 평소 '어떤 일이나 현안이 생기면 밤을 새우더라도 빨리 끝내야 직성이 풀리는 습성'으로 빨리 빨리 매듭을 지었다. 보고서 작성을 마치면 기획관실로 몇 부 보내면 기획팀에서 실국별로 취합하고 도지사 일정과 연계해서 '실국별 보고일정'을 잡는다.

한 번은 다른 실·국보다 빠르게 '농정산림국 소관 시책보고서'를 보냈었다. 하루 이틀 지나서 기획팀 L 차석이 전화로 "우리 계장님이 허 차석님을 찾으시는데 잠시 다녀가시지요?"라고 한다. 이공우 기획담당 사무관님. '이 분은 강원도청 안에서 기획력으론 타의 추종을 불허할 만큼 유명하신 분인데 왜 나를 부르셨을까!' 나는 조심스런 마음으로 업무노트를 챙겨서 기획담당께 건너갔다. "제가 허성재입니다. 계장님께서 절 찾으셨다고요."라고 인사를 하니 옆자리에 의자를 놔 주시곤 손을 덥석 잡으시며 "성재씨! 농정산림국이 보고서를 제일 먼저 보내 왔기에 살펴봤는데 정말 잘 만들어진 보고서데요. 깜짝 놀랐어요. 알아보니 농업직이라던데… 내가 성재씰 대충 얼굴은 알고 있었지만 보고서를 읽고 나서 직접 보고 싶었어요."라고 하신다. 도청 최고의 기획력을 갖추진 분에게서 그런 말을 들으니 좀 어안이 벙벙하기도 했었다.

훗날 강원도의회사무처 전문위원실에서 의정담당으로 근무할 때 처장님으로 모신 이공우 선배님은 도의회사무처 간부회의에서 기획계장 할 때 나와의 인연을 말씀하시기도 했다. 공로연수에 들어가시며 내게 인사메일을 보내 주셨는데, 나의 기획력을 상기해 주셨다.

···

허성재 계장님께

   보낸사람 "이공우"
   보낸날짜 Mon, 09 Jan 2012 10:47:28
   받는사람 "허성재"

  허 계장님, 잘 계시지요, 저 이공우입니다.
  먼저, 새해인사 올립니다. 새해에는 더 건강하시면서, 더 좋고 더 기쁜 일을 많이 지으시기를 진심으로 빕니다. 저는 지난 해 말, 34년간의 공직생활을 마치고 집으로 돌아왔습니다.

새해를 맞는 마음이 지금까지와는 아주 많이 다릅니다. 앞으로 1년간, 공로연수 기간이 주어졌지만, 사실상 공직의 모든 게 마감된 것이지요. 강원도 공직자로서 평생 입은 은혜가, 정령 하늘과 같습니다.

아무 연고도 없는 강원도에 와서 이렇게 영광스런 순간을 맞이할 수 있었던 건, 100%가 다 주변 분들의 덕택이었습니다. 저를 믿어주신 상사님들, 저와 함께 밤을 지새운 동료들 말입니다. 모든 게 감사하고 모든 게 은혜입니다.

특히 계장님은 제가 각별히 생각하는 사람이었어요. 저는 지금도 계장님이 만든 농정국에서 보내온 서류를 봤을 때의 느낌을 잊지 못하고 있고, 그 감정으로 항상 계장님을 대해 왔습니다. (중략)

계장님은 늘 저에게 아주 친절하고 사려 깊게 대해 주셨지요. 그동안, 너무 감사합니다. 저는, 그 모든 분들의 모든 은혜에 보답하는 길을 택하여, 남은 인생을 또 열심히 살려고 합니다. 부디 잊지 마시고 격려와 관심을 베풀어 주십시오.

다시 한 번 신년 인사를 올리오며, 보람과 성취가 늘 끊임없기를 빌겠습니다. 안녕히 계십시오.

이공우 올림

....

......

국 주무과 차석은 국장을 밀접해서 보필하는 역할을 해야 한다. 때론 다른 과에서 잘 정리되지 않는 보고서가 있을 때 국장님이 집무실로 불러서 "ㅇㅇ건 정리가 잘 안 되는데 허 차석이 정리 좀 해 봐!"라고 지시하시면 사무실로 돌아와서는 그쪽 부서에 자초지종을 설명하고 정리할 자료를 보내 달래서 보고서 등을 대신 만드는 일도 잦았다.

이런 경우 소관부서 입장에선 자존심 상하는 일이기에 여간 신경 쓰이고 조심스러운 게 아니다. 보고서를 만들면 국장께 보고 드리기 전에 실무부서에 먼저 보내서 최대한 오해가 없도록 했다. 한 번은 산림부서 자료를 정리해서 보내줬더니, K 차석이 "우리 일을 국장님이 허 차석한테 시켜서 좀 거시기 했었는데 역시 받아보니 다르네요. 우리 직원들도 공감을 해요. 허 차석은 역시 척척박사네요."라고도 했었다.

......

약 3년 정도의 국 주무과 차석을 거쳐 2006년 5월 26일 사무관으로 승진하면서 농산지원과 친환경농업담당 직무대리로 자리를 옮겼다. 2000년 감사관실로 갈 때 농업직 C 선배의 지병으로 생긴 요인이었었는데, 이번엔 농업직 J 선배 사무관이 암으로 명예퇴직을 하면서 승진·전보 요인이 됐다.

사무관으로 승진하려면 '초급관리자과정 교육'을 의무적으로 이수해야 하는데, 교육입교 전, 부임 한 달 만에 2006년부터 2010년까지 5년간 45개 사업에 2,211억 원을 투자하는 「강원도 친환경농업 육성계획」을 수립해서 강원도 친환경농업의 현 주소를 진단하고 향후 추진할 기본 방향을 마련하기도 했다.

친환경농업담당으로 약 8개월간 근무를 하던 2007년 8월 12일. 강원농정의 역점시책으로 김진선 도정 농정시책 중 가장 핵심사업 이었던 '새농어촌건설운동'을 그동안 행정직 사무관이 담당하던 농어촌개발담당에 역시 농업직 사무관으론 처음으로 맡았다.

1999년부터 8~9년 추진해 온 새농어촌건설운동은 농어촌지역의 의식개혁과 생활환경을 바꾸는 혁신운동으로 국내는 물론, 중국 등 해외에서도 관심을 갖는 등 순기능에도 불구하고, '상(賞)사업비' 집행을 두고 마을주민 간 갈등요인이 되는 등 부작용이 나타나고 있던 시기였다.

나는 새농어촌건설운동의 역기능을 줄이며 순기능을 강화시켜 나가는 장기적 관점에서의 보완·발전 대책으로 2008년부터 2017년까지 10년간 164억 원 투자하는 「새농어촌건설운동 VIS 구축 운영계획」을 수립·추진하는 한편, 해외로 파급시키기 위해 중국정부의 고위관료들이 입교하는 공산당 중앙당교(中央黨校)와 난징농업대학 등에 '도지사 특강일정'을 넣어 새농어촌건설운동의 국제화 기반을 마련하기도 했다.

......

2012년 10월 12일. 4년 넘는 강원도의회사무처 전문위원실에서 사무관의 마지막 보직이었던 농정국 유통원예과 농식품산업담당으로 자리를 옮겼다.

지금까지 가는 곳마다 뭔가 체계화되지 않은 업무들의 방향을 세우고 중장기적인 관점에서 투자계획을 마련했던 것처럼 이곳에서도 어김없이 「강원도 농식품산업 육성계획」을 수립했다. 이 시절 아내와 딸의 갑작스런 죽음 등 어려웠던 시기였지만 2014년부터 2018년까지 5년간 강원도 농식품산업을 집중 육성하기 위해 총 2,807억 원을 투자하는 중장기 추진방향과 투자계획을 마련했다.

이처럼 근무하는 곳마다 농정의 주요 현안 계획들을 다뤄서 **강원도 농어업·농어촌을 한 단계씩 발전**시키는 기획업무들을 수행했다.

21 | 구시대유물이 된 필체

나는 초등학생 때 서예경진대회에 참가하기 위해 방과 후 학교에 남아 선생님의 지도하에 '서예연습'을 할 기회가 있었다. 앞서 [03장] '유년시절의 기억'에서 조금 기술(記述)했듯 형들의 한문 수학 때 붓글씨로 천자문을 쓰던 걸 어깨너머로 봐 왔기 때문인지 붓글씨가 낯설지 않았다. 시골 초등학교에서 체계화되지 않은 서예는 한글 궁서체나 흘림체가 전부였고 경진대회에는 나가지 못했던 걸로 보아 붓글씨의 특성과 붓을 잡는 요령 정도만 익힌 수준이었을 게다.

공직에 들어온 후 가끔 상장이나 표창장, 또 회의 등 행사의 식순 등을 붓글씨로 써야할 때가 있었고, 요즘처럼 PC로 쉽게 문서를 작성하는 행정정보화 기반이 전혀 없던 공직초기엔 각종 보고서나 문서를 손수 써야했다. 도청이나 시·군청에 한두 명의 필경사(筆耕士)[21]를 두었던 시절이었다.

두툼한 캔트(kent)지를 A4, B5, B4 규격별로 잘라 글씨를 써야할 범위 안에 열과 행으로 줄을 그어 방안지(方眼紙)형태로 받침판을 만들어 그 위에 문서용지를 올려 집게로 집어 놓고 사인펜과 플러스펜 등으로 보고서 등을 썼다. 문서에 자주 쓰는 □◇○ 등의 도형은 문구사에서 파는 플라스틱으로 만든 '운형자'를 구입해서 보다 편리하게 사용했다.

글씨를 잘 쓰는 사람들은 늘 피곤했다. 급하게 보고서를

---

21) 원지에 철필로 글씨를 쓰는 일을 하는 사람. 글씨를 쓰는 일을 직업으로 하는 사람

써야할 요인이 생기면 휴일이나 늦은 밤을 가리지 않고 아무 때나 사무실에 불려나가서 일해야 했다. 요즘처럼 PC가 보급되지 않았던 시절이라 웬만한 보고서나 제출서류 등은 손 글씨로 써야 했기에 일이 몰렸다. 특히 국정감사 부활로 「예상질의 답변자료」를 몇 번씩 쓰느라 손가락이 휘거나 굳은살이 생겨나기도 했다.

내가 도청에 전입했을 때 처음 모셨던 K 계장님이 개발계장으로 자리를 옮기신 후 내무부에서 지역개발사업의 추진실태 확인 점검 등을 위해 자주 출장을 내려왔는데 그 때마다 '사진첩' 만드는 일을 돕기도 했다.

세월이 흘러 개인별로 PC가 보급되고 행정정보화가 빠르게 진행되면서 직접 손 글씨로 업무를 처리하는 일이 크게 줄었다. 공직에서 물러난 지금도 여전히 몽블랑만년필을 몇 개 소장(所藏)해서 업무노트나, 주요 스피치, 관련된 메모들을 자주 쓰기는 하지만, **나의 필체**(筆體)는 행정정보화와 '1인 1PC' 시대를 맞이하면서 점차 '**구시대유물**'이 되었다.

이렇듯 불과 얼마 전의 일상들이 퇴보되고 새로운 문물이 다가온 피할 수 없는 시대의 흐름을 맞았다.
그럼에도 '소소한 기억이 있는 한 존재는 사라지지 않는다.'는 명언을 뒷받침이라도 하듯 내가 40여년을 이어온 공직의 과정이 기록되어 「업무노트」로 온전히 남겨진 것은 내 필체를 넘어 소중한 나의 기록물이자 유산(遺産) 아닌 현존하는 유산(有産)으로 내 서재에 고스란히 남겨져 있다.

22 | 공무원과 공직자의 차이

'공무원'과 '공직자' 얼핏 보면 비슷하고 같은 개념으로 이해된다. 그러나 분명 차이가 있다. 사전적 의미로 '공무원'은 국가 또는 지방자치단체의 업무를 담당하고 집행하는 사람이고, '공직자'는 공직에 몸담고 있는 사람으로 풀이된다.

홍천군 부군수로 재직하던 때 신문기고문에서 '공무원'과 '공직자'의 차이를 읽은 때가 있었다. 이를 인용해보면 '공무원'은 자기에게 주어진 단순히 행정업무를 처리하는 사람이고, '공직자'는 주어진 일을 수행함에 있어 창의적이고 혁신적으로 현실적 문제해결과 먼 장래까지 내다보며 일하는 사람으로 구분했던 걸로 기억된다. 기고문의 내용이 너무 가슴에 와닿아서 군정홍보담당에게 스크랩해서 내부 행정망에 올려 홍천군 전 직원이 읽어볼 수 있게 하도록 했었다.

기고문에 정의된 대로 '공무원'과 '공직자'를 재단하듯 구분하는 것은 쉽지 않다. 한 어머니로부터 태어난 형제자매들도 모두 생각과 행태가 다른데 어찌 자라온 환경이 다르고 개성이 다른 사람들의 집합체인 공무원들이 같은 존재일 수 있겠는가! 다만 정치나 행정이 지향하는 목표인 **'국민을 편안하게 하는 것'**에 우리 공직을 맡고 있는 사람들이 기준점을 둔다면 '공무원'보다는 **'공직자'에 근접**할 수 있지 않을까 하는 생각이 든다.

요즘은 신조어로 '늘공'과 '어공'이란 말도 있다. '늘공'의 기득권을 옹호하려는 게 아니라, 어떤 면에서는 '늘공' 보다 '어공'이 판치는 세상이 되고 있다는 생각이 들 때가 있다.

정치나 행정의 지향점은 같을진대 내가 겪은 도정, 군정의 방향이 지나치게 정치성향을 띠고, 성과보다는 '보여주기 식(式)'으로 흐르고 있어 안타까웠다. 축구 용어 중 하나로 알려진 **'설레발은 필패(必敗)다.'라는 말을 무색**하게 한다.

비선(秘線)으로 거쳐 간 여러 명의 '어공'들을 살펴보면 한시적으로 부여받은 공직을 자신들의 잇속을 차리는데 활용하거나 정보의 왜곡을 조장해서 행정을 그르치게 하는 역할을 해 왔다는 게 그들의 행태가 과도했다거나 떠나고 난 후에 회자되고 있는 것이 이를 입증하고 있다. 그래서 여기에 빌붙어 사는 '늘공'들은 정말 자존심도 없는 것이다.

철학과 사명감이 없는 공무원들, 특히 일부 '어공'들의 어쭙잖은 행태들은 조직과 지역발전을 지체시키거나 저해요인으로 작용하고 있은 지 오래다. 조직내부 구성원들이 쉬쉬하면서 한탄만 했다.

도민과 지역민을 위하는 체 보기 좋게 포장하는 기술이 뛰어나다. 여기에 자신들의 출세욕을 앞세워 동조하고 조장하는 구성원들은 또 뭔가! '아닌 것을 아니다.'라거나 '잘못된 것을 잘못 됐다.'라고 말하지 못하는 공무원이라면 부모를 부모라 부르지 못했던 홍길동과 뭐가 다른가! 이런 공무원들은 공무를 맡을 자격도 자질도 없다는 게 나의 소신이다.

공무원이 한 순간 잘못 판단하면 고스란히 국민이나 도민, 지역민에게 피해로 돌아간다는 지극히 상식적인 원칙과 진리를 외면하거나 감추려한다면 이미 공직자가 될 자질이 부족하고 공무원으로 남아 있을 자격마저 없는 것이다.

공무원을 넘어 공직자로 거듭나야 한다는 나의 말, 나의 주장은 한낱 공허한 메아리로 남아야만 하는지 정말 딱하다.

23 | 복지부동과 적극행정

　복지부동(伏地不動)은 '땅에 엎드려 움직이지 않는다는 뜻으로, 일이나 업무 등 주어진 상황에서 몸을 사린다는 것을 비유적으로 나타내는 말'이다. 그리고 적극행정(積極行政)은 '공무원 등이 불합리한 규제의 개선 등 공공의 이익을 위하여 업무를 창의적이고 적극적으로 성실하게 처리하는 것'을 의미한다.
　공무원의 의무 중에도 '성실의 의무'가 제일 앞에 규정돼 있다. 그만큼 성실의 의무에 기초한 적극행정은 공직내부에서 매우 중요한 요소 중의 하나이다.

　그런데 이처럼 지극히 당연한 '적극행정'은 도처에서 공허한 메아리일 뿐, 공직내부의 실상은 다르게 작동되는 게 허다(許多)하다. 공무원이 법과 제도에 따라 국민들로부터 공무담임권을 위임 받았기에 공공의 이익을 위해 성실하게 맡은 업무에 최선을 다해야 하는 건 당연한 의무이고 책무이다.
　그럼에도 기관 간, 부서 간 풀기 어려운 업무를 두고 서로 미루거나, 책임이 돌아올 일들에 대해선 회피하는 경향이 자리 잡고 있다.
　그런가하면 민선시대 단체장의 성향이나 스타일에 맞추느라 '잘못된 일에 잘못됐다.'라거나 '아닌 것을 아니다.'라고 말하지 못한다. 법과 제도의 틀에 벗어나는 일들에 대해서 억지로 꿰맞추려는 행정행태들이 자주 일어난다. 이러한 일들은 결국 국민과 도민, 지역민들에게 그 피해가 돌아가는 게 자명한데도 자신의 정치행보와 그 분들을 따르는 사람들의 출세지향과 맞물려 더욱 부채질하고 있다.

성과가 미약하거나 실효성이 담보되지 않는 '이벤트성 행사'에 지나치게 함몰되거나, 내부의 의견보다는 외부의 검증되지 않은 의견을 중시하는 단체장의 행태, 재정건전성에 기초하지 않은 '퍼주기'식 보편적 복지제도의 지나친 확장은 나중에 큰 부담으로 되돌아올 것이 너무도 분명하다.

오죽하면 공직사회의 복지부동을 없애려는 시도로 '적극행정 면책제도'가 법규로 마련되어 시행되고 있을까마는 이 또한 절대적인 인사권을 가진 단체장의 근본적인 인식과 행태의 전환이 뒤따르지 않는 한 매우 소극적이고 한정된 범위에서만 극히 제한적으로 시행될 수밖에 없다.

공무원의 의무와 역할론이 정립되지 아니한 게 아니라, 단체장의 그릇된 방향에서의 '정치적 접근'과 '확증편향성'으로 인해 실·국장이나 실·과장 등 간부부터 하급직원에 이르기까지 대다수가 "조직이, 행정이 성과 없이 잘못 굴러가고 있다."라는 말들이 사석(私席)에서는 보편화 됐다.

또한 "복지부동하면 출세요. 적극행정하면 불이익이다."라는 자조 섞인 말들을 하면서도 이런 문제들을 공식화하지 못하는 게 현실이 됐다.

최근 이렇듯 현상(現狀)과 시스템이 분명 잘못 돌아가는데도 대다수 지방자치단체의 공무원들이 겉으로 표출하지 못하고 순응하거나 외면하는 행태와 실상이 나를, 우리를 웃프게 한다. 누구를 위하여 일하고, 누구를 위하여 종을 울렸나…

24 | 인연, 그리고 악연

우리가 사람으로 태어나 사회나 가정생활을 하면서 자의건 타의건 관계를 맺으며 산다. 이웃나라 중국은 '꽌시(關係)'가 매우 중요한 생활요소로 작용되기도 한다.

'옷깃만 스쳐도 인연'이라는 말이 있는데, 내가 40년 넘는 오랜 세월 공직 속에 맺은 관계도 적지 않다. 인연은 '사람과 사람 사이의 연분 또는 사람이 상황이나 일, 사물과 맺어지는 관계'이고, 악연은 '나쁜 결과를 가져오는 인연, 나쁜 행위를 하도록 유혹하는 환경'으로 풀이되는데 비춰보면 내게도 무수히 많은 인연(因緣)과 악연(惡緣)이 있다.

인연과 악연으로 분류되는 사람들을 일일이 열거하는 건 그들의 인격과 명예로 관련될 수 있기에 매우 조심스런 영역이다.

내가 인연으로 생각하는 가치기준은 나름 소신 있게 행동하고 남들에게 피해를 주지 않으려는 바탕에서 진심을 담아 그 연장선에서 관계를 가져 온 분들이다. 개인의 까탈스런 성품이 아니라 개인의 출세나 이익을 얻고자 상대를 폄훼하려는 의도된 행동이나 처신이 있는 사람들은 멀리해 왔다.

■ 향기로운 인연 / 그리움, 존경심이 남아 ■

9급 때 사북읍사무소 **김일동 과장님**- 공직초기 탄광지역 읍사무소에서 잠시 함께 근무했지만, 작은 체구에 깐깐하신 분으로 달필에 필력도 있으서서 공직 첫발을 내딛었던 내게 많은 가르침과 영향을 주신 분이다.

7급 때 **이명기 국장**님- 행정직 국장이신데 업무 지침을 숙독하셔서 조직 내·외부에 거침이 없으셨고, 뛰어난 문장력을 갖춰 각종 보고서나 공문서 작성에 많은 가르침을 주신 분으로 내가 공직 생활을 하면서 롤 모델로 삼은 분이다. 몇 년 전 소천 하셔서 문상 갔다가 많은 생각을 안고 왔다.

　　6급 때 **심영섭 감사관(국장)**님- 7급 때 농어업정책담당, 6급 때 감사관으로 두 번 모셨는데, 세밀함보다는 빠른 판단과 형식을 탈피하여 직원들을 편하게 해주시는 타입으로 한 번 맺은 인연을 중시해서 내가 어려울 때 아픔도 함께해 주신 분이다. 일할 땐 깊게 관여 없이 전적으로 맡겨주시며 밥을 사주시는 등 격려를 많이 해 주시다가 국장까지 결재를 받아서 넘겨드리면 부지사·도지사 결재를 순식간에 받아오신 분이다.

　　사무관 때 **이공우 처장**님- 기획담당 하실 때 내 기획력을 인정해 주신 분으로, 깐깐한 성격을 가지셨지만 타의 추종을 불허하는 기획력으로 나를 놀라게 하셨다. 퇴임 후에도 내게 '아우님'이라 부르실 정도로 친근하게 대해 주신다. 정말 그분의 두뇌는 도청에 별도의 '저장 공간'을 마련해 놓고 필요할 때 마음껏 꺼내 쓸 수 있다면 얼마나 좋을까 하는 생각이 들만큼 훌륭하신 분이다.

　　과장 때 **배진환 부지사**님- 시원시원하면서 온화한 성품으로 업무와 관련해서 자주 뵈었는데, 사업소장으로 좌천될 때 "도지사님께 할 말은 드리고 나가겠다."고 보고드렸더니 흔쾌히 이해해 주시려는 모습이 인상 깊었게 남아 있다. 행정안전부 외청의 기관장으로 복귀하셨을 때 따로 찾아뵙고 인사드릴 만큼 존경하는 분 중의 한 분이다.

연구위원 때 **박근영·최형자 원장**님- **박근영 원장**님은 6급 때 잠시 국 주무과 차석으로 함께 근무하다가 내게 차석 업무를 인계해 준 인연이 있다. 연구위원으로 전보되었을 때 인재개발원장이셨는데, 집무실을 세심하게 챙겨주셨고, 의기소침해 있던 내게 큰 힘이 돼 주신 분이다.

최형자 원장님은 보직인 듯 보직 아닌 인재개발원 연구위원으로 힘든 시간을 보낼 때 수시로 내 집무실을 찾아 소탈하게 얘기를 나누며, 내게 각별히 신경써주셨고, 퇴임식까지 직접 챙겨주신 인간미 넘치시고 따뜻한 분이다.

이 밖에도 공직에서 만난 동향의 행정안전부 **박천수** 국장님·**김민재** 차관님, 철원출신 **서경원** 부시장(국장)님, 고인이 되신 정선출신 **김만기** 부시장(국장)님, 같은 직렬의 동향 **고윤식**·강릉출신 **어재영** 국장님, 기술고시로 같은 직렬 영월출신 **전재섭** 부시장(실장)님 … 그리고 함께한 대부분의 선배·동료·후배들 모두가 내게 소중한 인연으로 남았다.

■ **고맙고 미안한 인연들** ■

9급 때 **한창희·오건식 계장**님- 공직 초기 군청에서 계장님으로 모셨던 분들로 내게 잘 대해주시고 일도 잘 가르쳐주셨는데, 자주 찾아뵙지 못하고 지나치신 분들. 한창희 계장님은 지병으로 고생하시다 일찍 돌아가셨다는데 모르고 지나쳐서 늘 마음속 짐으로 남아 있다. 홍천군 부군수로 있을 땐 사모님께 명절에 과일도 보내드리기도 했었지만 떠나온 뒤론 여전히 그냥 지나치고 있다.

9~7급 때 함께했던 **유원웅·최기순 계장**님- 같은 직렬 선배님들로 늘 나를 아껴주고 배려해주셨던 분들이고, 내가 도청에 전입하는 데에도 큰 도움을 주셨던 분들이다.

부군수 때 **노승락 군수**님- 나를 부군수로 일할 수 있게 배려해 주셨는데, 지방선거 때 당신을 돕던 간부를 직위해제 처분하면서 나에게 크게 서운함을 가지시게 됐다. 공직자가 사적 관계를 넘어 법과 제도에 따라 직무를 수행하는 과정 속의 처분이었지만 낙선하신 군수님께는 결코 가볍지 않는 무거운 마음의 빚을 지고 있다.

부군수 때 **S면장**님- 선거과정에 깊게 관여해서 직위해제를 했고, 나중에 면직처분으로 공직을 떠났는데, 공정한 선거관리 차원의 사안이었고, 사법적 판단에 의한 것이라 해도 그의 공직생명과 관련된 일이라 안타깝게 생각하는 당사자이다.

■ **가까이하기엔 너무 먼 당신** ■

P 국장- G농고 출신인 그와 나의 악연은 알 만한 사람들은 다 알 정도로 좋지 않은 사이가 됐다. 직원 때부터 국장이 될 때까지 가장 오래도록 관계를 가져왔다. 사무관·과장·국장으로 승진하거나 그 자리를 지키기 위해 수단과 방법을 가리지 않았다. 자신의 출세를 위해 여러 직원들을 희생시키고, 줄 세우거나 어려운 상황이 닥치면 책임지려하지도 않았다.
  가끔 게시판에 악플이 올라오거나 불평하는 직원들이 있을 때 과감하게 조언을 해주기도 하는 등 많이 도왔었는데 인사권으로 나를 짓밟아 도의회로 전출토록 한 뒤 도의회에서 4년 넘게 묶여 있게 했는가하면, 근무성적평정으로 인사팀 H직원에게 확인을 해보니 "허 계장님을 상위 순서로 만들어 가져가면 P국장이 협조 사인을 안 해줘서 우리도 처리시한 때문에 어쩔 수 없었어요."라는 말을 들었던 점에 비춰 내게 의도적인 불이익을 주려 인사부서에 깊게 관여하기도 했었다.

출장 시 본인 여비는 주머니에 넣고 당시 고속도로 휴게소의 300원짜리 자판기 커피 한잔 사는 일이 없었고, 돌려보낸 선물을 되받거나, 조직 및 직원을 자신의 출세를 위한 수단으로 사용하는 등 적절치 않은 처신도 있었다. 자기 잘못을 전혀 인정하지 않고 남의 험담을 일삼았다. 이런 사람이 국장을 했다는 게 창피하다는 생각이 들 정도였다.

G 국장- 그는 특채로 기술직에 입문해서 거의 한 부서에서 근무했고 과장에서 국장으로 승진하는 과정에 농업직들이 제약 역할을 했다고 생각해서 선배 농업직 출신 국장님들을 자주 비하하는 말을 했다. 그와 나의 악연도 알 만한 사람들은 다 알 정도이다.

언젠가 내가 사무관 때 우연히 마주한 자리에서 내게 뜬금없이 "허 계장님! 내 편 돼 주실래요?"라고 했었는데, 나는 그 말이 우습기도 하고, 얼토당토해서 "과장님! 전 내 편의 개념도 이해가 안 갈뿐만 아니라 같은 조직에서 '내 편 네 편'이 뭐 필요가 있어요. 다 같은 편으로 지내면 되는 거지요."라고 말한 적이 있었다. 그는 이때부터 나를 자기편으로 생각하지 않았던 모양이다.

이처럼 특정학교 출신들을 규합하는 등 '편 가르기'를 했고 국장이 된 다음 자기편 중심으로 조직이나 인사를 운용했다. 심지어 직원들이 모여 취미 생활하는 것도 못하게 했는가 하면

다수의 토지소유자가 관계된 '농산물원종장 통합이전 프로젝트'에 "한사람이라도 반대하면 추진을 안 한다."고 가볍게 처신해서 추진동력을 떨어뜨렸고, 본인의 잘못된 판단과 처신을 합리화하기 위해 발목을 잡은 당사자다.

또 지휘부에 '선거'얘기와 결부시켜 아부성 보고를 통해 잘못된 판단을 하게 하는 등 조직의 수장으론 매우 적절치 않은 사람이었다.

L 국장- G시 출신의 동일직렬이었던 그는 우유부단한 성격에 자신의 목소리보다는 몇몇 사람들에 의해 휘둘리는 타입이었다. 앞선 P 국장의 비위를 잘 맞춘 심복으로 나와는 괜찮은 관계였는데, 서기관 승진 때 나에게 밀려 6개월 늦게 보직을 받은 후 내게 경쟁심을 갖고 대하면서 멀어진 것 같다는 얘기를 주변인들로부터 전해 들었다.

농산물원종장 통합이전사업을 추진할 때 G 국장과 동조해서 업무추진을 저지시켰고, (재)농촌융복합산업지원센터 '협력관'으로 근무하던 때 국장이었던 그에게 센터의 문제와 개선대책을 여러 차례 제기했는데도 그냥 방치하다가 L 교수의 그릇된 행태에 맞장구를 쳐 지휘부에 나의 인사 조치를 직접 건의했던 당사자다.

K·C 과장- 조직보다는 자신들의 출세에 치중한 행태를 보여 소수직렬로 구성된 조직의 질서를 깨뜨렸다. 특정학교 출신을 규합, '편 가르기'로 조직의 결속을 해치는 역할을 했다.

K는 자신에게 유리한대로 연고지도 바꿔 정치권에 줄대기를 하거나, 내가 민선교체기 부군수에 유임되자 "허성재가 유임됐는데 나중에 올라올 때 허 군수가 허성재를 승진시켜야 한다고

도지사한테 건의하면 곤란한데…"라고 말하는 등 내게 늘 경쟁심을 갖고 여기저기 험담을 한다는 말이 들려오기도 했었다.

C는 공무원 신분에서 문중 일을 통해 도백(道伯)과 문중임을 내세우고, 지나치게 자신의 실적관리에 매몰돼서 부하 직원들을 힘들게 했다. 선배들을 누르고 자신의 승진을 위해 다면평가 등에 지나치게 집착하는 등 욕심이 지나쳐 조직 내·외부로부터 비판 대상이 되기도 했다.

P- 부군수로 일 할 때 공무원 동기이자 고등학교 선배로 서기관 승진 때 개인적인 문제가 많다는 이유로 의중이 없으셨던 군수님을 수차례에 걸쳐 독대하는 등 설득해서 승진할 수 있도록 각별하게 챙겼었다.
이 과정에서 군수님이 내게 "P 과장이 부군수 방을 문턱이 닳도록 드나든다면서요."라는 말씀을 하실 정도로 매달리던 사람이 내가 인사문제로 어려움을 겪게 되자 자신의 입신양명을 위해 카멜레온 같이 변하는 모습을 보여 크게 실망했고, 결코 가까이 할 사람이 아니라고 생각했다.

이 밖에도 나의 공직생활에 있어 인사와 관련하여 세 번씩이나 말을 바꾸는 행태에 맞서 인사위원장으로서 인사원칙을 지키려는 과정에서 부군수 자리를 내려놓고 중도에 도청으로 전입하게 만들었던 H **군수**, 그리고 나의 공직 말년 4년 가까이 밉보임으로 낙인찍어 법과 제도의 틀을 벗어나 고집스럽게 보직인 듯 보직 아닌 보임으로 도청과 시군 공무원들도 알 만한 사람은 모두 아는 악연 중의 악연으로 남은 C **도백**은 내 남은 영육(靈肉)에 결코 잊을 수 없는 존재로 각인되었다.

25 | 보람과 아픔

청춘의 나이에 입문한 공직에서 강산이 네 번쯤 바뀔 긴 세월동안 지냈으니 그 과정에서 있었던 보람과 겪었던 아픔과 좌절은 꽤나 많게 존재한다. 삶의 과정이 희로애락의 사이클(cycle)로 이어진다면 '보람'은 희(喜)+락(樂)으로, '아픔'은 노(怒)+애(哀)로 크게 구분지어볼 수 있다.

인생에서의 보람과 아픔은 사랑과 결혼, 질곡과 죽음 등 사람마다 정형화되지 않고 다양한 요소들을 들 수 있지만, 공직에서는 그 범위를 보다 좁혀서 생각할 수 있다.

공직사회에서는 공직 내·외부로부터 업무능력을 인정받으며 제때 승진하고, 주민들로부터 욕먹지 않고 칭송받는다면 보람일 것이고, 조직 안에서 있으나마나하거나, 바른 길을 가려는데 뜻대로 되지 않을 때 대부분 좌절하고 아픔을 겪게 된다.

나 또한 이런 맥락에서 여느 사람들과 크게 다르지 않을 보람과 아픔을 갖고 있다. 그럼에도 공직생활만 41½년에 이르는 그 시공(時空)속에 무수히 많았던 사건들을 온전히 기억해낼 수는 없다. 나는 공직기간 중 업무노트를 공직 초기년도 딱 한 권을 수많은 이사과정에서 분실한 것 말고는 거의 그대로 온전하게 보존해 왔다. 가끔씩 꺼내보는 업무노트에 남겨진 '보람'과 '아픔'으로 분류되는 기억의 단편들이다.

■ 보람 / 자존감·사명감 가졌던 순간들 ■

고등학교 졸업 전 공직 입문- 실업계인 농고를 다니며 졸업을 얼마 안 남겨놓은 때 임용장을 받고 사회초년생으로 공무원이 되었다. 대학진학은 극소수 몇 명에 불과해서 사회진출을 고민하던 동기생들에 비해 당시 공무원에 대한 호의적인 분위기였던 공직 입문은 내 공직생활 중 '보람'의 시원(始源)이자 '원류(源流)'가 됐다.

도청 전입/도서기(道書記)된 때- 도와 시·군과의 수직적 관계와 위계질서가 엄격하던 시절에 '공무원교육원 교육과정 1등 수료' 자격으로 도청에 전입하여 도정 업무를 시작했다. 말단 9급 공직초년생이었지만 나름 긍지와 사명감이 있었다.

서울사무소 개소 전담- 1997년 1월에 6급 승진과 함께 서울사무소 최초 단독 인사발령을 받아 소장 등 후속인사가 있기까지 약 한 달간 혈혈단신으로 사무소 개소 준비를 했다. 현판, 사무실 개설, 관인조각 등 청사 개설 업무를 처리했다.

명감사관으로 활동- 2000년 1월부터 약 3년간 감사관실 감사요원으로 근무하면서, 심도 있고 성과 있는 감사활동으로 지휘부로부터 수차례 격려를 받는 등 양적·질적 감사성과를 냈다.

농업직 최초의 국 주무과 차석- 2003년 5월 행정직으로 이어져 오던 국 주무과 차석에 농업직으론 처음 맡아 2006년 5월 사무관 보임 시까지 3년간 농정산림국 주요시책과 보고서 등의 기획을 주도하면서 기획력을 인정받았다.
  특히, 2003년 8월부터 2004년 2월까지 수립한 「농어촌활력화 종합대책」과 관련해서는 김진선 도지사님의 격려를 받았고, 한 번은 내가 만들어 결재를 올린 기획문서를 두고 행정부지사님이 당시 농정산림국장에게 전화를 걸어 "결재를 하다가 전화를 했는데 이 기획문서를 만든 사람이 누구고, 직렬이 어떻게 되냐?" 등을 상세히 물어서 우리 국장께서 "그 친구 우리 주무과인 농어업정책과 주무팀 차석인데, 농업직입니다. 이 친군 저보고 행정직 5명하고 맞바꾸자 해도 거절할 보물입니다."라고 대답했다는 얘길 전해들을 만큼 인정받았었다.

주요 농정대책과 중장기 투자계획 수립- 7급 실무자 때 「농어촌발전 5개년 계획(2조 7,900억 원)」과, 농림사업 예산총괄 관리와, 6급 국 주무과 차석 때 「농어촌활력화 종합대책(1조 2,399억 원)」, 사무관 때 「강원도 친환경농업육성 5개년 계획(2,211억 원)」, 「새농어촌건설운동 VIS구축 운영계획(164억 원)」, 「강원도 농식품산업 육성계획(2,807억 원)」, 과장 때 「씨감자 생산토지 확보계획(91억 원)」 등 강원 농정의 주요 현안 관련 중장기 투자계획들을 입안해 냈다.

공직생활 중 학위 취득- 고졸 출신 9급 공무원으로 시작한 공직생활을 하면서 한국방송통신대학교 행정학과와 농학과 등 2개의 학사와 연세대학교 정경대학원 행정학전공 과정을 수석으로 졸업해서 행정학석사 학위를 취득했다.

씨감자 공급가격 단일화- 해발 700m이상 고랭지에서만 재배해야 하는 특성으로 강원도가 생산 공급을 주도하는 씨감자는 10a당 2,600~2,800kg정도 생산되는데 이 중 1,600kg은 강원도가 채종농가로부터 수매해서 전국에 보급종으로 공급하고 잔여물량(1,000~1,200kg)은 관할 농협이 사들여 별도로 공급하는 과정에서 같은 씨감자의 공급가격이 달라 40여 년이 넘는 동안 해마다 여러 문제가 반복적으로 있었다.

내가 감자종자진흥원장에 재직하던 2014년 씨감자채종농가 협의회, 감자조공, 지역농협 등 이해관계자들과 합의를 이끌어내서 40여 년 동안 해결하지 못했던 씨감자공급가격 단일화를 이뤄냈다.

2건의 '최우수상' 수상- 유통원예과 농식품산업담당으로 근무할 때 농림수산식품부 주관 2013년. 농식품수출탑시상식에서 '지자체 농식품수출평가 최우수기관'으로 선정돼서 1억 5천만 원의 상사업비와 상장을 받았다.
　유통원예과장으로 근무하던 2015년, '2015 농산물브랜드대전'에서 농협과의 협력사업 최우수지자체로 선정되어 수상하였고, 우수사례를 농협중앙회 대강당에서 직접 발표했었다.

29년 만에 부군수로 금의환향- 1988년 8월에 9급 공무원으로 강원도청에 전입한 후 29년 만에 고향인 홍천군 부군수로 부임하여 1년 3개월가량 고향 발전을 위해 열정적으로 일했다. 지역 사회에서 "역대 부군수 중 가장 열심히, 제일 일 잘하는 부군수다."라는 말을 들을 만큼 열정적으로 일했다.

■ **아픔 / 좌절과 질곡·굴레의 순간들** ■

공직초기의 애환- 공직초기 홍천군 산업과 특작계에 근무하던 때 '인삼묘삼포 시범사업'을 군 직영사업으로 추진했다.
　당시 예산 300만원으로 홍천읍 태학리의 밭을 임차해서 300평 규모의 인삼묘삼을 재배하는 시범사업이었는데, 인삼종자를 사서 J 읍장 자택의 펌프우물가에 모래를 가져다가 인삼종자 개갑[22] 묘상을 만들고 아침마다 자전거를 타고 가서 펌프질로 퍼 올려 물을 주는 걸 시작으로 인부를 사서 종자를 심고 1년 내내 포장에 농약을 살포하는 등 고생을 하며 시범사업을 직접 수행했다.

　이듬해 봄 묘삼을 캐서 관내 인삼재배 농가에 합격품만 판매를 하니 220여만 원의 수입을 봐서 약 80만 원가량 적자를 보게 됐다. 이를 토대로 인삼묘삼포 시범사업 결과보고서를 만들어 당시 L 산업과장님께 결재를 올렸는데, 이 분이 "이런 사업을 왜 했느냐. 발생된 손해를 변상해야 하는 거 아니냐." 하면서 아주 심하게 질책을 했었다. 나는 어린 마음에 1년 내내 고생을 하며 사업을 추진했는데 욕까지 듣고 나니 허탈하기도 하고 분하기도 했다. 그래서 H 계장님께 "공무원 때려치려 한다."고 말하곤 집으로 왔다. 그날 저녁 계장님이 술집으로 불러내서 나를 설득하셨는데, 공직 초기의 일이지만 가끔 어려운 환경에 맞닥뜨릴 때 떠오른다.

　사무관 승진시험 낙방- 과거에는 지방6급 공무원의 5급 승진임용은 모두 승진시험을 거치도록 했었으나 승진시험 제도가 안고 있는 여러 문제들 때문에 1995년 10월 10일 「강원도 지방 5급심사승진제 운용지침」에 따라 1996년부터는 승진시험이 아닌 인사위원회의 승진의결로 승진하는 인사제도를 운용하고 있었다.

　그러다가 2002년 12월 31일 「지방공무원임용령」 제38조의 개정으로 '인사위원회의 승진의결'방법이 폐지되고, '일반승진시험' 또는 '승진시험과 승진의결 병행'방법 중 1개안을 채택하여 2004년부터 시행토록 되면서 강원도의 경우 '5급 승진임용방법'은 일반승진시험(50%)과 인사위원회 승진의결(50%) 병행

---

22) 종자의 파종에서 발아까지의 기간을 단축시키기 위하여 인위적으로 씨눈의 생장을 촉진시켜 종자의 껍질이 벌어지도록 하는 과정.

하되, '일반승진 시험대상자 배수'는 승진시험임용 예정인원의 '2배수'로 운영하게 변경되었다.

내가 국 주무과 차석으로 근무하던 때에 달라진 5급 승진 임용방법의 첫 대상자가 됐다. 국 주무과 차석으로 연초부터 바쁜 업무가 많은데다가 당장 김진선 도지사님의 특별 지시로 마무리 단계에 있는 '농어촌활력화 종합대책' 발표대회 준비에다가 무(無)에서 유(有)를 창조하는 새로운 업무인 '몽골 농업교류사업'과 '단기농업대학 설립' 등의 업무로 시간이 부족할 만큼 눈코 뜰 새 없이 바쁘게 움직이던 2004년 1월 30일 총무과로부터 「5급 일반승진시험 대상자」로 확정 발표되었다.

농업6급 대상은 2석을 놓고 A와 K 차석, 나, P 감자보급소 계장(서열명부 순) 등 4명이 대상으로 정해져서 딱 9개월 뒤인 10월 31일에 시험이 치러지게 돼 있었다.

나는 대상자 4명 중 승진 서열명부 3위였는데, 직전 근무성적 평정 시 국 주무팀 차석인데다가 '농어촌활력화 종합대책' 등 굵직굵직한 현안들을 담당해온 까닭에 L 국장님이 농업6급 중 나를 1위, A 차석을 2위로 하시려는 것을 내가 "국장님! 제가 주무과 차석이고 솔직히 업무실적으로만 보면 그렇지만 A 차석이 저보다 나이도 다섯 살 위인데다 과 주무팀 차석으로 업무협조도 잘 이뤄지고 있는데, 근평으로 괜히 서먹해지는 것도 그러니 그와 저를 바꿔서 하시지요?"라고 말씀을 드리니 국장님은 "바보 같은 놈. 챙겨준대도 지랄(^^)이야!"하시기에 "일단 한 번 더 생각해 주세요."하곤 두어 시간쯤 지나 다시 들어가서 "국장님! 이번 근평은 제가 말씀드린 대로 하시지요?" 해서 나를 1위가 아닌 2위로 평정했었는데, 이 때 국장님이 하시는 대로 했다면 승진시험 대상자 선정 시 순위에서 내가 3위가 아닌 2위가 됐을 거였다.

4명의 대상자 중에서 내가 나이도 제일 어리고 공무원 경력도 짧았지만 대상으로 정해진 만큼 포기할 수는 없었다. 제일 어린 나이에 과락으로 불합격되는 불명예는 피해야 했다. 수험서를 구입해서 바쁜 업무에도 틈나는 대로 공부를 했다.

A 차석은 주무과가 아니니 나보단 좀 낫고, K 차석은 농림부에서 상호 교류근무로 내려온 K 사무관이 계장으로 근무했는데 K 차석 업무를 거의 맡아서 처리하면서 승진시험에 전념할 수 있도록 배려했고, P 선배는 사업소 계장이라 공부하는데 훨씬 수월했다. 내가 제일 불리한 여건을 안고 있었다.

초기에는 인접한 한림대학교 도서관에 행정요원의 양해를 얻어 수험서를 가져다 놓고 퇴근길에 들러 밤늦게까지 공부하곤 했는데 전자출입카드로 바뀌면서 난감해졌다. 이 때 직속상관 이셨던 박천수 계장(훗날 도 기획조정실장)님이 강원대 행정학과 교수님께 부탁해서 사대부고 교내에 있던 '강원대학교 고시원' 빈자리 하나를 얻어줘서 이용했다.

그런데 주무과 차석은 매년 8월경에 다음연도 시책보고서를 만들어야 했기에 다른 사람들에 비해 공부할 짬이 나질 않았다. 시험일은 다가오는데 공부는 못하고, '과락으로 떨어지면 어쩌나.'하는 걱정만 쌓였다. '시책보고서' 작성을 끝내고 나니 시험일까진 2주 정도 밖에 남지 않았다. 옆에서 지켜보시던 도청에서 깐깐하기로 유명하신 J 과장님이 부르시더니 "허 차석! 시책보고서 만드느라 수험준비도 못하고 밤낮없이 일만했는데, 내 명령이고, 지금부터 내가 모든 건 책임질 테니까 시험 끝날 때까지 사무실 나오지 말고 공부만 해!" 하시면서 등 떠밀듯 내쫓으셨다. 나를 위한 특별 배려를 해 주셨다. 나는 2주 동안 강원대 고시원에서 하루 3시간가량만 잠자며 시험 준비에 매달렸다.

2004년 10월 31일. 서울 반포고등학교 제27번 고사장 1열

7번 좌석에서 승진시험을 치렀다. 1차 과목으로 재배학·행정법총론, 2차 과목으로 식용작물학·농업경영학 4과목의 시험을 치렀는데 시험문항이 떨어뜨리기 위한 시험으로 난이도가 매우 어려운 수준이었다. 12월 9일 합격자발표가 되었는데 나는 합격하지 못했다. 나이도 어린데다 공부할 시간이 가장 없었어도 과락 없이 합격선 안에 들었던 것을 위안으로 삼았다.

그동안 국 주무과 차석으로 시험 준비를 하느라 소홀했던 점도 있었고 위로해주는 전화도 자꾸 와서, 국 직원들에게 내부 메신저로 편지를 보냈다.

제목 : 고시 결과를 맞으면서…

보낸사람 : 허성재 / 지방농업주사 / 농어업정책과 / 강원도
보낸날짜 : 2004.12.09. 11:31:34

우선, 함께 경쟁해서 좋은 결과를 얻으신 두 분께 진심으로 축하의 인사를 드립니다. 아울러 그동안 제가 공부하는 모습을 보여 많은 심적 부담을 안겨 드린 점도……

결과를 떠나서 올 한해는 정말 힘들었던 시간이었습니다. 업무의 다소·경중은 쉽게 불합격의 정당한 이유가 될 수 없는 것이고, 처음부터 가벼운 맘으로 준비했기에 인간의 본심으로 아쉬움은 있지만 마음의 상처는 되지 않습니다.

그래도 요 며칠 발표일이 다가오면서 불면의 시간과 교차되는 꿈을 꾸었던 게 기대에 앞서 인간으로서 어쩔 수 없었나 봅니다.

그러면서 제가 공부하는 동안 많은 관심과 성원을 해 주신 분들께 기대에 부응하지 못한 점 죄송한 마음이 부담스럽습니다.

이제 결과를 접하면서 한편으로 준비가 부족했고, 기본적으로 머리(?)가 따라주지 않은 아쉬움은 있으나, 올 한해 힘들었던 시간들이 주마등처럼 스쳐 지나는 가운데 한결 마음이 가벼워 집니다.

이제, 새로운 맘으로 책을 덮고, 일로서 승부한다는 자세로 제가 맡은

업무에 열중하겠습니다. 그래서 우리 국이 청내에서 다른 조직보다 앞서갈 수 있도록 미력이나마 기여할까 합니다. 직원 여러분들께서도 예나 다름없이 적극 협조하여 주시고 도와주시길 소망해 봅니다.

　　농어업정책과　허성재　드림
．．．

　　한편, 나의 승진시험 준비로 힘들게 했던 아내에게도 전화로는 결과를 알려줬지만, 미안한 마음에 편지를 썼고 답장을 받아 위안을 삼았다.
．．．

날짜 : Thu, 9 Dec 2004 13:50
보낸이 : sjher
받는이 : 이○○

수○이, 수빈이 엄마!

먼저, 미안하다는 말을 해야 하네…
올 한해 어떻게 보냈는지 모르도록 지루하고 힘들었고, 당신을 포함해서 우리 식구들에게 많은 고통을 주었는데 결과가 좋지 않아서 정말 미안하오.

한편으로 나이 드신 선배들이 된 것이 다행스러우면서도 나 자신 인간의 굴레를 벗어나지 못해 아쉬움은 많이 남지만, 마음의 상처를 입을 정도로 실망하진 않아요.

요 며칠 기대보다는 설렘으로 불면의 시간과 교차되는 꿈을 꾸었던 것도 어쩔 수 없는 인간이기 때문이겠지요.

지나온 한 해가 준비부족과 집중 소홀 등으로 아쉬움이 남는 가운데, 아직 나이가 있으니깐 하는 자위를 하면서 당신 말따나 기죽지 않고 새로운 희망을 찾을까 하오.

정말 미안하게 생각하면서 오늘 저녁 시원한 맥주나 한잔 하십시다.
남편이 ……

보낸사람 : 이○○
보낸날짜 : 2004-12-09 15:06
받는사람 : sjher

> 수빈아빠
> 무척 아쉬워 잘 잊혀지지 않겠지만
> 훌훌 털어버리고 앞만 보고가요
> 아직 어린나이를 위안삼고
> 또 기회가 오겠지
> 나 오늘 봉급이니까
> 퇴근이나 일찍 하시길…
> 수빈이랑 기다릴게 -수빈엄마-

　그런데 며칠 지나서 고향 선배이기도 했던 고시계 P 차석이 승진시험 성적표를 나눠 주면서 "한 문제만 더 맞추지~ K 주사하고 동점이던데…"라고 말을 건넨다. 그러다가 행정자치부에서 시행되었던 「'04년도 하반기 지방5급 승진시험 시행계획 통보(분권지원과-1848, 2004.07.31.)」공문을 찾아보니 시험요구를 8월 14일까지 하도록 하면서 구비서류로 승진시험 대상자의 '2004년도 승진후보자 명부(작성기준일 : 시험요구일 현재)'를 첨부하도록 되어 있었다. 그렇다면 그 해 6월말기준 근평결과를 반영하면 내가 서열명부에 K 차석보다 앞서 2위였기에 시험성적이 동점이면 내가 합격했어야 하는 거였다.

　12월 14일. 국장님께 말씀드리니 곧바로 나를 데리고 자치행정국장에게 내려갔다. K 자치행정국장님은 내가 도청에 처음 전입했을 때 계장으로 직접 모셨던 분이셨다. K 국장님이 L 인사계장을 부르니 들어오면서 우리 국장님과 나를 보더니 "아! 승진시험 잘못된 거 때문이군요."라고 먼저 말을 꺼낸다. K 국장님이 "이거 바로 잡아야 하는 거 아니냐?"고 하니 "분명 억울한 측면은 있지만 지금 단계에선 어쩔 수 없습니다. 순위는 수시로 바뀌는데다가 승진시험 대상자를 1월에 정해 놓은 후에 많은 사람들 순위가 바뀌어서 행자부 지침대로 시험요구일 현재 순위로 할 경우 많은 혼선이 빚어지기 때문에 1월의 순위명부로 시험요구를 했던 겁니다. 허 차석! 억울해도 어쩔 수 없어. 이해해요" 하는 거다. 인사업무를 다루는 사람이 정부의 공문으로 내려온 지침을 어겨 합격과 불합격을 잘못 가른 결과가 되어 더욱 억울했다.

몇 차례의 좌천성 인사 발령- 나의 기나긴 공직기간 중에 내가 원하지 않았던 좌천성 인사발령이 몇 차례 있었다. 인사는 인사권자가 법과 제도의 틀 안에서 적재적소에 배치한다는 원칙에 따라 하게 돼 있다. 따라서 모든 인사 대상자의 희망이나 선호에 맞게 할 수는 없지만 인사권자의 잘못된 판단으로 원치 않는 곳으로의 전보는 받아들이기 힘들다.

2008년 7월 10일. 농어촌개발담당으로 강원도 역점시책인 새농어촌건설운동을 담당하다가 강원도의회사무처 전문위원실 의정담당으로 전보됐다. 사무관 승진 후 환경농업담당으로 8개월 만에 새농어촌건설운동을 제대로 이끌 적임자로 보임 받은 지 1년 6개월 만에 좌천성 인사발령을 받은 것이다.

그 주된 이유는 P 과장이 새농어촌건설운동을 자신의 승진 등 출세에 교묘하게 활용하는데 내가 호응해주지 않았기 때문이다. 그는 향후 국장 승진을 염두에 두고 마을당 5억 원의 상사업비가 걸린 우수마을 선정을 위한 평가결과를 일부 조정토록 관여하는 등 그냥 넘어갈 사안이 못되는데다 평가를 앞두고 Y군 관계자가 송이버섯 5상자를 보내온 걸 내가 돌려보냈는데, 아부 잘하는 다른 직원을 시켜 다시 받아서 자신의 선물 용도로 전량 사용하는 등 상식 밖의 행태를 보여 나와 부딪힌 적이 있었다.

이런 일이 있으니 나와 같이 근무하면 자기 마음대로 자신에게 유리하도록 업무처리가 어렵다고 판단했던지 농업직 인사조정을 담당했던 과장의 권한을 이용해 도의회사무처로 좌천성 전보인사를 냈다. 여기에 그치지 않고 나중에 국장이 된 다음 도의회에 4년 3개월간 묶어둬서 그가 퇴직하고 나서야 농정국으로 돌아올 수 있었다.

2019년 1월 1일. 홍천군 부군수로 재직 중 인사위원장으로 승진대상자 심사에서 군수의 의중과 달리 의결하면서 2018년 10월 15일 도청으로 복귀한 후 정기인사까지 두 달 반을 보직 없이 대기하다가 (재)강원농촌융복합산업지원센터로 파견명령을 받았다.

총무행정관실 소속으로 대기하던 중 감자종자진흥원장으로 검토한다는 얘기까지 측근 비선으로부터 직접 전해 들었는데 갑자기 원래 없던 자리를 새로 만들어 파견명령을 낸 것은 인사권자의 인사스타일이 반영된 것으로밖에 볼 수 없었다.

이곳에서 '협력관' 직책을 만들어 재직하면서 지원센터의 업무를 자문해 주고 부당한 집행방지와 부진사업 추진 촉구 등의 기능과 역할을 했는데, 센터장인 강원대 L 교수가 보직만 맡고 제 역할을 못하는데다 부당한 회계관리 등 센터운영의 여러 문제를 제기하자 그가 도 국장과 말을 맞춰 중도에 자리를 옮기게 됐다.

2020년 7월 10일. 수차례에 걸친 센터운영의 문제점을 도 지휘부와 L 농정국장 등에게 보고했는데도 개선시킬 의지는 접은 채 지휘부에 잘못된 보고를 통해 강원도인재개발원 '연구위원'으로 전보됐다. 국·도비를 재원으로 농촌지역 6차산업 육성 등 융복합산업을 활성화시킬 목적으로 운영되는 지원센터의 회계부정 등의 문제가 발생할 경우 최문순 도정에 부담으로 작용하게 되고, '협력관'으로 파견된 나 또한 데미지를 입게 될 게 뻔해서 관여했던 것인데도 검찰의 H 검사장처럼 미운털이 박혀 또다시 직제에 없는 '연구위원'에 보임 됐다.

직제에 없는 협력관, 연구위원에 보임하려니 '기구표'에도 '간부 사진표'에도 사라진 **유령공직자로 지내는 '웃픈' 실상**을 맞았다. 무엇이 진정 바른 길인지…

시기와 질투의 대상이 되어- 나는 고등학교 졸업 직전에 공직에 입문했던 까닭에 나이에 비해 비교적 **빠른 승진**을 한 편이었다. 행정 직렬에 비해 보편적으로 승진이 늦은 기술직에도 불구하고 2006년 전국의 사무관 교육동기생 249명 중 두 번째로 나이가 젊었던 게 이를 입증한다.

강원도정 최초로 농업직 국 주무과 차석을 한데 이어 공직생활 중 지휘부로부터 여러 차례 칭찬을 들었으니 주변에서는 경쟁상대로 보는 게 어쩌면 당연했을 것이다.

농산물원종장 통합이전 추진과정에서 보듯, 농업직렬의 공무원이라면 통합이전의 필요성 자체를 공감하지 않을 사람들은 없을진대 내가 추진해서 성공시키는 자체가 그들은 부담스러워 했을 것이다. 그래서 늘 나를 견제하고 시기하는 일이 잦았다. 소수 직렬이 모두가 하나로 힘을 모아도 모자랄 판에 특정학교 출신들이 스크럼을 짜고 그들만의 유·불리에 따라 행동했다.

나는 이러한 행태들이 결국에 소수직렬인 농업직 조직에 별반 도움이 되지 않는다는 걸 동료나 부하들에게 주지시키며 강조했었다. 내가 사업소장을 거쳐 홍천 부군수로 나가 있는 동안 이런 편 가르기 행태는 더욱 심화됐다. 그 결과 여기저기서 "니들 농업직들은 왜 누구파, 누구파로 나뉬었느냐, 순위도 한참 밀리는 C란 애는 선배들 제치고 승진하겠다고 여기저기 뛰는데 그게 바람직하냐. 왜들 그러냐."는 비아냥거림이 들려왔다.

내가 부군수로 있을 때 도청의 몇몇 농업직 후배들이 조직개편과 관련해서 SOS를 보내온 적이 있었다. 농정조직 중 몇 개팀이 분화·신설되는 과정에서 농업직 단수로 해도 모자랄 판에 행·농 복수도 아닌 행정직 단수로 정리되고 있는데 나보고 어떤 역할을 해 달라는 취지였다. 나는 "내가 부군수로 있는 마당에 도청의 조직개편에 관여할 여건도 못되지만, 그동안 '편 가르기' 등으로 소수직렬인 농업조직이 일치단결된 모습을 보이지 못했기 때문이다."라는 의견을 줬었다.

2018년 6월경 민선7기로 넘어가는 과정에서 언론기사에 부단체장 인사 하마평으로 홍천군 부군수도 교체가 유력한 것으로 나왔었다.

그러다가 내가 유임되자 앞서 [24장]에서 언급한 바와 같이 도청의 같은 농업직이었던 K 과장이 나의 유임을 견제하는 말을 했다는 얘기가 나에게까지도 들려왔던 것처럼 나를 향한 경쟁자들의 시기와 질투는 곳곳에서 읽혀졌다.

내가 홍천군 부군수를 하다가 중도에 도청으로 전입하게 되면서 보직 없이 총무행정관실 소속으로 약 두 달 반 정도 독립된 사무실에서 근무할 때의 일이다.

독립된 사무실에서 혼자 근무를 하다 보니 점심식사를 하는 게 마땅치 않았다. 이런 나의 고충을 알고는 Y 유통원예과장이 내게 와서는 "과장님이 우리 과에서 최종 계시다가 나가셔서 따지고 보면 친정이신데 저희 과·계장들과 같이 식사를 하시자."고 제안해서 월정 식비를 내고 함께 점심을 해결했었다. 참으로 고마운 제안이었다.

그렇게 한 달 넘도록 불편하지 않게 중식을 해결하고 있던 중 K 과장이 L 국장에게 "허 과장이 소속도 아닌데 유통원예과 과·계장들과 함께 점심식사를 하는 게 좋지 않게 보인다."라고 했고 이에 L 국장이 동조하면서 유통원예과장 입장이 곤란해졌다는 말이 내게 들려왔다. L 국장과, K 과장의 나를 향한 견제가 이런 정도로 심했다. 나중에 이들의 행태가 주변에 조금 알려지면서 또 한 번 농업직 조직을 향한 비아냥거림의 소재가 됐었다.

일할 수 없게 하는 훼방꾼들- 농업직 내부의 몇 몇 패거리들이 나를 향한 시기와 질투는 곳곳에서 계속됐다. 그 대표적인 게 '농산물원종장 통합이전'과정에서 그 사업의 당위성마저 폄훼하면서 "도지사 선거에 영향을 미친다."라거나 "종자생산은 자연재해 등의 리스크를 고려할 때 한 곳으로 모으기 보다는 분산시켜야 한다."는 등 말도 안 되는 괴변을 내세워 조직적으로 반대를 하며 발목을 잡았다.

친환경 학교급식 업무의 개선과정에서 도와 도교육청 지휘부의 정치적 접근으로 인한 예산절감과 개선이 좌절됐고, 도지사와 친분을 내세운 술장수 L 대표의 나를 향한 반감 등은 내가 일할 수 없도록 한 요소들이 됐다. 그런데 그들의 훼방이 오늘날 무엇으로 어떤 긍정의 남김을 가져왔는지 곱씹어 보면 역기능 외에는 긍정과 순기능을 찾을 수 없었다.

감사위원장 공모에서 탈락- 2020년 11월. 「강원도 개방형 직위(감사위원장) 공개모집」공고가 됐다. 나는 과거 감사관실에서 3년가량 근무했던 경력을 살려 감사위원장 응모를 고민했다. 명목상 공개 모집이라지만 어느 정도 '내정'을 한 후에 절차를 진행하는 터라 괜한 에너지를 투입할 수 있었기 때문이었다.

변변한 보직 없이 지내는 내 처지를 알고 나를 도우려 모 인사가 도 지휘부를 만나 의중을 떠 본 모양인데 "허 과장이 자격이 될지는 모르겠는데 자격기준이 된다면 고려해보겠다."는 얘기를 전해 듣고 용기를 내서 응시원서를 냈다.

응시원서를 낼 때 안사람이 그동안 자주 다니던 곳에서 점 괘까지 봤다고 했다. 나는 냉담 중이긴 해도 가톨릭 신자로 점을 믿지는 않았지만, 최근 내 신상과 관련해서 너무도 정확 하게 내다보고 내 과거를 소름 돋을 만큼 꽤 뚫고 있던 지라 그 믿음을 망설이던 차에 "이번엔 원서를 몇 시에 접수를 시 켜라, 길이 좀 보인다. 만일 이번에 나를 패싱(passing)하면 그 분의 미래도 밝지는 않을 거다."라는 얘기까지 들었으니 어느 정도 확신과 기대감이 있었다.

12월 8일 '서류전형' 합격이 됐다. 내부에서 국장급 1명과, 나까지 2명, 외부에서 2명 등 모두 4명을 대상으로 12월 14일 면접시험을 한다는 공고가 나왔다.

나는 면접에서 발표할 PPT자료의 발표 연습과 함께, 예상 질의·답변자료를 정리하는 한편, 「공공감사법」부터 「강원도 감사위원회 설치 및 운영에 관한 조례」에 이르기까지 관련 법규의 주요 조문을 암기할 정도로 완벽하게 준비했다.

면접시험을 치르고 나서 면접관들의 반응을 간접적으로 전해 들었는데 "허 과장이 감사경험도 있고, 준비도 많이 했더라. 발표도 쏙 들어오게 잘 하더라. 좋은 성적으로 추천됐다."라는 말들이 들려와서 나름 기대를 갖고 기다렸다.

12월 16일. 합격자발표를 개별 통지하는 것으로 공고가 됐 었는데, 발표가 미뤄지고 있었다. 아마도 막판까지 복수로 추 천된 2명을 놓고 인사권자가 고심을 하는가보다 했는데, 좋은 성적에도 결국 인사권자로부터 낙점 받지 못했다.

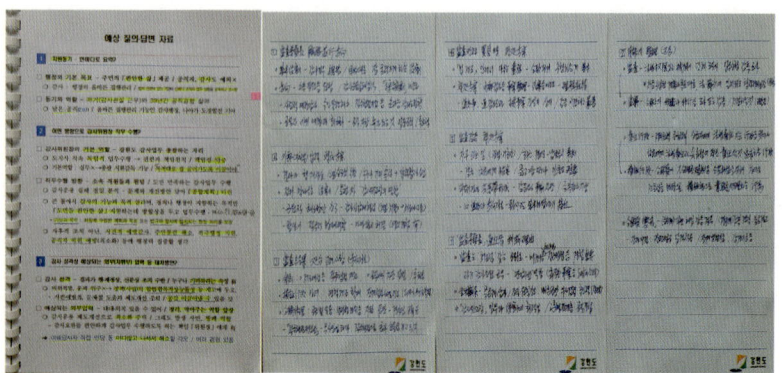

[2-11] 감사위원장 응모 시 준비했던 자료들

나중에 점괘를 봤던 역술인이 "감사위원장 직무가 지금 현재 복잡하게 얽히고설켜 나중에 큰 문제가 있을 수 있는 몇 건이 있기에 그 자리에 보임 안 된 게 나을 수도 있겠다."라는 취지의 얘기를 전해 들었다.

그렇게 감사위원장 공모는 나름의 기대와 노력에 비해 아쉽게 탈락했다.

26 | 소신과 굴복 사이

공직사회에서 소신을 지키는 것은 쉽지 않다. 개인의 기개나 의지가 부족해서 지키지 못하는 게 아니다. 몇 년 전 정·관계, 언론을 시끄럽게 했던 '기획재정부 S 사무관의 경제정책 관련 폭로 사태'에서 보듯 공직자는 소신을 지키는 과정에서 인사 상 불이익을 감내해야 하는데다 때로는 감내하기 어려운 현실과 맞닥뜨리기 때문이다.

나는 공직생활 중 비교적 소신이 강한 편이었다. 소신(所信)의 의미가 '굳게 믿거나 생각하는바'라는 점에 비춰, 공직자의 소신은 내가, 또 우리가 하는 행정행위가 국민이나 도민, 지역민에게 **도움이 되겠다 싶은 믿음이나 생각에 바탕**을 둔다면 그 **소신을 지켜야하는 게 어찌 보면 당연한 것**이다. 그럼에도 인사 상 불이익이나 어려운 현실을 회피하려 그 소신을 접고 굴복의 길을 선택하게 된다. 참 안타까운 일이다.

뒤바뀐 새농어촌건설운동 평가 – '새농어촌건설운동'은 김진선 도정의 강원도형 농정역점시책으로 1999년부터 추진한 사업이다. 농어촌 지역에 마을 스스로가 정신·소득·환경분야 개선 실적을 평가해서 우수마을에는 5억 원의 적지 않은 상사업비를 주고, 우수마을 선정 5년차 마을을 대상으로 재평가를 통해 선정된 대표모델마을에는 2억 원의 추가 사업비를 지원하는 사업이었는데, 당연히 상사업비가 있다 보니 평가의 공정성과 객관성이 매우 중요한 요소였다.

그런데 이 사업의 담당과장을 거쳐 나중에 국장이 된 P의 경우 '새농어촌건설운동 우수·대표마을 선정'에 자신의 입신양명과 연계하여 사전·사후에 교묘하게 관여했었다. 나는 몇 차례 평가반원으로 직접 참여했었고, 나중엔 이 업무를 총괄한 담당사무관으로 일하면서, 평가의 공정성과 객관성을 강조했었다.

그러다가 2007년 '대표모델마을 선정 평가결과'를 놓고 문제가 터졌다. 처음 평가결과 정리과정에서 춘천시 사북면 ㅇㅇ리 마을이 선정범위(연간 2개마을) 안에 있었으나 P 과장의 관여로 평가반장이었던 Y 담당이 평가수치 일부를 수정해서 탈락되자 L 시장님이 김진선 도지사님께 전화로 항의를 하는 사태가 벌어졌다. 막상 문제가 되니 P 과장은 선배였던 L 국장으로 하여금 평가반장들을 국장실로 불러 자기는 책임을 회피한 채 국장이 무마토록 하는 등 어처구니없는 일이 있었다.

나는 그런 P 과장의 행태를 보곤 앞으론 이런 일이 없어야 한다고 어필하는 차원의 바른말을 했었는데, 이런 사안들이 쌓여 결국 자신의 휘하가 아닌 도의회로 전출되게 됐었다.

'검토보고서'로 드러낸 소신- P 과장 눈 밖에 나서 강원도 도의회사무처 농림수산전문위원실로 좌천성 전보된 이후 그가 농업직 인사조정 권한을 쥔 농정국장이 되어 나의 농정국 전입을 막아 그가 퇴직할 때까지 약 4년 3개월가량 그곳에 묶여 있었다.

당시 도의회사무처 전문위원실에는 서기관급 전문위원 밑에 사무관 의정담당인 나, 그리고 일반직 7급 1명과 기능직 8급 1명 등 총 4명의 현원이 있었기에, 상정되는 조례안과 예산·결산안의 검토보고, 도의회 차원의 건의안 작성 등을 담당했다. 나는 도의회가 집행부를 견제하는 기본 취지와 기능에 맞게 나름 소신을 지켜 일했었다.

일부 조례안이나 예산안 검토보고서를 작성함에 있어서

집행부의 눈치를 보지 않고 오직 도민에게 미칠 영향을 최우선에 두고 현행법과 제도의 틀 안에서 옳고 그름, 그 타당성과 합리성의 유·무에 따라 처리했기에, 집행부 입장에선 다소 난감할 때가 있었다. 실무적으로 사전에 검토보고서 초안을 보내주면 P 국장이 과장·담당들을 보내 수정해달라거나 아예 빼달라고 하는 등 지나치게 관여를 하는가 하면, "이번에 허 계장이 ㅇㅇ건 검토보고를 우리가 원하는 대로 해주면 다음 번 인사에 불러들인다고 해보라!."고 하는 등 회유성 지침을 줬다는 얘기가 들려오기도 했었다.

초기단계에서는 검토보고서를 작성하게 되면 집행부 실무진에게 사전에 보내주기도 했었지만 [2-12]에서 보는 바와 같이 강원대학교를 보조사업자로 추진한 「친환경농산물연구센터」 예산안의 경우 전문위원실에서 검토보고 자체를 하지 말라는 취지로 유리한 부분만 살리고 모두 삭제를 요구하는 등 지나치게 관여하고 압력을 행사해서 나중엔 아예 공유자체를 하지 못할 만큼 집행부가 스스로 여건을 조성하기도 했다.

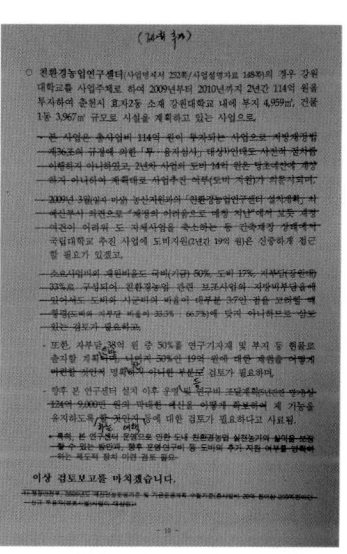

[2-12] 집행부가 수정요구한 예산안검토보고서 일부

도의회에 근무하는 동안 집행부의 눈치를 보지 않고 오직 내게 주어진 업무를 도민의 입장에서 소신껏 처리했다. 당시 운영위원장을 하셨고 나중에 의장을 하신 바 있는 K 위원장님은 나에게 "농림수산위원회 검토보고서가 제일 잘 된 것 같은데, 도의회 각 상임위원회에서 표준안으로 쓸 수 있도록 허 계장님이 역할을 해 주면 좋겠다."는 말을 듣기도 했었다.

예산낭비를 부른 '전기열선' 시설재배 하우스- 유통원예과장으로 일하던 2015년 6월 8일. 도지사비서실에서 "농업과 관련한 외부인사가 도지사님을 접견하는 일정이 잡혔는데 과장님이 배석해 달라."는 연락이 왔다. 당시엔 농정국 4개과 중 농업직 과장이 나 혼자라서 농업과 관련한 접견 시에 국장님이 배석하지 않는 경우 거의 내가 배석하는 일이 잦았었다.

G시에 연고를 둔 작은 규모의 사업체를 갖고 있는 J 대표가 도지사님을 찾아뵙는 자리에서 "적은 전기료에 경로당이나 비닐하우스 등 시설농업에 새로운 기술인 전기열선으로 대체할 경우 강원도처럼 추운 지방에선 경제성이 매우 뛰어나므로 대대적인 보급이 필요하다."라는 그럴듯한 제안이 들어 왔다. 그동안 몇몇 성공사례로 경기도 고양시의 한 버섯농장이나 노지무화과 농장에 전기열선을 공급해서 동해(凍害)없이 재배했다는 등 혹하는 얘기들로 가득했다. 도지사님께서 나에게 즉석에서 "도내 시설농업을 하시는 농업인들에게 지원하는 방안을 적극 검토하라."고 지시하셨다.

며칠 뒤 나는 실무진과 함께 성공했다는 농장을 방문하는 등 발 빠르게 현장을 둘러보고 18개 시군에 공문을 내려 관심 있는 시·군 관계공무원을 대관령면사무소 회의실로 불러 설명회를 열어 시군으로부터 '전기열선 지원사업'을 희망하는 수요조사를 거쳐 「시설원예농업부문 전기열선 설치 지원계획」으로 2015년부터 2020년까지 100개소에 총사업비 25억원 규모로 보조 60%와 자부담 40% 부담조건의 사업계획을 세우고, 1차 년도인 2015년 추경예산에 총사업비 525백만 원 중 도비 157.5백만 원과 시군비 157.5백만 원, 자부담 210백만 원을 반영했다. 나의 추동력에다가 도지사님이 관심을 갖고 있는 사업이 맞닥뜨려지니 빠르게 진척됐다.

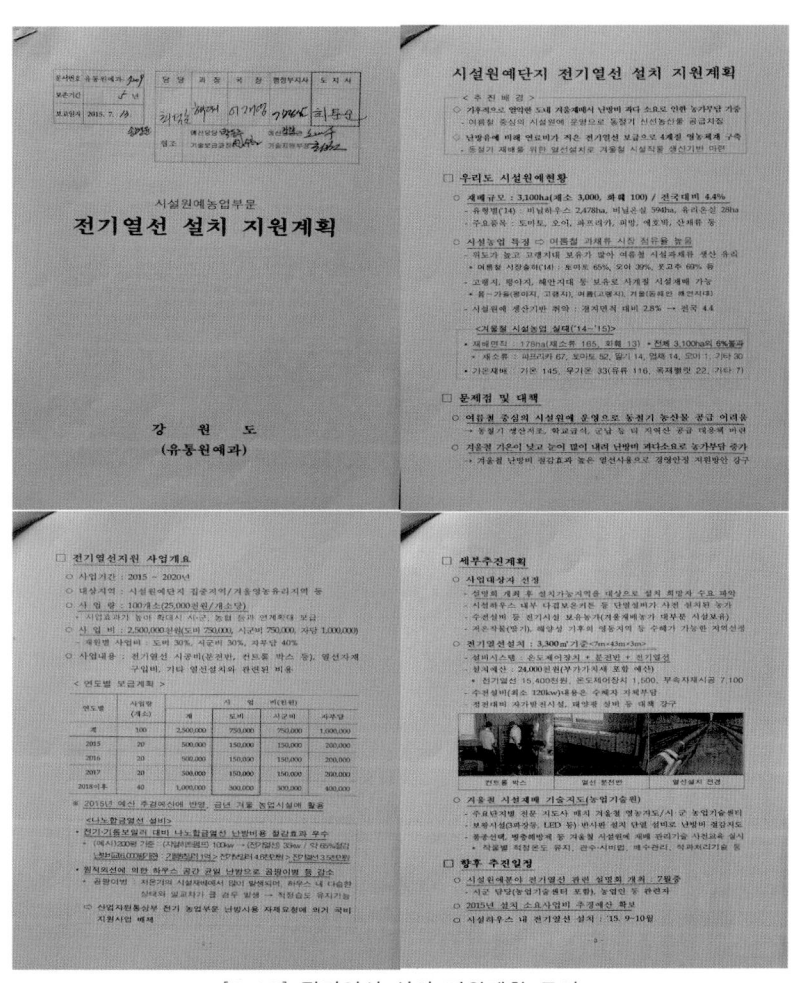

[2-13] 전기열선 설치 지원계획 문서

하루는 도의회 K 의장님이 나를 찾으셔서 의장실로 건너가니 "이번 추경예산에 '전기열선 지원사업'이 요구됐던데, 허 과장님 소관이시라고요. 도지사가 외부사람들 말만 믿고 밀어붙인다는 말들이 있던데, 허 과장님이 잘 판단해서 정리를 했어야하는 거 아닌가요?" 라고 물으신다. 나는 "의장님! 제가 관련해서 성공했다는 관외 농장들도 둘러봤고, 특허기술이라던가 여러 요소들을 다각적으로 검토를 해서 시범사업을 추진하려는 겁니다. 의장님께서 그동안 저를 가까이서 지켜보셨다시피 제가 도지사님이 시키신다고 가능성 없는 사안을 무조건 할 사람은 아니잖습니까. 저를 믿고 지켜봐주시지요."라고 했더니, "여기저기서 안 좋은 얘기들이 많이 들려와요. 꼭 '꾼' 같다는 말들이… 허 과장님이 검토했다면 믿어는 보겠지만 아무튼 실패하지 않도록 잘 따져보세요"라면서 더 이상 문제는 삼지 않았다.

이런 우여곡절을 거쳐 시범사업으로 원주 소초면 수암리 O농가의 시설토마토 6,600㎡, 화천군 사내면 광덕리 L농가의 시설오이 13,200㎡, 횡성군 안흥면 상안리 W농가의 시설오이 3,300㎡ 등 도내 13농가 6.93ha의 시설하우스에 전기열선을 공급하고 사업효과와 함께 문제들을 모니터링 했다.

초기에는 별 문제가 없어 보이더니 날씨가 추워지면서 작물이 동해를 입는 등 문제가 터져 나왔다. 도지사님께 관련 상황을 보고 드리고 도지사님 일정 동선(動線)에 사업장을 넣어 현장을 보여드리기도 했다. '유가가 폭등하는 등의 상황이 아니라면 난방비 절감효과도 기대한 만큼 크지 않았고, 추위가 심한 강원도 지역에는 맞지 않는다.'는 결론에 도달했다. K 의장님이 내게 신중히 접근하라고 하셨던 게 옳았다.

관련업체를 불러 "지금까지 시범사업을 추진한 결과를 모니터링 해 보니 당신들이 제안한 기술과 방법으론 효과가 입증되지 않았고 생물 산업인 농업현장에 적용하기엔 무리다."라는 말을 전달했다. 얼마 뒤 관련업체가 도지사님을 찾아뵙는 자리에 또다시 배석했다. 도지사님께 K모 박사라는 사람을 데려와서 충청남도농업기술원에서는 사업을 성공시켰다며 보고서를 가져와서 내놓고는 시범사업을 계속해야 한다고 역설하기 시작했다.

나는 도지사님이 계시는 자리였지만 물러서면 안 되겠다

싶어서 그들의 말을 하나하나 반박하며 깨 나가기 시작했다. "충청남도농업기술원에 제가 우리 직원들을 시켜 성공한 게 아니라는 사실을 확인했어요. 그동안 주변의 우려에도 밀어붙여 여기까지 왔는데, 얼마 전 말씀드렸던 대로 이미 리스크(risk)가 확인됐는데 도지사님께 사실과 다르게 말씀을 드리셔도 됩니까!"라고 일갈했다. 결국엔 도지사님께서 "허 과장! 목소리 좀 낮춰요. 생물 산업을 다루는 농업분야엔 적용하는 게 어렵겠고, 경로당이나 이런 데는 괜찮을 거 같아요."라고 정리하면서 접견을 마무리 하셨다.

결국 '전기열선 공급시범사업'은 예산만 낭비한 채 더 이상 추진되지 못했다. 이런 과정에서 대다수 공무원들처럼 적당히 도지사님 심기를 맞춰드리면 됐었지만, 나는 나름의 소신을 갖고 가·부를 분명하게 표출했었다. 최문순 도정의 조직시스템과 스타일에 비춰 내가 밉보이게 된 또 하나의 요인으로 작용했을 것으로 보인다.

'학교급식'과 '강원나물밥'의 폐해들- 나의 소신은 곳곳에서 드러났다. 바로 뒤에서 다루게 될 '친환경 학교급식'이나 '강원나물밥', 또 '대표 술' 개발과 관련한 L 대표와의 갈등 등에서도 내 소신은 분명했다.

학교급식 지원 예산의 집행이 「지방재정법」이나 「보조금의 관리에 관한 법률」에 위배되거나 불필요하게 쓰여 예산의 낭비를 초래하는 일을 막고, 강원나물밥은 출발부터 객관화되지 못한 가운데 강원도가 아닌 타 지역에서 OEM 방식으로 생산하는 등 지향했던 의도와 다르게 추진되는 등의 근본적 문제 해결을 도모하는 과정에서 도지사께 밉보이기도 했다. 그러나 잘못된 일들에 굴복하지 않아 후회는 없다.

27 | 희한하게 움직인 행정시스템

　행정조직은 「행정기구 설치 조례」 등으로 각각의 관서나 부서의 기능과 역할, 분장사무가 규정되어 있고 그 권한의 범위에서 일을 한다. 그래서 '권한 없는 자의 행정행위는 무효다.'라는 행정법의 일반원칙도 있다.
　내가 유통원예과장으로 근무할 때, 도지사님 주재 비선그룹회의에 기술직렬 K 사무관이 매번 들어간다는 얘기가 들렸다. 그는 뛰어난 업무능력이 있거나, 또 같은 직렬의 동료들로부터 좋은 평을 듣지도 못했다. 당연히 조직 안에서 수군거림이 잦았었다.

　한 번은 [26장]에서 다룬 '시설원예 전기열선 지원사업'과 관련하여 K 사무관이 우리 과에 와서는 담당사무관에게 "도지사님이 '전기열선 지원사업'을 챙겨보라고 지시하셨는데 추진상황 자료를 달라."고 했다. 내가 그냥 넘어갈 리가 없다.
　일을 다른 사람에게 미루거나 빼앗기는 것은 바람직하지 않다. 나는 "이 업무는 내 책임 하에 추진하는 것이기에 보고를 해도 내가 할 사안이니 당신은 관여하지 말라."며 돌려보냈었다.

　이런 행태는 청내 여러 곳에서 나타났다. 도대체 왜, 어떤 계기로 '십상시(十常侍)'와 비슷한 비정상적인 시스템이 생겼는지 아이러니 한 일이었다. 내가 본청을 떠난 후에도 계속됐다.
　나중엔 그가 징계처분을 받았다는 얘기와, 지병으로 일찍 세상을 떠났을 때 도백(道伯)께서 관행과 다르게 직접 문상했다는 얘기 등 공직내부에서, 또 술자리에서 **가끔 회자되는 바람직하지 않은 행정시스템**이었다.

28 | '친환경 학교급식' 의 진실

　2015년 1월 2일. 인사발령으로 농정국 유통원예과장에 보임됐다. 첫 서기관 보직이었던 감자종자진흥원장은 씨감자 생산과 보급관리 등 비교적 단순한 업무였지만 유통원예과장은 도내 농산물유통 업무 전반과, 원예·특용작물의 생산 관리, 농식품 수출, 군납 농산물 관리에다가 처음엔 교육지원부서가 담당했던 학교급식 지원업무까지 다루는 그야말로 업무의 범위도 넓고 정책적인 판단까지 해야 하는 막중한 직책이었다.
　그 중에서도 학교급식 지원업무는 2016년 한해 도비 예산만 199억 원으로 농정국 전체 도비예산의 33%, 유통원예과 도비예산의 65%를 차지할 만큼 단일사업으로는 비중 있는 업무 중의 하나였다. 예산규모 뿐만 아니라 예산을 편성하는 과정에서도 집행부와 도의회, 도교육청과 시·군 등이 급식대상 학교의 확대와 재원분담 비율을 놓고 첨예하게 대립 또는 이견을 보이는 경우가 잦아 여간 신경 쓰이는 업무가 아니었다. 2011년 8월 '무상급식 반대' 건으로 오세훈 서울특별시장이 중도 사퇴하기도 했던 사안이었던 만큼 정치 성향에 따라 찬·반으로 나뉘는 등 정치공학 면에서도 매우 민감한 사안이었다.
　나는 '친환경 학교급식 지원' 업무의 총괄 책임자로서 2015년 한 해 동안 친환경 학교급식 지원업무를 추진하는 과정에서 이 업무가 안고 있는 실태와 문제들을 조직 내부는 물론 사이드(side)로 교육현장의 목소리들을 종합해서 면밀하게 따져봤다.
　예산의 지원과 집행 관리를 총괄하는 강원도와 일선 교육현장에서 학교급식을 실제 집행·관리하는 강원도교육청 간에도 행정시스템과 인식의 차이가 있어 근본 문제가 있다는 것과 일선 현장의 영양사 등 또 다른 문제들을 확인할 수 있었다. 법과 제도의 틀 안에서 행정행위를 해야 한다는 원칙론을 중시한 나로서는 이를 개선시켜야 했다. 그 말도 **많고 탈도 많았던 '친환경 학교급식 문제'**는 이렇게 발단이 되었다.

■ 친환경 학교급식 지원의 문제들 ■

회계연도와 '회계연도 독립의 원칙' 위반- 정부(지방자치단체)의 회계연도는 2015년부터 매년 1월 1일부터 12월 31일까지로 되어 있다. '회계연도'는 세입과 세출을 관리하는 단위기간을 말하며, 이를 '독립하여 운영'한다 함은 각 회계연도의 경비는 당해 연도의 수입으로 조달하고 당해 연도에 지출한다는 것이다. 즉, 예산은 당해 연도 시작 전이나 회계연도가 지난 후에는 집행할 수 없다.

그런데도 교육현장에서는 학생들의 입학과 졸업시기를 고려해서 '친환경 학교급식 예산'을 매년 3월 1일부터 다음해 2월 28까지 편법 운영하고 있었다. 일부에서는 '그게 그거다.'라고 생각할 수 있지만 「지방재정법」 제6조와 제7조를 위반하여 재정이 집행되는데다 매년 학생 수가 감소하는 강원도 입장에서 '급식예산 입찰 차액'을 다음 달 이월해서 집행하는 현실을 감안한다면 예산낭비의 요인이 될 수 있었다.

불합리한 연간 급식일수 산정- 학교급식 예산의 산정을 위해 유·초·특수, 중, 고등학생을 동일하게 연간 186일로 일괄 적용해 왔었다. 그런데 실제 수업(출석)일수를 분석해보니 중학교는 183일, 고등학교는 180일이면 충분했다.

재정 여건도 열악한 강원도가 과다한 급식일수를 예산에

반영함으로써 실제 쓰여 지지 않아도 될 예산을 과다하게 편성해서 재정 부담을 하고 있었다.

시험(중간·기말)기간 급식의 문제- 일선 교육 현장에서 중간고사나 기말시험 기간에는 대부분 오전에 시험을 치르면 학생들이 중식을 하지 않고 곧바로 귀가하고 있는데도 급식일수로 계상해서 급식준비를 함으로써 학생들이 먹지 않은 많은 양의 음식을 잔반으로 버리는 등의 문제가 있었다.

이는 불필요한 재정의 낭비를 가져올 뿐만 아니라, 잔반처리 등 환경 부담을 불러 왔다.

도내산 농·축·수산물 공급 저조- 친환경 학교급식의 목적이 학생들의 급식 질 개선과 도내 산(産) 농축수산물 공급확대인데도 쌀을 제외한 대부분의 식재료의 도내 산 공급비율이 낮아 2015년 기준으로 전체 55.4%에 불과한 실정이었다.

또한 일선 현장에서 도내 산이나 친환경 농산물 사용실적 파악·관리도 제대로 이뤄지지 않아 정책 효과를 분석하는데도 어려움이 있었다.

■ **친환경 학교급식 지원업무 개선 시도** ■

한 해 동안 모니터링 한 '친환경 학교급식 지원'의 문제를 바탕으로 2015년 12월 14일. 강원도교육청 실무진을 불러 '2016년 학교급식 보완·개선 추진계획'을 놓고 실무협의를 거쳐 개선안을 마련, 다음 날 도지사를 비롯한 지휘부에 보고했다.

도지사님께 보고서를 만들어서 "▸연간 불필요한 학교 단계별 급식일수 조정으로 도비 3억 원을 줄일 수 있고, ▸일선 현장에서 이뤄지는 급식재료 입찰로 인한 낙찰 차액이 연간 25억 원 정도(도비 10억 원) 되는 것으로 분석됐는데, 이것은 관련 법규에 따라 반납되어야 할 예산인데도 이를 임의적으로 이월해서 쓰고 있고, ▸학생들이 대부분 일찍 귀가하는 시험기간에도 무리하게 급식을 하려다보니 잔반으로 버리는 불합리한 일들이 있어서 개선하려 합니다."라고 보고를 드렸다.

도지사님께서 "낙찰 차액이 연간 25억 원이나 돼요. 그렇게 많아요."라고 하시기에 나는 다시 "그렇습니다. 이게 한 해에만 국한되는 게 아니고 그냥 놔두면 앞으로 매년 이런 현상이 반복된다는 것입니다. 어려운 우리 도의 재정여건에다가 탑-다운(Top-down) 예산제도로 사실 저는 15백만 원짜리 작은 사업도 못하는 경우가 허다합니다. 아마도 일선에서 다소의 잡음이 있을 수 있지만 학교급식을 안 하거나 억지로 줄이려는 게 아니고 법과 제도의 틀 안에서 긴축운영하려는 차원입니다."라고 보고를 하니 "알겠어요. 과장님께서 잘 관리해 주세요."라는 당부말씀에 곧바로 「2016년도 교육청 학교급식 세부지침」에 반영·시행토록 공문을 시행했다.

구 분	학교급식 기본계획 적용기준
연간 급식일수 준수	◦ 학교급식 지원 예산의 학교장 재량에 의한 급식일수 연장 금지 - 연간 급식일수: (유·초·특수) 186일, (중) 183일, (고) 180일 이내
월별 표준급식비 준수	◦ 매월단위「표준급식비」내에서 학교급식 예산 집행 - 월별 낙찰차액 등을 다음 달에 이월하여 초과집행 금지
시험기간(중간·기말) 급식인원 조정 시행	◦ 급식률이 현저히 낮은 시험기간에는 학교장 판단 하에 미급식 또는 실제 급식 예상인원으로 축소 시행(식재료 발주단계부터) - 과다한 식재료 구입으로 인한 예산낭비, 잔반처리비용 및 환경 부담 등 고려하여 결정
도내산 농·축·수산물 공급 확대	◦ 급식재료 유통(납품)업체별 도내산 사용확대 계도 강화 ◦ 공동구매·입찰공고문에 도내산 표기 강화 ◦ 지역산 원료사용 등 농식품업체 납품기회 부여 방안 강구
도내산·친환경농산물 사용실적 파악	◦ 제출시기 : 6월, 9월, 12월 기준 정기 제출 - 그 외 도의회 자료요구 등 특정시기·필요시 수시 제출 ◦ 사용실적 자료파악의 정확성 유지 / 대략적 추계 제출 지양

■ 학교급식 집행방식 개선으로 인한 반발 ■

이 같은 개선방침이 강원도교육청의 「학교급식 세부지침」에 반영되어 시행된 후 일선의 반응들이 나왔는데, ▸연간 급식일수 차등 조정과 ▸시험기간 중 급식인원 조정은 받아들이는데 ▸월별 표준급식비 준수(낙찰 차액 이월 집행 금지)를 놓고 급식 질 저하와 정산의 번거로움 등을 이유로 반대하는 분위기였다. 2016년 4월 5일. 강원도교육청이 이런 취지의 의견서 공문을 보내 왔고, 이에 나는 「입찰잔액 다음 달 이월금지에 대한 취지 재 알림」으로 회신했다.

그러면서 한편으로 필요하다면 내가 직접 설명할 테니 '강원도영양교사협의회' 관계자들과 간담회 또는 설명회를 갖자고 제안해서 4월 8일 원주푸드센터 회의실에 마주 앉았다. 이 자리에서 제도개선 배경과 내용을 직접 설명하면서 영양교사들의 애로사항을 듣고 답변하는 형식으로 회의를 진행했다.

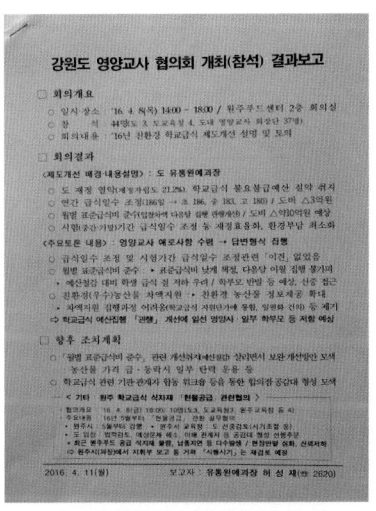

[2-14] 영양교사협의회 회의결과 보고서

 ▸급식일수 조정과 시험기간 중 급식일수 조정과 관련해서는 이견이 없고, ▸월별 표준급식비 준수는 표준급식비가 낮게 책정돼서 다음 달 이월 집행이 불가피하고, 예산절감 대비 급식 질 저하가 우려되므로 신중하게 접근해야 하며, ▸친환경(우수)농산물 차액지원은 집행과정에 업무량이 많으니 학교급식 지원 단가에 통합해서 일원화해야 한다는

내용들이 나왔다.

나는 이와 같은 내용들을 정리해서 4월 11일 도지사님을 비롯한 지휘부에 「강원도영양교사협의회 개최(참석) 결과」 보고를 통해 '월별 표준급식비 준수 관련 개선취지를 살리면서 보완·개선방안을 모색하겠다.'는 취지의 보고를 했다. 영양교사들이 이처럼 반발한 이면에는 그동안 강원도교육청이 내부적으로 '학교급식 예산을 남기지 말고 가급적 모두 소진하라.'는 비공식적인 방침이 있었고, 일부 학교에서는 낙찰 잔액으로 친환경 식재료가 아닌 특정업체의 피자를 구입해서 급식하는 등의 문제를 내가 여러 채널로 직·간접 확인하기도 했었다. 공직자가 불요불급한 예산의 낭비를 막는 건 가장 기본적인 책무이기에 물러서지 않고 강하게 드라이브를 걸었다.

드디어 2016년 6월. 도의회 회기 중에 민병희 교육감이 도지사님께 '급식 식품비 입찰 차액의 월별 정산을 연말 정산할 수 있도록 부서에 말씀해 달라.'는 내용의 메모가 전달됐다.

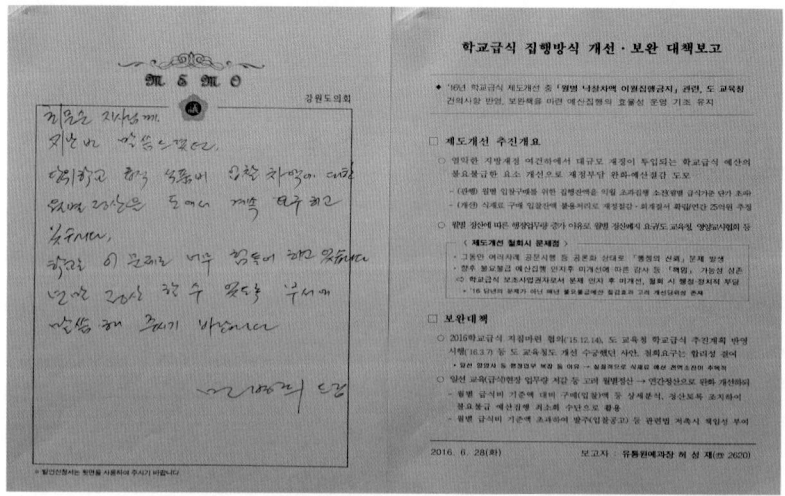

[2-15] 낙찰차액 이월집행 금지관련 교육감 메모와 지휘부 보고서

이 메모의 취지는 '입찰차액 예산을 반납 없이 마음대로 쓰도록 해 달라.'는 취지였다. 자기 돈이라면 이렇게 했을까?

나는 하반기 정기인사 하마평으로 농산물원종장장에 거론되던 시기라 이 문제를 확실하게 매듭짓고자 6월 28일 '제도의 철회는 합리성이 없어 불가하고, 일선(급식)현장 업무량 저감을 위해 월별정산에서 연간정산으로 완화하되 불요불급 예산집행 최소화는 지켜야 한다.'는 취지로 도지사와 지휘부에 보고하고 인사발령 직전 「월별 낙찰차액 이월집행 금지 개선 운영 알림」 공문을 마지막으로 시행했다.

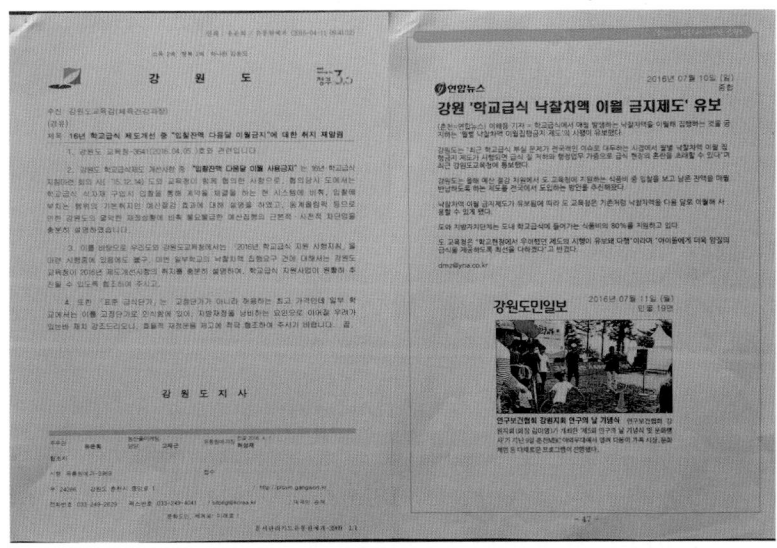

[2-16] 낙찰차액 이월집행 금지관련 공문과 유보한 보도기사

그런데 내 후임 G 유통원예과장이 열흘도 안 돼 이를 유보시켰다는 보도기사가 나왔다. 학교급식을 안 한다는 것도 아니고 불요불급한 예산의 낭비를 줄여 시급히 예산투입이 필요한 다른 농업부문에 투자하는 게 당연할진대 연간 약 25억 원 가량의 예산이 불필요하게 쓰여 지는 불합리한 제도의 개선이

중단됐고, 일개 과장에 불과한 작자가 부임하자마자 세밀히 따져보지도 않고 방침을 바꿔 예산낭비는 물론, **행정신뢰를 한 순간 추락시킨 어처구니없는 결과**를 가져왔다.

■ 원주시 학교급식 「현물지원」 동향 관리 ■

한편, 2016년 1월부터 원주시가 학교급식을 현금이 아닌 식재료를 현물공급으로 바꾸겠다고 했다. 1월 14일. 이를 두고 강원도교육청, 원주시·원주교육지원청 관계자를 불러 실무협의를 했다. 이렇게 바꾸려는 이유는 '지역산 식재료의 안정 공급'이라는 명분을 내놨지만, 원주시가 학교급식 공급을 주목적으로 설립 운영하고 있는 '원주푸드센터'를 원주원협에 위수탁 운영 중인데 최근 2년간(14~15) 13억 3천여만 원의 적자가 발생했기에 현물공급을 통한 독점공급으로 경영수지를 개선시키려는 게 주된 이유로 추정됐다.

이는 관련법규와 충돌하는데다 예산회계 절차는 물론이고 학교급식 관련 지역 소상공인들의 생존권과 관련된 민감한 사안이었다. 특히 일선 급식업무를 담당하는 학교 영양사들도 반대하는데도 원주시가 밀어 붙였다. 나는 실무협의 결과를 토대로 ▸예상 문제점, ▸협의·보완이 필요한 사항 등을 정리해서 지휘부에 보고하고, 원주시에 신중한 접근을 하도록 통보했다.

원주시가 3월 22일 「원주시 학교급식조례」를 개정하고 3월 25일 강원도에 검토요청 공문을 보내왔다. 나는 이 건을 실무진에게 맡기지 않고 직접 ▸현물공급 전환의 적법성, ▸예산 회계제도 및 절차상의 검토, ▸학교급식 예산절감 효과 저감, ▸지역(도내)산 농산물 공급율 제고, ▸교육청 및 학교의 학교급식 매뉴얼(지침) 위반 시 대응력 등 주요 사안별로 면밀하게 검토를 해서 A4용지로 9쪽에 이르는 검토결과를 통보했다.

그런데도 원주시가 원주교육지원청과 지역 소상공인들의 반대에도 불구하고 막무가내로 밀어 붙였고, 6월부터 시행한다는 보도기사를 접했었다.

아래에서 보는 바와 같이 당시 원주시의 5월 16일 작성된 「2016년 친환경 학교급식 변경추진(현금지원 ⇒ 현물지원)」 문서는 비공개문서에다가 결재라인도 없이 '시장 단독결재'로 이뤄졌었기에 향후 발생될 문제와 실무진에게 돌아올 책임을 회피하려 정치적 접근을 했다는 것으로 읽혀졌다.

도의 검토의견을 듣지 않고 집행권자인 일선 지방자치단체장인 W시장이 밀어붙였던 사안이라서 그 방식의 **순기능과 역기능이 궁금**하다.

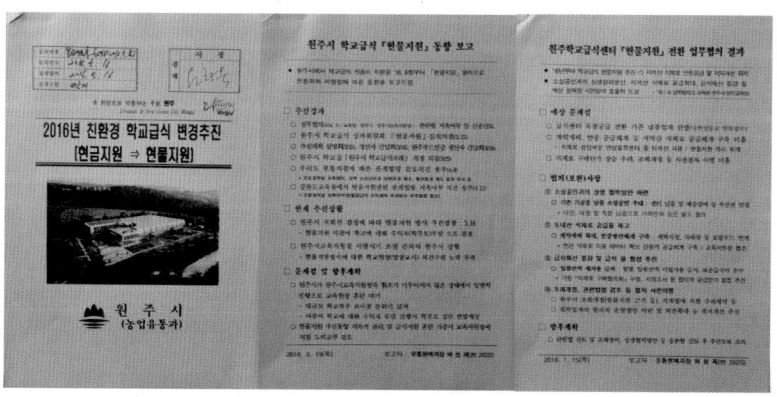

[2-17] 원주시 학교급식 「현물지원」 계획, 지휘부 보고자료

29 | '강원나물밥' 사태

　2015년 7월 24일. 도지사 주재「평창동계올림픽 먹거리대책 현안보고회」가 있었다. 이 자리에서 도지사님이 "▸강원도 대표음식과, ▸대표 술을 유통원예과가 주관이 돼서 디자인·퀄리티 등 세계 최대수준으로 단기간 안에 마치되 디자인은 '뮤사'와, 홍보는 '안젤리나 졸리'를 불러 글로벌화 하도록 하라."며, 예산은 어떻게든 지원할 테니 한 달 후 개발을 완료해서 성과물을 놓고 다시 회의(Meeting)를 하자고 하셨다.

　나는 회의가 끝나고 곧바로 농업기술원의 C 생활자원과장을 "대표음식 개발과 관련해 협의가 필요하다."며 불렀더니 자기네 소관이 아니라며 오지도 않고 실무자만 보내왔다. 실무담당자가 고향 후배 A이라서 취지 설명과 함께 앞으로 주무부서 입장에서 추진할 방향을 대강 설명하면서 도지사 지시사항을 요약 정리했던 업무노트의 메모를 그대로 복사(Copy)해서 전달해 줬다. 그

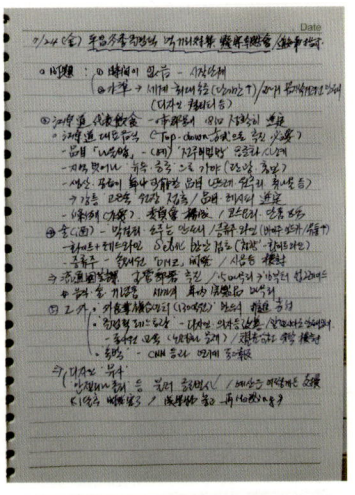

[2-18] 올림픽먹거리대책 도지사지시사항(요약)

렇게 평창동계올림픽 먹거리대책의 일환으로 추진한 '강원나물밥' 프로젝트가 시작 됐다.

　2015년 8월 13일「강원도 대표 먹거리 개발·육성 기본계획」과, 9월 16일「강원도 대표 먹거리 개발·육성 자문단 구성 및

운영계획」을 수립하는 등 도지사 지시사항 실천의 일환으로 정해진 일정과 절차를 진행하였고, 추경에 필요한 예산을 반영했다.

한편, 12월 10일. 농업기술원이 '대표음식' 개발결과를 내놔서 다음해 1월중에 도청 달빛카페에서 시식회를 개최하도록 도지사님이 방침을 결정한 상태였는데, 12월 22일 춘천 베어스타운호텔에서 개최한「대표음식 요리경연대회」에서는 농업기술원이 개발한 '나물밥' 레시피(recipe)가 입상권 안에 들지 못한 의외의 결과가 나왔다.

2016년 2월 4일. 강릉에서 열린 「G-2년 기념 올림픽 페스티벌」 행사에서 농업기술원과 강원식문화연구원이 개발한 나물밥을 놓고 469명을 대상으로 현장품평회를 가진 결과 ‣ 강원식문화연구원 개발 나물밥 261명(56%), ‣ 농업기술원 개발 나물밥 183명(39%), ‣ 무효표 25명(5%)로 도가 야심차게 준비한 농업기술원 나물밥이 또다시 탈락했다.

이 과정에서 앞선 요리경연대회에서 대상을 수상한 K와, 강릉 향토요리전문가 G, 농업기술원이 나물밥 레시피를 무단 전수했던 횡성의 H 등 3자간 이권을 선점하기 위한 대립각으로 다툼이 일어 「나물밥」 재정립의 필요성이 대두됐다. 이러한 내용을 정리해서 2016년 3월 7일 글로벌화 할 수 있는 방향에서 "강원도 대표나물밥 개발 추진 방안으로 기존에 대립각을 세우고 있는 당사자들을 배제한 채 전국 요리전문가를 대상으로 한 강원도 대표음식(나물밥) 공모방식을 추진하겠다."는 방침을 도지사님께 보고하여 결심을 얻어냈다.

이를 토대로 2016년 3월 28일 「올림픽 유산창출과 강원음식 글로벌화를 위한 대표음식「나물밥」 개발(변경) 추진계획」을 세워 농정국과 농업기술원의 역할 및 예산조정을 정리하고, 5월 4일 「강원도 대표음식 개발용역 계획」을 수립해서 '강원도정책연구용역심의위원회' 심의를 받는 한편, 2016년. 제1회 추경에 관련예산 조정(안)을 도의회에 제출했는데 상임위 예비심사에서 농업기술원이 나물밥 레시피를 무단 전수했던 횡성지역 H 대표와 같은 지역구로 관련 있는 J 도의원 등의 반대로 '대표음식 개발용역 예산'이 농정국에 반영되지 못해 글로벌화를 위한 나물밥 재개발이 무산되기에 이르렀다.

이런 우여곡절을 겪으며 농업기술원이 개발한 「강원나물밥」은 생산 자체가 도내에서 이뤄지지도 못하고 충청북도 청주시에 소재한 '시아스'라는 업체에서 OEM방식으로 생산해오면서 부가가치 제고 등 강원도에 실익이 없어 강원도의회 도정질문 과정에서 아래에 보는바와 같이 문제제기가 있었다.

．．．

제266회 강원도의회(임시회) **제3차 본회의회의록** (발췌)
2017년 3월 16일(목) 오전 10시
부의안건 2. **강원도정 및 교육행정에 관한 질문(김기홍)**

· · · ·

(13시 30분 계속개의)

○ 부의장 권혁열: 의원 여러분, 의석을 정돈해 주시기 바랍니다.
○ 김기홍 의원: (오원종 경제진흥국장) 자리로 들어가셔도 됩니다. 지사님 답변석으로 모시겠습니다. 안녕하십니까, 진짜 존경합니다.
○ 도지사 최문순: 고맙습니다.
○ 김기홍 의원: 성품이나 이런 것을 너무 존경합니다.
  지사님께는 최근 강원도가 시행을 했었거나 아니면 지금 시행을 하고 있는 사업 중에서 역외 유출이 일어나는 것 몇 가지만 질문을 드려 보겠습니다.
○ 도지사 최문순: 예.
  (중략)
○ 김기홍 의원: 또 하나 말씀드리면 **강원나물밥이 있어요.** 이것을 먹어봤는데 되게 맛있더라고요. 수익구조를 알고 계십니까?
○ 도지사 최문순: 기업한테 위탁을 해서 하고 있습니다.
○ 김기홍 의원: 시아스 한테 위탁을 했는데, 만약에 강원도의 나물밥이 7,500원인데 하나가 판매되면 우리의 수익이 얼마이고 **충청도**

청주나 외지의 수익이 얼마인지 파악하고 계십니까?
○ 도지사 최문순: 정확히 파악은 못하지만, 현재 시작단계여서 우선 그렇게 시작을 했습니다.
○ 김기홍 의원: 강원도에 남는 것은 재료비 1,580원입니다. 그러니까 1만 원에 팔면 21%인 2,100원의 역외 유출을 막는 것이고 8,000원은 역외 유출이에요. 그러니까 우리가 이 상품을 홍보해서 많이 팔면 강원도에 이득이 될 것 같지만 이것을 들여다보면, 이렇게 된 이유가 뭐라고 생각하세요? 사업을 그 업체와 해서 그렇죠?
○ 도지사 최문순: 그렇습니다.
○ 김기홍 의원: 왜 도내 업체는 안 알아보셨는지?
○ 도지사 최문순: 우선 그런 역량을 가진 업체가 없었고, 저것의 판매고가 오르면 강원도에 공장을 세우기로 약속을 받았습니다.
○ 김기홍 의원: 시아스가 강원도에 공장을 세운대요?
○ 도지사 최문순: 예.
○ 김기홍 의원: 그러면 그 공장을 세울 때 저희가 돈을 대 줍니까, 아니면 시아스가…….
○ 도지사 최문순: 그것은 시아스가…….
○ 김기홍 의원: 지금 확실하게 말씀하신 겁니다. 시아스가 자기네 비용으로 강원도에 공장을 짓는 겁니다?
○ 도지사 최문순: 예.
○ 김기홍 의원: 투자니까 그것은 잘하셨습니다.

··

그럼에도 2018평창동계올림픽에 문재인 대통령님이 시식하는 이벤트 행사를 갖는 등 요란하게 포장했지만, 막대한 예산 투자에도 불구하고, 아직까지도 도내 생산이 안 되는데다 판매원도 떨어져 나가자 크게 관련 없는 시골 지역의 아주 작은 N농협 한 곳을 판매원(販賣元)으로 변경해 명맥만 유지해오고 있는 실정이다.

출발 당시 '전주비빔밥'에 버금가는 글로벌한 강원도 「대표 음식」으로 개발 육성시켜 세계시장을 겨냥하겠다는 **목표를 이루지 못한 실패한 정책**이 됐지만 **책임진 사람**이 없다.

30 | 공공의 적(敵)

오랜 기간 공직생활을 하고 더욱이 관리자가 되면서 행정업무를 수행하는 과정에 걸림돌로 작용하는 일이나 사람들을 겪게 된다. 행정이나 정치의 목표는 '국민을 편안하게 하는 것'이라는 점에서는 지향점이 같을진대 접근하는 방식에는 차이가 있다.

민선시대에 단체장의 권한이 커진데다가 **'표 있는 곳에 정치 있다.'** 는 말이 있듯 공공의 목적보다는 정치성향으로 좌우되는 경우가 허다 했다. 내가 겪고 들은 바에 따르면 내부의 판단과 목소리보다는 외부의 힘에 의존하는 경향이 크고 이런 과정에서 행정의 지향점이 바뀌거나 왜곡되는 현상들이 나타난다. **지나친 정치성향**으로 '내용물'이나 '효과성'보다는 보여주기식 **'포장'**에 **치중**하는 **'쇼 행정'**들이 널리 퍼져 있었다.

■ 어느 술(酒)장수의 그릇된 행태와 관여 ■

내가 유통원예과 농식품산업담당으로 근무하던 2013년 어느 날. 우리 직원과 농협지역본부 팀장 등 몇 명이 업무협의를 마치고 반주를 곁들인 저녁식사를 하고 있었는데, 왠 사내가 우리가 마시는 술병을 보고는 "우리 술을 마시면 병당 얼마가 도의 세입으로 잡히는데 왜 엉뚱한 술을 마시느냐."며 간섭을 해 온다. 나는 "아~ 예. 우리가 마시는 술도 도와 연고가 있는 업체에서 생산된 술인데 나중에 기회가 되면 선생님이 말씀하신 술을 마셔보겠습니다."하고는 넘어가려는데 주머니에 한 손은 넣은 채 술병을 보이며 "이 술이 도지사님이 트렁크에 싣고 다니는 술인데 공무원들이 안마시냐"면서 따지고 들어서 뭐 저런 사람이 있나싶어 옆에 있던 직원에게 물으니 자기 연고인 Y군 지역에서 술 생산업체를 경영하는 L 대표인데 지사님과 아주 가까이 지내는 사람이라고 했다.

그런가보다 했는데 그의 업무관여가 점차 많아졌다. '전통주를 육성해야 한다.'는 명분과 주장에는 동의하지만 지휘부를 앞세워 압박하거나 재정지원을 받아내려는 모습들이 곳곳에서 보였다. 이미 상당수의 공무원들이 그의 행태를 좋지 않게 평가하고 있었고, 그동안 수년간 여러 사업을 지원했는데도 견실한 업체로 성장하지 못하고 있었다. "GTI 박람회에 부스운영비를 지원했더니 본인이 생산한 술들로만 거의 다 채웠더라."는 얘기도 들려오는 등 일정한 '거리두기'가 필요했다.

수시로 사무실에 찾아와 "자신이 개발한 증류주가 국내는 물론 해외 수출도 획기적으로 늘어난다. 도가 적극 지원해야 한다. 도지사님이 내가 만들 술을 드셔보시곤 극찬 했다."는 등 자화자찬에다가 검증되지 않은 박사라는 사람을 끌어들여 들먹이기도 했다.

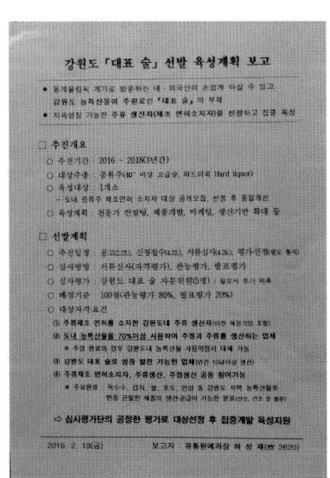

[2-19] 대표술 선발 육성계획 보고서

이러던 중 [29장]에서 언급한 바 있는 「대표 술」 개발·육성을 위해 2016년 2월 19일. 「강원도 '대표 술' 선발 육성계획」을 수립하여 도지사께 보고 드리고 본격 추진하게 되었다.

증류주(40°이상 고급술, 하드리쿼)를 대상으로 공모하여 전문가들로 평가단을 구성하고 서류심사와 관능평가·발표평가를 거쳐 선발하되, ▸주류제조면허를 소지한 강원도내 주류 생산자, ▸도내 농특산물을 70% 이상 사용하여 주정과 주류를 생산하는 업체 등 크게 4가지의 대상자격과 요건으로 공고를 내서 공모를 했는데, L 대표는 자격이나 요건을 충족하지 못했는지 출품조차 하지 않았다.

강원도와 (사)한국전통주진흥협회 사이에 업무협약을 체결하여 공모자격과 요건을 갖춘 출품작을 대상으로 서류 심사를 거쳐 6월 21일 국내 술 전문가 그룹으로 구성된「강원도 대표술 육성 선발 평가회」에서 심사를 통해 국순당의 '맥'과 설악프로방스의 '설이소주'를 각각 1순위와 2순위로 선발했다.

다음날 선발된 술을 준비해 시음을 겸한 지휘부 보고를 했는데, 도지사께서 "향기가 미흡하고, 소주 맛이 난다. 대표술로는 미흡하니 계속 보완·발전방안을 검토하라."고 지시를 하셨다. 이런 젠장. 아무래도 L 대표의 입김이 작용된 듯 했다.

6월 28일. 횡성 국순당을 방문하여 공모에서 선발된「대표술」의 개발업무를 협의하는 등 후속 조치를 하는데, 출품조차 하지도 않고는 '국순당은 지역 업체로 확인됐는데도 지역업체가 아닌 대기업이어서 대표술 선발이 잘못됐다.'고 제보해서 사실과 다르게 지방언론에 보도되어 기자실에 설명하는 등 끝까지 관여를 했다. 나중에 L 대표가 도 지휘부에 나의 '보직변경 인사'에 깊게 관여했음을 도청 동료들에게 자랑삼아 떠들고 다녔다는 얘기를 전해 들었다.

내가 (재)강원농촌융복합산업지원센터 협력관으로 있을 때 강릉지역에「6차 산업 안테나숍」을 새로 개장했었다.

매장에 진열한 상품 중 6차 산업 인증을 받지도 못했던 L

대표가 생산한 술이 큰 비중으로 진열됐기에 센터 직원에게 "인증 받지 않은 제품을 과다하게 취급하는 건 옳지 않다."고 하자 "진열상품은 도에서 정해 줬다."고 해서 개장 행사에 참석한 Y 사무관에게 같은 취지로 말을 하니 "L 대표는 도지사님과 친하게 지내는 사람이라 어쩔 수 없다."는 말을 했었다.

이렇듯 L 대표와 그를 비호하는 기생충들의 행태가 법과 제도의 틀을 벗어나게 하는 '공공의 적'이라는 걸 알았다.

■ 농특산물 수출의 허와 실 ■

수출업무는 조직관리와 업무의 효율화 차원에서 주관부서의 통합과 분리 등 자주 바뀌어 왔지만, 내가 유통원예과 농식품산업당당과 과장으로 근무하던 때 '농식품과 농특산물 수출' 업무를 담당했었다.

농특산물의 유통은 크게 국내 유통과 해외 수출로 나뉘고 국내 유통의 경우 역내(域內)와 타 지역으로의 유통으로 나뉜다. 가장 바람직한 유통방법은 지역에서 생산된 농특산물을 지역 안에서 전량 판매하거나 소진하는 것이지만, 생산량에 비해 인구구조가 적은 강원도 입장에서는 역내 소진이 어렵다. 그래서 소비규모가 큰 수도권 등 대도시 유통시장으로 그 영역을 넓히고 있다. 특히 농산물은 곡물 등을 빼고는 저장성이 취약해서 가격 및 수급안정에 정책적 고민이 깊은 분야이다. 한 연구기관에 따르면 '농산물의 생산이 적정량에 비해 6% 늘어나면 가격이 폭락하고, 6% 줄어들면 가격이 폭등한다.'는 '**농산물 6%의 법칙**'이 있기도 하다.

농특산물의 수출은 글로벌 경제 하에서 유통다변화를 통한

국내 유통의 부담을 일정부분 완화시키고 생산자의 소득증대와 국가 차원의 무역수지 개선이라는 관점에서 순기능이 있는 유통수단의 하나로 장려되고 있다.

나는 농특산물 수출업무를 수행하면서 해외 특판행사는 원칙적으로 해외 유통업체나 수출 바이어와 수출 계약을 원칙으로 하면서, 현지 시식용이나 홍보비 등을 지원하는 방식으로 진행했다. 수출과 연계되지 않는 순수한 특판행사는 현지인들이 행사 마지막 날까지 구매를 꺼리다가 '떨이상품'으로 헐값에 구매해서 말이 수출이지 실익이 없는 행사에 불과하기 때문이다. 도를 비롯해 각 시군이 「수출 선적식 행사」를 하는 것을 가끔 언론 보도 등으로 접하고 있는데 이는 **대표적인 '보여 주기식 행사'가 의심돼 신중하게 접근해야** 한다.

내가 농특산물 수출업무를 보던 때 지나치게 정치적인 접근으로 실속 없는 「농특산물 수출선적식 행사」를 했던 기억이 있다. 중국 모 업체의 H 라는 여성을 통해 쌀과 인삼을 수출했는데, 도청 앞 광장에서 요란하게 「수출 선적식 행사」를 했지만 물품대금의 상당액을 재정으로 지원했는데도 수출대금이 제대로 돌아오지 않아서 골머리를 앓은 적이 있다.

이런 사람들은 단체장의 성품이나 성향을 파악해서 다양한 루트를 통해 접근해 온다. 이에 참모들이 적절히 대응하지 못하면 실속 없는 수출, '보여주기식 행사'에 그칠 수 있다. 이런 사람들 또한 '**공공의 적**'이다.

■ **외부 인사들의 접근과 압력들** ■

앞선 [26장]에서 언급한 '**전기열선 지원사업**'에서 보듯 검증되지 못한 기술 등을 가지고 자치단체장을 통한 접근과 압력으로 그 효과를 거두지 못하고 재정의 낭비를 초래하거나 관련 공무원이 인사 상 불이익을 받는 행태가 많다.

내가 '전기열선 지원사업'에 대해 보다 심층적으로 분석하지 못해서 5년의 중장기 사업계획을 한 해에 그치고 중단시킨 불찰도 있었지만, 늦게나마 생물 산업인 농업(시설원예)에는 적용하는 게 맞지 않다는 결론을 내고도 밉보여야 했던 경험적 사례는 비단 이 건에 국한되지 않았다.

단체장의 성품과 성향은 외부에 알려지는 데는 그리 오래 걸리지 않는다. 내부의 소신과 의견에 귀 기울이지 않고 외부에 치중돼서 휘둘리면 그 조직이나 시스템은 정상적으로 움직이지 못한다. '파리 떼'들이 몰려들게 마련이다. 그 결과는 결국 예산이 낭비되어 지역 주민에게 피해로 남게 마련이다.

글로벌 사회에서 내부의 인적·물적 자원만으로 행정을 집행할 수는 없는 게 현실이지만 최소한 다년간 다양한 경험을 가진 내부 공직자들의 목소리에 귀 기울이려는 열린 마인드는 꼭 있어야 한다.

내 동료들, 주변의 얘기들을 종합해 보면 "어느 공직자가 무슨 업무로 바른 선택을 하려다 지휘부와 외부인사에게 이견을 보여 좌천 됐다."는 말들이 꽤 많았다. 겉으로 드러내 놓고 말은 못해도 **'강원도의 행정 시스템이 무너지고 있다.'**는 **공감대가 물밑에서 형성**되고 있는 것을 어렵지 않게 알 수 있었다.

국가적으로 이슈화 되는 '공정'과 '정의'의 문제를 넘어 지역 안에서도 곳곳에 도사리고 있는 「**공공의 적**」을 **없애야 할 당위성**이 여기에 있다.

31 | 농산물원종장 통합이전 실패의 전모

2016년 7월 1일. 인사권자의 인사발령으로 1년 반 동안의 유통원예과장에서 농산물원종장장으로 보임됐다. 내 공직생활에서 행정의 목적에 최우선을 두고 법과 제도의 틀 속에서 일을 해야 한다는 원칙이 지휘부에는 곱지 않게 보였던 모양이다. 도백을 참모가 비교·평가하는 게 바람직하진 않지만, 김진선 도지사님은 '일을 열심히 하는 과정'에서의 문제들은 덮어주셨는데, 그런 면이 매우 아쉬웠다.

인사 하마평이 돌 때 행정부지사님께 업무와 관련된 보고를 드리면서 언저리에 "인사발령이 나면 지사님께 한 말씀 드리고 부임하겠다."는 양해를 사전에 드렸었다. 임용장을 받은 후 도지사님을 집무실로 찾아뵈어 마주 앉았다. "지사님! 저는 정치나 행정이나 그 지향점은 국민에게 있기에 도민을 위해 일해 왔습니다. 과장 보임을 받은 후 대관령 근무는 그렇다 치고 지난 1년 반 동안 유통원예과장을 하면서 농정국에 농업직 과장은 저 혼자였고 열심히 일했습니다. 학교급식도, 나물밥도, 대표 술 개발도 모두가 재정을 여하히 아끼고 도민을 위해, 또 도지사님의 철학과 방향을 실천하기 위해 일했는데 인사권은 지사님께 있지만, 이번 인사에서 사업소장으로 나가게 된 것은 좀 이해가 안 됩니다. 그래서 이런 말씀은 꼭 드리고 부임하려 이렇게 찾아뵈었습니다."라고 말씀드렸다.

도지사님은 "1년 반 동안 한곳에서 과장을 하신 건 짧은 게 아니고, 순환보직으로 생각해 주세요. 거기도 할 일이 있을 테니 한 1년만 나가서 그곳의 일 좀 잘 챙겨 주세요."라고 말씀하시곤 더 이상 언급이 없으셨다. 나도 "알겠습니다. 그곳일 잘 챙겨보겠습니다."라고 하고는 부임했다. 아마도 도정사상 일개 과장이 도지사께 인사문제로 하고 싶은 말씀을 드린 것도 드물 것이다.

이런 과정을 겪으며 좌천성 인사로 의기소침 하게 부임했는데, 평소 잘 알고 지내던 예산과 K 주무관이 "장장님! 거기 현안이 '원종장 이전'하는 겁니다. 잘 챙겨봐 주세요. 예산도 많이 들고 여러모로 신경 쓰실 게 많으실 거예요." 라고 귀띔을 해준다. 이미 농정국 농업기반과에서 검토하는 걸 옆에서 봤기에 부임하자마자 지휘부 방침을 받은 문서를 챙겼다.

2016년 3월 31일. 지휘부 방침을 받아 놓은 「강원도농산물원종장 이전 예정지 선정 검토 보고」 문서를 살펴보니 춘천 우두동·신북읍 산천리·동산면 조양리·평창군 방림면 등 4개 지역에 분산돼 있던 포장(圃場) 중 춘천 동산면과 평창 방림면 포장은 그대로 활용하고, 춘천 우두동과 신북읍 산천리 포장만 이전하는 것으로 하여 동산면 조양리 일원, 사북면 고성리 일원, 사북면 지촌리 일원 등 3개소를 대상으로 검토 분석하여 사북면 고성리 일원 21.5ha에 토지보상비 8,733백만 원, 건물신축비 3,670백만 원, 기타 제비용 769백만 원 등 총 13,172백만 원을 투입한다는 계획으로 되어 있었다.

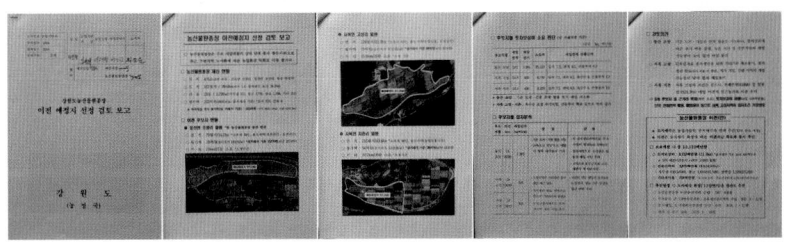

[2-20] 농산물원종장 이전 예정지 선정 검토 보고서(최초)

이는 춘천 우두동에 있는 농산물원종장 본장(本場)만 이전하는 것으로 사업소 이전의 시너지효과를 기대할 수 없고, 더욱이 본장에서 125km나 멀리 떨어져 있어 영농기에 직원 1명이 현지에 상주해야 하는 근본문제를 해결할 수 없는 근시안적인 계획에 불과했다.

나는 이러한 근본문제를 해결하기 위해서는 이번 기회에 농산물원종장을 한 곳으로 '**통합이전**(統合移轉)'**해야 한다는 전제하에 전면 재검토하기 시작**했다.

그 결과 기존 지휘부 결심을 얻어 놨던 사북면 고성리 지역 25.7ha(4.2ha 확대)와 연접한 사북면 고탄리 2개 지역 20.5ha를 추가하여 총 46.2ha규모에 260억 원을 투자하는「강원도 농산물원종장 통합이전 예정지 확정 및 기본계획(안)」을 관련 부서 협의를 거쳐 2016년 8월 22일 도지사 결심을 받았다.

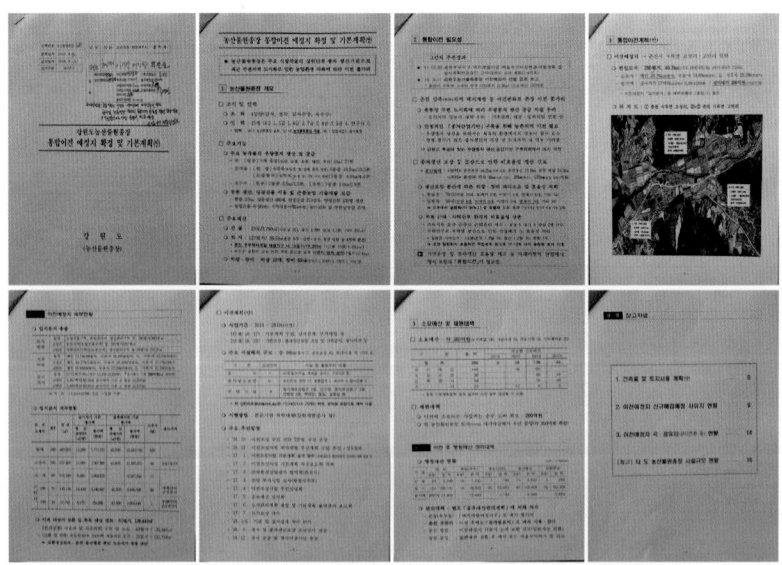

[2-21] 농산물원종장 통합이전 예정지 확정 및 기본계획안

이때는 A 농정국장님이 재직하던 시기라 큰 저항도 없었고, 농업직 공무원 대다수가 통합이전에 공감하고 있었다.

이에 따라 2016년 9월 26일. 도지사님께 「농산물원종장 통합이전 조기추진 필요성 보고」를 통해 2017년 초기연도 필수예산으로 당초예산에 12억 원, 추경에 46억 원 등 58억 원의 예산 반영을 건의하고, 11월 30일 「농산물원종장 통합이전 T/F팀 설치·운영계획(안)」을 수립해서 전담인력 1명을 확충하는 방침을 받았다.

2017년 1월. 농정국장이 G로 바뀌고, 2017년 2월 16일 강원도개발공사와의 「강원도농산물원종장 통합이전사업 위탁·대행 추진계획」을 세워 협약을 체결하였다. 3월 6일 행정자치부로부터 「지방재정법」 규정에 의한 「지방재정 중앙 투자심사」로 '조건부 승인'을 받아, 3월 9일 강원도 감사관실에 「도시계획시설 결정 및 실시설계용역 계약심사」를 거치는 등 절차를 차분히 진행하는 등 순조롭게 진행되는 듯 했다.

2017년 3월 20일. 처음으로 「농산물원종장 통합이전 조성사업 기본계획(안)」의 사전주민설명회를 가졌다. 마을 주민들이 생활터전인 농지가 편입되는 개발계획을 사전에 듣지 못했다며 반발했다. 대규모 개발 사업을 추진함에 있어 모두가 찬성하지 않고 찬·반으로 나뉘는 건 흔히 있는 일이기에 반대하는 당사자들을 설득시켜야 하는데, 환경관련 외부인사가 개입하면서 외형상으로 반대의 목소리가 커지는 것으로 보였지만 실제로는 찬성하는 주민들이 많았다.

원종장 통합이전 문제가 이슈화되면서 수시로 추진동향 등을 메모보고 형식으로 지휘부에 보고했는데, 송석두 행정부지사님은 "일부 반대주민 이해 설득을 잘 추진하라."는 당부도 있었다. 4월 6일 도의회 농림수산위원회의 제1회 추경안 심의

시 "원종장 통합이전 관련예산은 지역주민과 원만한 합의 후 집행하라"는 일부 도의원의 주문이 있자 G 농정국장은 "주민이 반대하면 추진하지 않을 방침이고, 예산 집행도 주민 등과 협의 후 집행하겠다."고 어처구니없는 답변을 했다. 이런 발언이 4월 11일 고성1리 마을회관에서 있었던 '원종장 이전 반대 대책위 요구사항 답변내용 설명회'에 알려져 기름을 부었다.

4월 18일. 이 건 관련해서 행정부지사님을 모시고 춘천시장을 접견했는데, 최동용 시장님도 "원종장 이전을 원칙적으로는 찬성하는데 다소 시간을 갖고 대응하되, 주택이 편입되는 문제는 심도 있는 검토가 필요하다."는 의견을 주셨었다.

4월 27일 오후 3시. 도청 앞 광장에서「강원생명평화기도회」주관으로 골프장·원종장 이전 등과 관련해서 토지수용 남발에 반대한다는 집회가 있었는데, G 농정국장이 뜬금없이 "농산물원종장 이전은 **장장이 독단적으로 결정한 사안**으로 큰 틀은 유지하면서 **한 가구라도 반대하면 추진하지 않겠습니다.**"라고 집회현장에서 말하면서 일을 더욱 꼬이게 만들었다.

두 달 넘는 동안 원종장 통합이전을 놓고 간헐적인 집회가 이어지고 있었다. 그러다가 6월 8일 고탄리 솔다원나눔터 2층 대회의실에서 이정예정지 주민 및 토지소유자 85명, 시의원 및 춘천시청·사북면 관계공무원 6명 등 91명이 참석한 가운데「농산물원종장 통합이전 계획(안) 주민설명회」를 열었다.

이 자리에서 G 국장이 "이전 예정지 주민 한 명이라도 반대하면 안한다. 주민 한 명이라도 피눈물 나게 하지 말라는 게 도지사님과 국장인 나의 확고한 방침이다."라고 말하며, "국장으로서 이전계획, 위탁대행협약 체결 사실 등을 보고 받은 바 없어 전혀 몰랐고, 주민들께 사과드린다."는 등 공식석상에서 상식 밖의 말을 하는가 하면 "▶그동안 주민접촉 등 원종장장에게 유보시켰던 지시사항[23])을 전면 해제하니, 통합이전사업 주민찬반 등 의견수렴은 위탁대행기관인 강원도개발공사를 배제하고 원종장장이 직접 추진하고, ▸통합이전사업은 투명하고 공정하게 추진하며, ▸통합이전 관련 모든 업무는 사전에 농정국장에게 보고 후 추진하라."는 등 주민들 앞에서 엉뚱하게 내게 '공개지시'라며 밝혔다.

이에, 일부 주민이 "농산물원종장장에게 질문 드리는데 국장이 원종장 이전사업 일체를 보고도 못 받았다고 했는데 원종장 통합이전을 장장 혼자 추진하려는 것인 지 답변해 달라?"고 물어왔다. 나는 "조직 내부 상하관계가 있기 때문에 공식적인 자리에서 밝히는 게 바람직하지 않지만, 국장님 부임한 이후 사업소장 회의 등 여러 차례 보고를 드렸으며, 이전 사업에 대해 모르셨다는 말씀은 이해할 수 없고, 상식에 비춰서도 장장 혼자 추진할 수 없는 사안입니다."라고 답변하기에 이르렀다. [2-22]에서 보는 바와 같이 스스로 문서에 결재까지 해 놓고선 "장장이 자신에게 보고도 없이 독단적으로 추진했다는 거짓말을 한 G 국장의 어쭙잖은 행태는 지금도 이해되지 않는 미스테리다.

반대주민 설득은 여러 경험이 있는 위탁대행기관이 맡아야 더 쉽게 풀 수 있는데도 배제시키고 장장이 직접 하라고 하는가 하면, 관련 문서에 본인이 버젓이 결재를 해 놓고도 장장이 위계질서를 무시한 채 독단적으로는 추진한양 사실과 다르게 발언하는 등 스스로 일을

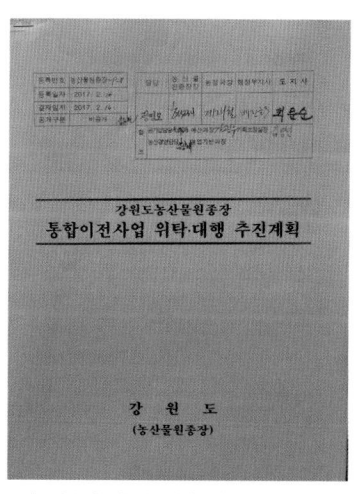

[2-22] 농산물원종장 통합이전 위탁·대행 추진계획

---

23) 농정국장이 농산물원종장장인 나에게 자신의 사전 허락하에 주민접촉을 하도록 지시했었음

그르치고 공개적으로 장장을 모함하는 행태를 보였다. 이런 국장의 행태에 설명회 여론을 살피기 위해 나왔던 정보경찰이나 강원개발공사 관계자들도 "뭐 저런 사람이 국장이냐"며 혀를 내두를 정도였다. 공직자로썬 정말 쪽팔리는 짓거리였다.

이와 같은 「주민설명회 개최결과 보고」 문서를 정리해서 다음 날 담당사무관으로 하여금 보고하니 "장장보고 직접 보고하라"며 딴지를 걸어 내가 문서를 가지고 직접 올라가니 자신의 발언이 쪽 팔렸는지 결재를 미뤄 그냥 가지고 나왔었다.

강원개발공사에 '위탁대행 수수료'까지 지급한 마당에 주민 찬반 의견수렴을 위탁·대행기관을 배제한 채 장장이 직접 하라는 어처구니없고 위법적인 지시를 하는 국장이나, 통합이전 사업을 적극 지원해야할 담당과장이란 사람이 이런 행태에 한마디 말도 못하고 부화뇌동하는 시스템에서 회의를 느꼈다. 그랬던 L 과장이 훗날 G 국장의 후임으로 농정국장이 됐다.

결국 농산물원종장 통합이전 사업은 G 국장이 의도적으로 나의 업무추진을 훼방했고, 이에 동조한 L 과장의 소신 없이 따라가기 바쁜 행태로 진척되지 못했다.

이런 우여곡절에다가 **상사(上司)랍시고 온갖 훼방과 핍박**으로 내가 장기적 관점에서 의욕적으로 밀어 붙이던 「농산물원종장 통합이전사업」을 매듭짓지 못하고 홍천군 부군수로 부임했다.

이후 위탁대행기관이던 강원개발공사에 교부했던 예산을 돌려받고, 이전사업 자체를 뭉개서 2019연말까지 이전 완료하려던 계획은 수년 동안 **첫 삽을 뜨지 못하고 방치**되다가 2024년 하반기가 돼서야 반쪽이전으로 마무리하여 여전히 세 군데에 분산운영이 계속되게 됐다.

소신 있게 추진하려던 나는 '좌천성 인사'의 당사자가 됐고, **일을 방해하던 그들은 '영전'하는 우스운 현실**이 됐다.

32 | 사라져야 할 '편 가르기'

얼마 전 '내로남불'이란 사자성어가 국내는 물론 한 외국 언론에도 소리 나는 그대로 영문단어로 기사화됐었다. '내로남불'의 사전적 의미는 '내가 하면 로맨스요 남이 하면 불륜'이라는 뜻으로, 남이 할 때는 비난하던 행위를 자신이 할 때는 합리화하는 태도를 이르는 말이다. 이런 '내로남불'을 가르는 기준점은 한마디로 '내 편과 네 편'으로 나뉘는 데서 비롯된다.

세상의 모든 옳고 그름, 같음과 다름을 하나의 기준, 하나의 잣대로 나눌 수는 없다. 다만 보편과 상식에 기초해서 접근하면 '내로남불'이라는 용어의 쓰임새나 출현이 훨씬 줄어들 것이다. 이런 의미에서 '편 가르기'는 역기능을 낳게 한다.

'편 가르기'의 역기능을 많은 사람들이 인식하고 있음에도 우리 주변에선 사라지지 않고 있다. 국가나 사회 안에서, 정부나 자치단체 안에서, 직장이나 가정 안에서 우리가 알게 모르게 널리 퍼져 존재해 있는 사회현상의 하나이다.

공직 내부에서의 '편 가르기'도 적잖다. 소소한 수준이라면 개인적인 의지나 위안이 될 수단의 한 방편으로 가벼이 넘길 수도 있지만, 그 양태나 정도가 보다 조직적으로 움직여진다면 정치와 행정의 지향점이라 할 수 있는 「국민들의 편안한 삶=행복추구」의 관점에서는 바람직하지 않다.

소수직렬의 경우 이러한 '편 가르기'는 조직 내부의 결속을 저해하고 확증편향을 불러와서 많은 폐해를 남기게 마련이다. 내가 속해 있는 농업 직렬의 조직과 인력관리의 측면에서 최근 몇 년간 '편 가르기' 행태가 확산돼 왔다. 내가 몇 년간 사업소장과 부군수를 거쳐 와서 보니 더욱 심각한 수준으로 '편 가르기'가 돼 있고 곳곳에서 그 폐해가 나타나고 있다.

이러한 '편 가르기'는 몇몇 끼리끼리 문화가 그 발상지다. 내가 '주사'때 근무성적평정에서 선배를 제치고 상위로 평정을 하시려 했던 L 국장님의 배려에도 스스로 양보했었다. 이로 인해 사무관 승진시험에서 합격과 불합격을 가르는 경계에서 불이익도 입었었지만 나름 보이지 않는 질서가 있었다.

그런데 P 국장 때 이 질서가 흔들리기 시작했고, 농업직 출신이 아닌 G 국장 체제하에서 특정 학연을 중심으로 '편 가르기'가 확산되면서 거의 무너졌다. 기술직 나름의 위계질서와 예측 가능한 승진서열이 한 순간 무너졌다. '줄 세우기'와 '편 가르기'에 기초한 근무성적평정과 인사운용으로 나름 유지돼 오던 질서가 무너진 것이다. 일부의 승진과 출세욕심이 낳은 폐해가 여러 곳에서 나타나고 있다.

이는 인사권자의 인사방침이나 성향에서 그 원인을 찾을 수도 있지만, 가장 근본 원인은 스스로 자초한 것이다. 학연 중심으로 뭉쳐서 '내로남불'을 조장하고, 연고지마저 바꿔가며 정치세력과 결탁해서 자신의 출세를 위한 도구로 활용하거나 힘 있는 사람과의 지연·혈연·학연을 내세워 내부의 질서를 거스르려는 일부 무리와 사람들에 의해 서서히 무너졌다.

기술직인 소수직렬의 내부질서가 서서히 무너지고 있는 게 요즘 공직내부의 추세이기는 하다. 그 중에서도 농업 직렬의 질서는 빠르게 무너졌다. 그 원인은 여러 가지가 있겠으나, 일부 국장의 편협 된 사고와 능력에 부치는 보임도 빼 놓을 수 없다. 조직을 보편적이고 객관적인 기준에 따라 관리해야 하는데 소수가 확증편향에 입각해서 끼리끼리 좌지우지 했다.

조직발전보다는 자신의 출세를 위해 지나치게 정치권에

빌붙거나 염치를 저버린 채 수단방법을 가리지 않고 승진과 출세 지향의 행태를 보여 서서히 조직 와해를 가져 왔다.

　K의 경우 일선 출장 중에 받은 선물을 유력정치인 집에 들러 전해주고 왔다는 얘기까지 들려왔다. 이렇게까지 비굴하고 정말 쪽팔리는 처신을 해야만 했는지 씁쓸한 자화상이다.

　인사제도의 하나로 쓰여 지는 '다면평가제도'의 적용에 있어서도 '내로남불' 현상이 나타났다. 누구는 다면평가가 좋지 않게 나와서 '승진후보자명부' 1순위에도 두 번씩이나 탈락했는가 하면, 누구는 다면평가가 좋지 않게 나왔고 노조 등에서 반대하는데도 승진시키는 결과가 나왔다. 담당했던 업무로 인해 수십억 원의 재정손실을 초래해서 쉬쉬하는데도 사업소장에서 본청 과장으로 잘만 전보됐다. 이처럼 인사권자의 '내로남불'과 '마음먹기'에 따라 달리 적용된 사례들이 많다.

　내가 [52장]에서 다룬 홍천군 부군수로 근무할 때 마지막 승진인사 심의에서 군수의 의중과 다르게 의결해서 중도에 도청으로 전입하게 된 사안도 결국은 '편 가르기' 현상에서 비롯됐다.

　인사위원장인 부군수를 패싱하고, 끼리끼리 뜻을 모아 말을 맞추어 민간인 인사위원들을 거수기 역할에 머물게 하려는 잘못된 접근법에 내가 순응하지 않았기에 빚어진 사태였다.

　이런 '내로남불'과 '편 가르기'의 폐해는 조직의 와해, 도민과, 지역민들에게 직·간접적인 피해로 돌아간다. 주변의 많은 공직자들이 이와 같은 우려와 걱정을 하면서도 입 밖에 내지 못하고 있는 현실, '편 가르기'를 없애야 한다고 공감하면서도 가슴앓이 하는 웃픈 현실이 **지금 이 순간에도 주변에 잔존**해서 뿌리내리고 있을 것이기에 안타까울 뿐이다.

33 | 지방자치, 정치와 행정 사이

　정치와 행정의 관계는 그 역학관계가 딱히 구분되지 않는다. 행정학적 관점에서 정치우위론- 정치행정이원론-정치행정일원론-새이원론(행정행태설)-새일원론(발전행정론/신행정론)-새이원론(신공공관리론)-새일원론(뉴거버넌스)으로 이어져 온 변천사에서 보듯 시대에 따라 달리 평가된다. 국민 중심의 행정이라는 지향점에 어긋남이 없다면 굳이 이원론 이건 일원론 이건 이론(theory) 자체를 따질 필요도 없을 것이다.
　그런데 실상은 어떤가! 민선시대 자치단체장의 권한은 매우 크고 넓다. 그런데도 현행법 상 형사사건 등 아주 굵직한 사건에 연루되지 않는다면 행정적으로 책임질 일은 그리 많지 않다. 소위 '권한과 책임의 원칙'이 지방자치단체장에게는 제대로 적용되지 않는다. 그러니 독선과 아집으로 이끌어도 크게 제약받지 않는다. 이러한 현상은 지방자치제 본연의 순기능이 제대로 작동되지 못하게 해서 폐해(弊害)로 나타난다.
　정치와 행정이 추구하는 목표나 지향점은 같을진대 그 관계에 있어서는 모호성이 남아 있다. 이런 모호성의 양태(樣態)는 정치와 행정 사이에서 늘 존재한다. 이런 모호성의 차이를 얼마만큼 줄여주느냐가 매우 중요한 과제가 됐다.

　'코로나 19'라는 글로벌 재난현상을 거치며, 그리고 4~5년 주기로 있는 선거 등 굵직굵직한 정치일정을 앞두고 너도나도 보편적 복지정책을 앞 다퉈 내놓고 있다. 국가재정을 우려하는 관료들의 우려와 정치인들의 정치적 접근이 자주 부딪치고 있다. 무엇이 문제인가? 무엇이 바른 접근법인가? 보다 깊은 고민이 필요하다. '이익 있는 곳에 의견 있다.', '표 있는 곳에 정치 있다.', '권력을 잡으면 뇌구조가 바뀐다.'는 함의를 바탕에 깐다 해도 미래 우리 후손들에게 물려주게 될 부채나 그들에게 남겨질 부담을 생각해야만 한다는 게 나의 소신이다.

한때 "담세 없는 복지는 허구다."라는 어느 유력 정치인의 주장으로 통치권자와 마찰을 빚은 일도 우리는 똑똑히 기억하고 있다. 그 말의 옳고 그름을 떠나 '소신 있는 주장'이라는 데에는 모두가 공감할 것이다. 국가 경영이나 지방자치의 현장에서 소신 있는 의견들에 귀 기울이고 이를 정치나 행정에 접목하려는 용기와 자세가 필요하다.

나는 지방자치의 현장에서 도민, 군민들로부터 위임받은 공직을 수행함에 있어 법과 제도의 틀 안에서 어떡하면 도민과 군민들에게 도움이나 이익이 되는 행정을 할 것인가에 방점을 찍고 그 방향성으로 공직에 임했다. '보여주기'에 급급한 이벤트성 행사보다는 적은 비용으로 큰 효과를 낼 수 있는 사업이나 시책에 접근하려고 노력했다.

불요불급한 '친환경 학교급식 예산'을 아껴 시급하게 또 다른 투자수요가 있는 농정분야에 그 재원을 투입하려다가 도백(道伯)과 교육감의 정치 논리와 접근법에 희생돼서 인사 상 불이익을 받았다. '강원 나물밥'이나 '강원도 대표 술' 개발, '농산물원종장 통합이전' 등 내가 맡았던 직무들이 정치적 접근에 가로막혀 번번이 좌절됐다. 언제까지 이 같은 정치가 행정을 가로막는 폐해를 지속시킬 것인지 깊은 고민과 성찰이 필요하다.

권력을 잡아도 뇌구조가 바뀌지 않고, 이익 있는 곳에만 의견을 내거나, 표 있는 곳만 바라보는 정치가 아닌 진정한 도민, 지역민 지향의 행정을 뒷받침할 **역량을 갖춘 정치가이자 행정가인 지방자치단체장의 출현을 바라는 이유**이다.

34 | 일만 열심히 한다고 출세하는가?

공직의 끝자락쯤 나의 공직관(公職觀)과 그간의 강원도 농정을 수행해 온 과정, 스타일을 지켜봤던 한 동료이자 상관 H씨가 술자리에서 "삼국지에 나오는 인물을 보면 '유비'가 주인공으로 알려져 있지만, 사실은 많은 역할을 한 사실상의 주인공은 '조조'다. 강원농정의 큰 줄기를 기획하고 밤낮없이 일해 온 점에 비춰보면 농업직 공무원들 중에선 **허 위원이 '조조'의 역할을 톡톡히 해 왔는데 공(功)은 엉뚱한 사람들이 차지했다.**"라고 말한 적이 있다.

그렇다. 나는 그가 술자리에서 몇 몇이 둘러 앉아 소주잔 기울이며 흘러가듯 가볍게 꺼낸 말이었지만, 순간 40년 넘는 공직생활, 그 중에서도 농정국에서 일했던 순간순간들이 활동사진 돌 듯 머릿속을 스쳤다.

물유본말(物有本末) '물건에는 근본과 끝이 있다는 뜻으로, 모든 사물에는 질서가 있음을 이르는 말'을 나는 믿었다. 내가 공직자로서 역할과 기능을 제대로만 한다면 그 끝은 내가 원하던 원하지 않던 좋은 결과로 귀결될 것이라고 믿었었다.

직원 시절엔 사무실 T탁자 위에서 새우잠으로 잠깐씩 눈 붙이며 일도 해 봤고, 내 생활신조인 '올곧게 살자'에 방점을 찍고 법과 제도의 틀 속에서 원칙을 지키는 가운데 행정의 궁극적 지향점인 '도민 중심'의 공직을 수행했다. 현안이 있을 땐 휴일과 밤낮을 가리지 않고 가정도 멀리한 채 일했다. 선배를 제치는 근무성적평정을 양보한데다 벅찬 업무를 수행하느라 모처럼 찾아왔던 '사무관 승진시험'도 떨어질 만큼 일했다. 말 그대로 '일벌레 정부미'의 역할을 충실하게 했다.

어떤 사람은 내게 "실무자 때처럼 일만 잘해서는 안 된다. 간부라면 정치성을 가진 처신도 중요하다."라는 말도 했었다. 이런 조언의 참뜻을 내가 몰랐던 건 아니다. 하지만 나는 지나치게 정치성을 띄거나 내게 돌아올 유·불리에 따라 가볍게 처신하고 싶지는 않았다. '올 곧은 선비'로 '강직한 행정가'로 남고 싶었다. 보는 이에 따라서는 뭔가 모자라게 보였을지 모른다.

출세(出世)라는 말은 '사회적으로 높은 지위나 신분에 오르거나 유명하게 됨'을 뜻한다. 그렇다면 나는 출세했는가, 못 했는가를 어떻게 재단할 것인가의 물음이 남는다. 고향의 '부군수'와 '군수 권한대행'을 거쳤기에 고향에서는 '부군수'나 '군수'로, 또 공직내부에서는 간간이 '부군수'로 불렸다.

국장에 오르진 못했지만, 외부의 몇몇 사람들은 내게 '허 국장'이라 부르기도 한다. 서기관을 7년 이상 하다 보니 '3급(지방부이사관) 대우'라는 인사발령도 받았다. 농고출신 촌놈이 고등학생 신분으로 공직에 들어와 나름 석사학위도 받았고, 고향 부군수도 한데다 예술계 쪽에선 10개의 '서각 초대작가증'을 가지고 활발하게 활동하고 있으니 이쯤 되면 주관이 아닌 객관적으로도 나름 출세한 게 아닐까!

나는 스스로 출세한 사람이라고 생각한다. 그런데도 주변에선 '출세'라 표현하기엔 뭔가 부족하다고 말하는 이들이 꽤나 많다. 아마도 내가 한 일에 비해 '국장' 자리에 오르지 못함을 에둘러 표현하고 있는가보다. **더 이상의 출세를 원했다면 인사권자의 눈에 들기 위해 간·쓸개 다 떼어놓거나 용왕님께 맡겨두고 법과 제도는 물론, 올곧음을 멀리했어야 했다.** 그래야만 주변사람들이 말하는 출세의 수준인 '국장'에 오를 수도 있었을 게다.

일만 열심히 한다고 출세하는 건 아니다. 자아실현의 요소 중 하나인 **자존감을 내려놓고 적당한 정치력과 아부를 곁들여야 한다는** '진리' 아닌 '변증법적 이론'을 나는 얻었다.

35 | 직책에 집착하는 웃기는 교수

　내가 인사권자의 파견근무 명령에 따라 2019년 1월 1일부터 1년 6개월 가량 (재)강원농촌융복합산업지원센터에서 '협력관' 으로 근무를 했다.

　인사발령사항이 발표되고 부임하기 전 센터의 감독관청인 강원도 농정과 L 사무관이 본관청사 옥상에 마련됐던 내 사무실로 찾아와 센터의 문제점, 현안 사항 등을 대충 설명해 줬었다. 그 자리에서 전직 농정국장이던 A 센터장이 곧 물러나기로 돼 있고, 도에서 파견 중인 S 사무관도 정기인사에서 곧 복귀할 예정이라고 했다. 나는 직전 농정국장으로 있다가 장기교육 입교가 예정됐던 L 국장과 A 센터장이 같은 G시 출신이면서도 사이가 별로 좋지 않았고 전임 G 국장은 노골적으로 A 센터장에 대해 나쁜 감정으로 대했던 걸 알고 있었기에 L 사무관에게 "센터가 아직 자리 잡았다고 보기엔 무리일 텐데 아주 도에서 A 센터장을 물러나게 하려고 조직적으로 움직였네요?"라고 넌지시 물었더니 "그런 면도 없지 않아요."라는 말을 들었다. 센터가 제 기능을 할 수 있도록 안착시키는 게 중요한데도 [31장]에서 언급했던 '편 가르기'의 결과로 어처구니없는 일이 벌어졌던 거다.

　설립 4년차를 맞는 센터에 협력관으로 부임하니 센터장이 머지않아 자리에서 물러날 예정인 가운데 센터의 「제규정(諸規程)」을 일제 정비하고 있었다. 나는 센터장이 나름 정리한 서류들을 검토하며 관련법규 등과의 저촉여부 등을 세밀하게 살폈다. 그 과정에 웃긴 것도 발견했다. 법인설립을 준비하면서 강원도 산하 재단법인인 강릉에 소재한 '(재)한국여성수련원'의 사례를 벤치마킹했던 것으로 보아졌는데, 센터의 「재무회계규정」의 조문 내용 중 '총계정원장'으로 되어야 할 문구를 '총계정센터장'으로 규정하여 몇 년간 유지되고 있었다. 당시 실무진이 회계와 관련한 지식이 부족한 상태에서 장부개념의 '원장(原帳)'을 기관장개념의 '원장(院長)'으로 이해했었던 모양이다.

그리고 내가 협력관에서 인재개발원 연구위원으로 부임하기 직전 쯤 우연찮게 서류에 찍힌 '센터 직인'을 보고는 아연 실색했다. 센터 직인이 '재단법인강원농촌융복합산업지원센터'로 법인명으로만 되어 있었다. 설립 5년 가까운 기간 동안 직인 자체가 잘못 조각되어 사용되고 있었던 거다. 예를 들어 '강원도지사인'으로 써야할 관인을 '강원도청'으로 조각해서 쓰고 있는 격이었다. 나는 센터 직원에게 즉시 새로 조각하도록 했다. 이 정도로 센터운영이 허술하게 관리되고 있었다.

2019년 4월. A센터장이 물러나고 법인 이사로 있던 K대학교 L 교수가 센터장 업무를 맡으면서 일이 헝클어지기 시작했다. 도에서 파견 나왔던 사무관도 복귀한 상태에서 L 교수는 행정경험이 없는데다 보조금 예산으로만 운영하는 센터의 목적사업 수행에는 별반 관심을 두지 않았다. 주무관청인 강원도 농정국 관계자들에게 "나는 명목상 센터장일 뿐 업무는 사무국장 중심으로 운영하겠다."는 말을 공식적으로 했다.

센터의 직원들 대부분 입사한 지 1년도 채 지나지 않았기에 옆에서 지켜보니 업무처리 능력 자체가 부족했다. 센터장은 물론 소속 직원들마저 중구난방이니 센터가 제대로 굴러갈 리가 없었다. 나는 계선라인에 있지 않아 센터업무를 깊게 관여하지는 않고 자문해 주는 역할만 하려했지만 도저히 그냥 내버려둘 수가 없어 매주 '업무추진상황'을 챙기며 '당부·지시사항'을 전달하고, 그들의 능력으로 처리할 수 없는 사안은 직접 검토하는 어정쩡한 역할을 했다.

한 번은 센터에서 퇴사한 직원들이 재직 당시 초과 지급된 보수에 대해 감독관청인 강원도의 점검에서 적발되어 반납 받았던 건에 대해 퇴직 후 「부당이득 반환 청구」민사소송에 피소됐었다. 이 건 소송의 답변서(*참고1)를 센터 직원들이 작성할 능력이 되지 못해 **협력관인 내가 직접 작성하고 대응해서 승소에 가까운 청구액 중 20%의 금원만 돌려주는 것으로 마무리** 했었다. 그런데 센터장이 답변서 자체를 보지도 않고 넘겼는지 나중에 내게 "협력관님이 답변서를 무슨 내용으로 어떻게 쓰셨지요?"라고 물어서 황당했던 적이 있을 만큼 그는 센터업무에는 젬병24)이었다.

그러면서 불필요한 직원회식을 자주 갖는 등 옆에서 지켜보니 딱할 지경이었다. 그가 센터장을 맡은 때 감독관청의 사무관 L이 센터운영의 문제를 집요하게 터치하자 그의 전보를 요청해서 바꾸는 역할을 했다. 자신의 센터장직 유지에 불리하다고 생각됐던 지 그 때에는 나에게도 수시로 상의를 하는 등 적극적으로 접촉해 왔었다.

그러다가 자신의 고향인 Y군과 인접한 지역 출신 P 국장과 같은 고향출신인 L 사무관으로 바뀌자 암암리에 이들과 수시로 통화하는 듯 했다. 센터장 역할과는 상반되게 자신의 직책 유지를 위해 집착했다.

나는 센터의 협력관 입장에서 제 기능을 하도록 수시로 직원들과 미팅을 갖고 센터장이 방임하고 있는 업무를 챙겼다. 2019년 9월초 예산집행률이 46.3% 수준에 머물러 이대로 내버려뒀다가는 센터 설립목적을 이룰 수 없을 뿐만 아니라

---

24) 형편없는 것을 속되게 이르는 말

존립자체가 위협받을 지경이었다. 이런 문제들을 지속적으로 강원도 농정국·과장, 농촌산업담당 사무관 등에게 알려 특단의 조치가 필요하다는 의견을 냈다.

2019년 9월 3일. P 농정국장이 센터업무관련 협의를 한다기에 센터장과 나, 센터 사무국장, 도 농정과장과 담당사무관 등이 모였다. 이 자리에서 센터장 L 교수는 "나는 센터장 명의만 갖고 센터업무는 사무국장 책임 하에 운영하겠다."고 했고, 농정국장은 협력관인 나의 역할과 관련해서 "업무에 관여하지 말라."는 취지의 상식 밖의 발언을 해서 G 농정과장이 내 눈치를 보는 어색한 상황을 만들었다. 내 입장이 난처해져서, 며칠 지난 9월 9일 센터장인 L 교수에게 "도 국장이 협력관인 나에게 일하지 말라 해서 더 이상 센터업무에 관여하지 않을 생각이니 문제없도록 센터장님이 잘 관리감독 하시라."고 하니 반색을 했다. 이는 직책에 집착한 L 교수가 같은 지역연고 등을 내세워 사전에 나의 역할을 제한하도록 말을 맞춘 것으로 보였다.

그렇게 내가 센터업무에 관여하지 않게 되면서 센터의 기능과 역할은 형편없이 무너졌다. 그해 11월말까지 예산집행률이 65.3%로 극히 저조했다가 마지막달인 12월 한 달에만 거의 ¼에 해당하는 22.4%를 집중 집행해서 연말 집행률 87.7%에 이르도록 몰아치기 집행을 한 것으로 나타났다.

그 내용이 상식 밖이라 2020 연초 내가 몇 가지 집행서류를 샘플링해서 체크해 보니, ▸회계연도 구분도 안 된데다, ▸증빙서류 자체가 앞뒤가 맞지 않게 지출되는 등 엉망진창이었다. ▸'ㅇㅇ사업의 지출서류'는 앞뒤 연결이 안 되도록 오류투성이인데다 춘천 거주자가 횡성지역 행사에 참여하는데 서울의 열차요금을 계상했는가 하면 열차운임 단가도 전혀 맞지 않았다. 사업수행 지역이 횡성인데 멀리 떨어진 영월지역에서 도시락을

사 오고, ·유사한 여러 사업의 참가자가 중첩 된데다 '참석자 등록부'는 조작된 것처럼 그야말로 말이 아니었다. **곧바로 '보조금 횡·유용으로 형사입건' 될 지경**이었다.

　나는 관련 사실을 도 지휘부와 국·과장, 담당사무관 등에게 알리면서 센터장의 역할 부족, 센터 운영과 예산집행의 문제 등에 대한 근본대책이 필요하다는 의견을 냈다. 급기야 G 농정과장이 센터 직원들에게 주요 업무는 '협력관' 검토를 거치도록 구두조치하면서 다시 업무를 들여다보게 됐지만, L 국장과 Y 사무관으로 바뀌면서 센터의 근본문제 해결에는 별반 신경 쓰지 않는 것으로 보였다. 그러다가 감독관청 차원의 센터운영과 업무 전반을 농정과에서 점검한 결과 수없이 많은 문제들이 적발되기에 이르렀다.

　한편, L 교수는 자신이 부회장직을 맞고 있는 학술모임을 하면서 '6차 산업 제품 시식행사' 명목으로 **부당하게 센터 예산을 유용한 정황**이 있었고, '코로나 19'로 사회적 거리두기를 하는 기간에 **센터직원들과 번개모임을 계획해서 내가 중지시키**는 등 가관도 아니었다. 그럼에도 이런 문제를 제기하던 나를 도 지휘부에 전보 조치하도록 하는 상식 밖의 행태를 보였다.
　내가 인재개발원 연구위원으로 자리를 옮긴 후에는 S 도의원이 센터와 관련한 자료요구를 하자 같은 Y군(郡)이 연고였던 K 상임위원장에게 내가 S 도의원으로 하여금 자료요구를 하게끔 조언했다고 말했다는 얘기가 들려오는 등 기본적으로 교수 자질이 아주 의심스러운 인물이었다.
　그는 학장 선거에 출마해서 아주 적은 표를 얻어 1차에서 탈락하는 등 교수 사회에서도 인정받지 못하는 것으로 알려졌는데 그를 **비호하는 도 관계관들과, 제 역할은 못하면서 직책 유지를 위해 집착하는 L 교수**는 '적폐'요 '공공의 적'이었다.

[참고1]

민사소송 답변서

사건번호		2019가소***** / 부당이득반환		담당재판부 : 민사3단독(소액)	
원 고	이 름	1. 최 ㅇㅇ	주민등록번호	******-*******	
	주 소	춘천시 ㅇㅇ면 ㅇㅇㅇ로 **-**(ㅇㅇ리)			
	이 름	2. 박 ㅇㅇ	주민등록번호	******-*******	
	주 소	춘천시 ㅇ면 ㅇㅇㅇ로 ***, ***동 ****호(ㅇㅇ리 ㅇㅇ엘에이치ㅇㅇㅇ)			
	이 름	3. 심 ㅇㅇ	주민등록번호	******-*******	
	주 소	춘천시 ㅇㅇ면 ㅇㅇ길 **-**(ㅇㅇ리)			
피 고	이 름	(재)강원농촌융복합산업지원센터 대표이사 이ㅇㅇ	법인등록번호	******-*******	
	주 소	춘천시 강원대학길 1, 친환경농업연구센터 202호(효자동, 강원대학교)			

위 사건에 대한 피고의 답변은 다음과 같습니다.

청 구 취 지

1. 원고의 청구를 기각한다.
2. 소송비용은 원고의 부담으로 한다.
   라는 판결을 구합니다.

청 구 원 인

따로 붙임 "청구원인에 대한 답변서"내용과 같습니다.

2019년 8월   일

작성자 :　　　　　　　(인)

춘천지방법원(민사3단독)　귀중

청구원인에 대한 답변

1. 원고들 주장 사실의 요지

원고들은 피고의 감독관청인 강원도로부터 공무원 보수기준표를 준용하도록 되어 피고의 직원보수기준표 기본급 산출과정에서 가계지원비 180%가 이중 계상되어 있다는 취지의 환수계획을 세워 원고 최ㅇㅇ로부터 금 9,467,510원, 원고 박ㅇㅇ으로부터 7,094,140원, 원고 심ㅇㅇ로부터 금 2,734,140원을 각각 환수한 처분에 대하여 원고들은 반환할 의무가 없으므로 부당이득 반환을 요구하였습니다.

2. 피고의 지위와 기능

피고가 대표이사(센터장)로 관리하는 **재단법인 강원농촌융복합산업지원센터**는 「농촌융복합산업 육성 및 지원에 관한 법률(약칭: 농촌융합산업법)」 제17조제3항의 규정에 근거하여 2014년 7월 16일 강원도의 출연기관인 강원개발연구원(현 강원연구원) 산하 조직으로「강원농업6차산업지원센터」로 출범하여 운영해오다가 본 센터의 효율적인 운영 등을 위해 감독관청인 강원도지사의 방침에 따라 별도의 독립된 재단법인으로 전환, 민법 제32조의 규정에 의하여 **2015년 7월 31일 설립등기**를 함으로써 현재에 이르고 있습니다.

법인의 대표는 초대('15. 7.31~'19. 3.31) 어ㅇㅇ **대표이사(센터장)**를 **거쳐 본 건 소송의 피고인 이ㅇㅇ 대표이사(센터장)**는 2019년 4월 1일부**터 그 직책을 수행**해 오고 있습니다.

본 법인은 「법인등기부등본」의 사업내용과 같이 정부와 강원도가 추진하는 농촌융복합산업육성사업을 체계적으로 추진하고 업무를 지원하기 위한 공공목적의 조직으로서 자체 세입 등 자주재원은 거의 없고 정부(농림축산식품부)나 강원도의 보조 또는 위탁사업비 등 전액 의존재원으로서 교부되는 **보조사업비에서 목적사업과 소속 직원의 인건비 등을 충당하여 집행하는 체제로 운영**됩니다.

따라서 그 재원의 집행은 「보조금 관리에 관한 법률」과 「강원도 보조금 관리조례」, 그리고 정부나 강원도 등 **감독관청의 제반 규정과 지침 등을 준수**하여야 하고 감독관청의 행정감사 또는 행정지도·점검 등으로 **시정요구가 있으면 이를 이행하여야 할 기본책무**가 있습니다.

3. 원고들에게 초과지급 보수를 환수하게 된 경위

피고의 감독관청인 강원도가 센터 업무의 전반을 모니터링 하던 중 「보수규정」에 직원보수기준표「별표1」기준으로 지급토록 규정(제4조)되어 있고, 「별표1」에는 공무원 보수표 준용 등 **보수지급 적용 세부기준이 명시**되어 있습니다.(을 제1호증 보수규정)

이에 근거하여 센터의 보수규정, 보수규칙에 따라 2015년 8월부터 공무원 보수표를 준용하여 매년 보수표를 작성하여 인건비를 지급해오고 있으나, ▸공무원 보수표는 2011년부터 가계지원비, 교통비가 기본급에 산입되었고, ▸그렇다면 센터직원의 보수산정 또한 공무원 보수표에 산입된 가계지원비를 제외하고 기본급을 산정하여야 함에도 공무원 보수표를 매년 원안대로 준용하고도 가계지원비 180%를 별도로 지급하는 등 **가계지원비를 이중적으로 부당하게 지급한 사실이 적출되어 이에 대한 환수 원인이 발생**하였던 것입니다.

이에 센터에서는 이 건 관련 감독관청에 소속직원들의 인건비를 환수하는 문제가 쉽지 않은 현실적 어려움 등을 협의하는 등 처리방안을 고심하기도 했으나, 착오 지급된 수당(가계지원비)에 대하여 감독관청은 ▸센터의 보수지급 실태 등 사실관계 확인 시 **센터가 착오 초과지급 사실을 인정**하였고, ▸**재직 중인 직원(원고 최○○ · 박○○ · 심○○)들의 경우에도 초과 수급한 가계지원비 반납의사를 표명**하였다 하여 2018년 3월 23일 센터에 「강원농촌융복합산업지원센터 직원보수 초과지급분 환수 등 개선 조치계획」을 통보하였습니다. (을 제2호증 감독관청 개선 조치계획)

센터는 2018년 4월 16일 강원농촌융복합산업지원센터 제1회 이사회를 통해「직원보수 착오 지급분 환수(안)」을 원안의결을 거쳐 같은 해 5월 10일 「강원농촌융복합산업지원센터 직원보수 착오 지급분 환수 조치계획」으로 2015년 8월분부터 2018년 3월분까지 재직자 3명, 퇴직자 3명 등 **총 6명에 대하여 총액 금 23,803,760원을 환수하는 내용을 골자로 수립**하였습니다.

이에 본 환수계획을 토대로 원고 최○○ 등 환수대상자 6명에게 같은 해 5월 25일 납입기한으로 「보수 환수 통지서」를 보내면서 「**의견제출서(서식)**」도 함께 보내서 **본 처분에 대한 항명의 기회를 준 바 있습니다.** (을 제3호증 직원보수 착오 지급분 환수 계획)

이후 원고들은 본 처분과 관련하여 납입기한을 넘겨 2018년도 회계연도 마지막 날인 2018년 12월 31일에 원고 최○○ 금 9,467,510원, 원고 박○○ 금 7,094,140원, 원고 심○○ 금 2,734,140원을 **각각 납입함으로써 일단락**되었고, 이후에도 공식적으로 이의제기 등은 없었으며, 퇴직자 중 한 명인 이○○도 금 2,736,030원을 납부한 상태입니다.

4. 원고들 주장이 부당한 이유

(가) **원고들의 제규정 준수 책임**: 원고들은 소장의 갑 제1-1호증 내지 갑 제3-2호증에서 보는 바와 같이 "재단법인의 이익을 위하여 제규정을 준수한다."는 내용이 들어 있는 고용계약서에 의하여 피고 측 재단법인에 근무해온 사람이므로 이 건 관련된 보수규정과 보수규칙도 성실히 따라야 할 사안인데도 **착오에 의한 초과 지급분 보수는 당연히 환수해야 하는 것** 입니다.

더욱이 이 건 ▸착오지급분의 시작점인 2015년 8월분 **급여기준표 산출 등 작성의 실무자가 원고 박ㅇㅇ이라는 점**, ▸2017년 5월 17일 부터는 원고 최ㅇㅇ는 사업부장 직무대리로, 원고 심ㅇㅇ는 센터의 예산 집행과 회계, 서무업무 등의 사무를 분장하였기에 **직원들의 보수 기준표 산정의 적정성 등을 심도 있게 살폈어야할 책무를 다하지 못한 것**으로 귀결되어 그 책임에서 결코 자유로울 수 없습니다. (을 제 4호증 센터 사무분장 내역)

(나) **원고들의 직접적·적극적인 환수처분 절차 진행**: 앞의 을 제3호증 「강원농촌융복합산업지원센터 직원보수 착오 지급분 환수 계획」은 표지의 결재란에서 보는 바와 같이 ▸당시 센터의 사업예산 집행과 편성관리 등의 업무를 담당했던 **원고인 부장직무대리(당시) 최ㅇㅇ가 직접 작성하였고**, 같은 해 5월 14일 보수환수 통지서 발송에 따른 우편요금 지출 결의도 직접 기안했었을 뿐만 아니라, 2019년 1월 10일과 22일에 퇴직한 환수대상자 남ㅇㅇ, 신ㅇㅇ 등에게 **환수금 납부 독촉고지 및 근거자료 회신 등의 업무를 직접 수행했던 당사자**라는 점, ▸원고 심ㅇㅇ는 2017년 5월 18일부터 센터의 예산집행 등의 사무를 담당하면서 이 건 보수 초과지급분 환수와 관련 당초 감독관청인 강원도의 초과지급 내역(5명 / 금 21,718,540원)산정에서 일부 퇴직한 직원인 남ㅇㅇ에게는 2016년도 금 335,050원을 신규로, 신ㅇㅇ에게는 금 891,760원을 증액시켜야 한다고 밝혀내는 등 **적극적이고 깊숙이 관여해 왔다는 점은 이 건 환수처분의 적법성과 타당성을 스스로 인정한 것**으로밖에 볼 수 없습니다.

그런데도 이제 와서 피고에게 부당이득환수 소장을 제기한 것은 통념과 상식적으로도, 그리고 전 직장에 대한 최소한의 예의로도 도저히 이해할 수 없는 처사라 아니할 수 없습니다.(을 제5-1호증 보수환수통지서발송에 따른 우편요금 지출결의, 을 제5-2호증 환수금 납부 독촉고지, 을 제5-3호증 인건비 환수 독촉통지서 발송 우편요금 지출결의, 을 제5-4호증 보수 환수 통지에 대한 근거자료 회신, 을 제5-5호증 보수 착오지급 환수 변경내역서)

(다) **원고들이 피고용인(직원신분)이라 부당함을 알고도 반환거부를 못했다는 점**: 원고 최ㅇㅇ는 보수 착오 지급분 환수 계획을 직접 세우고 본

인을 포함한 당사자들에게 의견제출서(서식)를 첨부한 보수환수 통지서를 발송하여 **의견제출 기회를 부여하였으나 아무런 제시가 없었고,** 감독관청의 업무담당자 정ㅇㅇ에게 **원고들은 최종적으로 환수의사를 밝혔고,** 이에 따라 원고 최ㅇㅇ가 앞선 환수계획 문서를 직접 만들어 실행하는 등 **일연의 처리경과에 비춰 피고용인 신분이라 반환요구를 거부하지 못했다는 주장은 납득되지 않습니다.**

특히, 당시 피고 측 대표이사(센터장) 어ㅇㅇ은 가급적 소속 직원들에게 지급됐던 보수를 환수하지 않게끔 다양한 방안으로 고민을 했었는데 당사자들이 반납하기로 했다는 보고를 받았고, 이어서 **자발적으로 환수계획의 결재를 올렸다는 진술** 등에 비춰 이 건 착오 지급분 환수에 **어떠한 압력도 행사한 사실이 없습니다.** (을 제6-1호증 어ㅇㅇ의 경위서)

(라) **착오 지급된 보수의 반환책임 여부**: 소장에 의하면 "피고가 보조금으로 운영되는 기관이므로 보조금이 기준에 반하여 지출된 경우 기관인 피고 자체의 예산으로 반환하여야 하는 것이지 근로자인 원고들이 반환할 의무가 없다."는 주장에 대하여는 피고의 기관은 그 재정의 충당이 자체 재원이나 세입 등이 극히 제한적이고 거의 전액을 국·도비 보조금을 교부 받아 「보조금 관리에 관한 법률」 등의 법규에 따라 보조사업 목적에 맞게 집행하여야 하는 기관으로서 **피고가 자체 예산으로 반환할 방법이 현실적으로 불가한 특수성**이 있습니다.

따라서 소장대로 이 건 착오 지급된 보수를 **자체예산으로 환수한다 해도 업무관련자들의 업무상 과실과 발생시킨 원인을 따져 그 책임정도에 따라 변상시키는 등의 방법 밖에는 없는 것이고,** 원고들 또한 앞선 답변에서 보는 바와 같이 그 책임한계에서 자유로울 수 없는 것입니다.

특히, 도청 등 일반 공공조직에서도 회계책임자 등의 실수나 착오로 급여 등 인건비가 일부 잘못 지급되게 되면 적게 지급된 사항은 추가로, **초과 지급받은 사항은 급여를 지급받았던 당사자에게 반납 받는 것이 통상적이지** 그 기관의 장(또는 회계책임부서장)에게 **반환토록 하지 않는다**는 점에서 피고의 기관이 자체예산으로 반환한다는 것은 있을 수 없습니다.

(마) **피고 측에서 원고들에게 반환금 보전방안 약속과 금원 보전 미이행 주장 관련**: 피고의 기관은 보조 사업비나 소속 기관의 보수 등의 지급 등 모든 재정의 집행은 관련법규와 제도의 틀 안에서 이뤄져야 하고, 특히 피고측 당시 대표이사(센터장) 어ㅇㅇ은 공직에 40여 년간 근무한 전직 고위관료출신으로서 원고들이 주장하는 바와 같이 **무책임하게 그런 약속을 할 이유도, 약속한 사실도 없었다는 점**을 분명하게 말씀드립니다.

모든 공공기관이나 공조직, 나아가 사조직에도 소속 직원의 보수는 유사하게 적용되겠으나, 원고를 포함한 센터 소속 직원들의 보수는 센터의

「보수규정」과 「보수규칙」 등에 정해진 범위에서 지급할 수밖에 없다는 점을 다시 한 번 강조하여 말씀드립니다.

　참고로 원고들의 주장과 달리 「보수규정」제13조(성과상여금지급)에 의해 센터장 재량으로 간접적인 보수의 보전방안이 될 수는 있겠으나, 이 마저도 2018년 원고 등 소속 직원들의 업무수행 실적이 매우 저조하여 계획대비 80% 달성에 그치고 20%를 다음연도인 2019년으로 이월시키는 등의 사유로 이 또한 스스로 지급받을 기회를 잃었고, 이는 원고들만을 위한 제도가 아니라 센터 소속 직원에게 같이 적용되는 점을 참고로 첨언드립니다. (을 제7호증 2018년 업무추진실적: 이사회 보고안건 발췌 사본)

　(바) **원고들의 고용이 보장되지 않았다는 주장**: 원고 중 ▸센터의 정규직 신분이었던 최○○는 2019년 5월 20일에, 박○○은 같은 해 6월 11일에 **각각 자의에 의한 "개인사정/사유"를 이유로 사직원을 제출**하면서 이들 둘 다 똑같이 같은 해 6월 21일 퇴직하겠다는 의사를 표명하여 통상 명예퇴직이 아니고 의원면직의 경우는 사직원 제출일에 인사권자가 수리하면 그만인데도 원고들의 의사를 존중해서 퇴직희망 일까지 근무하도록 하였습니다.

　또한, ▸원고 **심○○**는 2017년 4월 10일부터 2019년 4월 9일까지 2년 임기의 계약직으로 고용 계약되었던 사람으로 근무기간 중의 근태 등의 여러 요소들에 비춰 근로계약 연장의 필요성이 없다고 보아 **노동관련 법규에 따라** 근로계약 종료일 30일 이전인 2019년 3월 7일 「**근로계약 만료통지**」를 하여 같은 해 4월 9일 퇴직한 직원으로 이들 원고들이 고용을 보장받지 못했다는 주장은 허위사실에 불과합니다. (을 제8-1호증 최○○ 사직원 사본, 을 제8-2호증 박○○ 사직원 사본, 을 제8-3호증 사직원수리 문서 사본, 을 제8-4호증 근로계약 만료 통지 공문사본)

5. 결　론

　(가) **원고들은** 피고 측 기관(센터)에 근무하다가 자진사퇴(최○○·박○○) 또는 계약기간 종료(심○○)로 퇴직한 사람들로서 재직 중 센터의 제 규정을 준수하도록 고용 계약되었기에 재직 당시에 **제규정에 따라 성실히 근무하여야 책임**이 있고, 이 건 「부당이득반환」소송의 원고이기에 앞서 업무담당자들로서 **그 원인제공과 책임의 한계에서 자유로울 수 없을** 뿐만 아니라, 이 건 관련 「보수 착오지급 환수」절차에 적극적이었고 자발적으로 환수의사를 표시하여 진행해 놓고는 **퇴직한 것 말고는 달라진 사정과 이유가 없는 점**에서 소송당사자 적격성이 떨어진다고 보아집니다.

　(나) 원고들의 주장처럼 이 건과 관련하여 **피고측은** 원고들이 재직 중 어떠한 압력을 행사한 적도, 금원의 보전방안 약속이나 고용의 보장 또는

해지압력 등의 행위를 하지 않았는데도 억지주장과 이유를 내세워 **소송에서 이겨보려는 수단과 방법을 따지지 않는 행태**를 보이고 있다는 점에서 더욱 그 신뢰성이 없습니다.

(다) 피고 측을 포함한 대부분의 공공기관 또는 공조직에서 소속 직원들에게 착오 등 어떠한 **재정집행 상 잘못**(초과) **지급된 경우 초과 지급받은 당사자가 반환하는 것이 일반적**이고 피고(센터)측 재정집행 시스템상 **자체재원으로 반환할 수 없는 점은 원고들도 잘 알고 있는 사실** 등에 비춰 원고들의 주장은 설득력이 없습니다.

위와 같이 이 건 「부당이득 환수」소송과 관련하여 **원고 측의「보수 착오지급분 환수처분」은 적법한 규정과 절차에 따라 이뤄진 처분**이고, 특히 **원고들이 적극적이 자발적으로 처리과정에 깊이 관여해 온 점** 등을 종합적으로 살피시어 **원고의 청구를 기각**하여주시기 바랍니다.

입 증 방 법

1. 을 제1호증 센터 보수규정
2. 을 제2호증 개선 조치계획
3. 을 제3호증 센터 직원보수 착오 지급분 환수계획
4. 을 제4호증 센터 사무분장 내역
5. 을 제5-1호증 보수환수통지서발송에 따른 우편요금 지출결의,
6. 을 제5-2호증 환수금납부독촉고지
7. 을 제5-3호증 인건비 환수 독촉통지서 발송에 따른 우편발요금 지출결의
8. 을 제5-4호증 보수 환수 통지에 대한 근거자료 회신
9. 을 제5-5호증 보수 착오지급 환수 변경내역서
10. 을 제6-1호증 센터장 어ㅇㅇ의 경위서
11. 을 제7호증 2018년 업무추진실적:이사회 보고안건 발췌 사본
12. 을 제8-1호증 최ㅇㅇ 사직원 사본
13. 을 제8-2호증 박ㅇㅇ 사직원 사본
14. 을 제8-3호증 인사발령 (최ㅇㅇ·박ㅇㅇ 의원면직)
15. 을 제9호증 심ㅇㅇ 근로계약 만료 통지 공문사본

첨 부 서 류

1. 위 입증방법 각 1부.

36 | 공직의 끝자락- 협력관·연구위원에

　나는 역술인들의 말을 잘 믿지 않았다. 내가 가톨릭신자이기도 하거니와 내 개인적 사고로는 과학적으로 입증되지 않은 역술에 의존하는 걸 꺼렸기 때문이었다. 우연찮게 접한 우리나라 사주명리학의 대가 조용헌 건국대 석좌교수가 쓴「사주명리학 이야기(알에이치코리아)」를 읽고선 조금 신비롭다는 걸 느꼈었다.

　그러던 중에 홍천군 부군수로 재직할 당시 노 군수님이 도지휘부에 내 거취를 거론했던 2018년 2월경. 한 역술인이 나의 사주를 본적이 있었는데 "이번에 도청으로 올라가는 게 좋겠다. 머물러 있으면 더 큰 화를 입게 된다."라고 했었다.

　또 그해 8월엔 서석면에서 있었던 행사에 축사를 하러 참석했었는데 식전 행사로 당산나무 아래서 '살풀이' 비슷한 행사를 진행하던 보살님이 "여기 부군수님이 오셨다는데 이리로 나와 보세요!"라고 하더니 깃발이 달린 점괘를 내밀어 그 중 하나를 뽑아서 건넸더니 "부군수님은 강직하고, 매우 영리한데다 원리원칙 주의자로 관직으론 제격이고 관운도 아주 좋으시다. 다만 9월 하순경에 난관에 부딪치게 될 터인데 그 때만 잘 헤쳐 나가면 승승장구 하실 것이다."라고 일러줬었다.

　되돌아보니 이 두 분 역술인이 내다본 나의 앞날이 내가 중도에 홍천 부군수 직을 내려놓게 된 일들과 맞아 떨어졌다.

　현행「공무원임용령」제7조에 '임용권자는 법령에서 따로 정한 경우와 다음 각 호의 어느 하나에 해당하는 경우를 제외하고는 소속 공무원을 하나의 직급이나 직위에 임용해야 한다.'

라고 규정돼 있고, 다음 각 호는 휴직자 등의 복귀나 장기교육훈련 후 복귀 등의 요건에 해당될 경우 2주 내지 2개월 이내의 기간을 정해 직위 임용을 하지 않을 수 있게끔 돼 있다.

그런데도 내가 홍천군 부군수를 하다가 도청으로 복귀한 2018년 10월 15일부터 두 달 반 동안 사업소장 한 자리가 결원이었는데도 보직부여 없이 총무행정관실에 '대기발령' 했다가 2019년 1월 정기인사에서 「강원도 농촌융복합산업 육성 및 지원조례」 제7조제3항에 '도지사는 지원센터의 운영 및 사업 등을 원활히 추진하기 위하여 관계 법령이 정하는 바에 따라 소속 공무원을 지원센터에 파견하여 근무하게 할 수 있다.'에 근거하여 파견근무토록 하고는 파견 목적과 달리 **'협력관'의 역할을 제한**하는 등 **현행 법규를 명백하게 위반**했다.

그러다가 2020년 7월 10일. 앞서 [35장]의 「직책에 집착하는 웃기는 교수」의 농간에 따라 직제에도 없는 **강원도인재개발원 연구위원에 보임**하고는 여기서도 「강원도 기구표나 간부공무원 사진표」에서도 사라진 '유령공무원'을 만들었다.

내가 수차례 문제를 제기했는데도 별반 문제가 없다며 깔아뭉갰던 (재)강원농촌융복합산업지원센터는 **2021년말 사업비 집행율이 63.1%**에 그쳐 제 기능을 못하는 현실에서 **계약직 4명 모두를 정규직으로 전환**했는가하면 그 책임을 엄중하게 물어야 할 센터장을 맡았던 L 교수는 여전히 이사로 남겨둔 채, 이런 총체적인 부실운영의 심각성을 뒤늦게 인식하여 도청의 사무관 1명을 긴급 파견하기에 이르렀고, 아주 짧은 기간에 H대학교 교수에 이어 외부인을 센터장으로 대체시켰다.

결국 **협력관으로 근무하며 내가 제기했던 문제들이 현실화**되어 내 판단이 옳았는데도 **책임지는 사람은 없고 나는 여전히 '유령공무원'으로 남아**있었다.

이와 같이 인사권자의 성향이나 그 분께 밉보였다는 이유로 과거 K 국장, 또 다른 K 국장을 강원연구원에 장기간 파견하여 그 곳에서 공직을 마치도록 했는가 하면, 고인이 되신 또 다른 K 국장은 일선 부시장에서 전입한 직후 무슨 이유에서인지 최고참 국장급을 어느 과장 밑에 "T/F팀 단장'으로 인사발령을 내서 곧바로 스스로 명예퇴임하게 하는 등 여러 사례들과 비슷하게 편법과 반칙의 인사운용이 반복되었다.

이런 나의 인사문제를 안타깝게 생각하여 주변에서 도와주려는 인사들에겐 '이런저런 핑계를 대며, 말도 안 되는 이유와 괴변으로 회피했다. 일부에서는 "몇 년간 보직을 부여하지 않았기에 지금 보직을 주면 그동안 잘못된 인사운용을 인정하는 결과가 돼서 보직을 줄 수 없다."라고 하는 말까지 떠돌았다. 어린애들의 소꿉놀이도 아니고 이런 엉터리 같은 인사권자와 인사운용이 어디에 있을까!

내 '공직 끝자락'의 단편(斷片)이다. 한동안 이슈화됐었던 H 검사장처럼 인사권자에게 밉보인 까닭에 공직의 끝자락에서 '보직인 듯 보직 아닌 직책'으로 공직의 말년을 보냈다.

외부인들에게는 "네, 네, 네…, 아~예 그렇습니까?…"등 아주 선량하고 친절한 모습으로 그럴듯하게 포장하고는 조직 내부에서는 확증편향성을 보이는 인사권자와 그분의 비위 맞춤에 부화뇌동하는 불나방 같은 무리들로 인해 더 이상의 미래는커녕 저물고 어두워진 공직의 끝자락에 머물렀었다.

인사운용의 테두리를 넘어 여러 부문에서 나타나는 수많은 사회지표들이 뒷걸음쳤다. 그야말로 안타깝고 웃픈 현실을 맞았다. 그러면서, 어느 역술인이 내다본 **별로 밝지 않을 그분의 미래가 어떻게 귀결될 것인지**를 주의 깊게 살핀다.

37 | 나는 성공한 공직자인가 실패한 공무원인가?

성공과 실패를 가르는 기준은 명확하지 않다. 한 사람이 출세를 했다고 성공한 것도, 출세를 못 했다고 실패한 것도 아니다. 사람마다, 그리고 시대마다 성공과 실패를 가르는 기준이 다르기 때문이다.

나의 '성공'과 '실패'에 대해서는 훗날 뭇사람들이 평가할 소재이자 영역이지만, 41½년이란 나의 공직생활을 한 관점에서 성공과 실패를 단정적으로 구분하는 것은 쉽지 않다. 다만, [22장]에서 다룬 바 있는 **'공무원에 머물지 않고 공직자로 평가받는다면 나는 성공했다.'** 라고 스스로 정의하고 싶다.

모든 세상 돌아가는 이치가 희로애락의 과정이 불규칙하게 반복되고 오르면 내림이 있듯 내 개인적인 삶에도, 공직의 테두리 안에서도 이런 이치에서 결코 벗어나지 못한다.

태생적으로 '흙수저'였기에 유년시절의 가난을 온전히 감내해야 했다. 그래도 다섯 남매 중 유일하게 고등교육의 수혜를 입었고, 제도가 허락한 만 18세의 최연소로 지방 관료에 입문했다. 최말단 9급으로 시작해 40년 넘는 긴 세월 동안 3급 대우라는 '다섯 계단 반'을 오르는 공직 여정을 걸어왔다.

나의 생활신조인 **'올곧게 살자.'** 에 방점을 찍으며 불의에 굴하지 않고 근면과 성실, 공정과 정의 앞에 부끄럽지 않게 살았다. 노력과 열정으로 '흙수저'의 불리함을 이겨냈다. 정치와 행정 사이에서 나에게 가져올 유·불리를 따지지 않고 도민·군민들에게 돌아갈 편익과 수혜, 그들의 권리를 지켜주는 데 최우선을 두고 공직에 임했다.

정치적 이익만을 추구하는 행정을 회피했다. 자신들의 출세를 위해 희미한 빛을 향해 모여드는 불나방 같은 처신을 경멸하여 그 무리들을 따르거나 좇지 않았다. 불나방을 닮은 무리들의 온갖 시기와 질투를 온전히 감내하며, '편 가르기'와 '내로남불'을 멀리했다.

　　나의 삶과 공직에서 나 자신의 **유·불리에 따라 그들 무리에 편승하지 않은 대가**(代價)는 내 공직 말년에 고스란히 나타났다. 3½년에다가 2½월을 더한 **짧지 않은 기간의 '보직 없는 공직'**과 다름없음이 이를 대변하고 입증한다.

　　인사권자의 확증편향으로 법규를 어기며 떳떳하지 못한 인사를 운용했고, 인사업무를 담당하는 참모들은 인사권자 의중에 따라가기 바쁜 시스템에서 무슨 도정발전을 기대하고, 조직안정과 합리적인 인사제도를 정착시킬 수 있단 말인가!

　　나의 보임 문제로 여러 차례 있었던 주변인들의 면담 등 직·간접적인 움직임에는 꿈쩍도 안하고선 인사권자는 '해당 계급에서 승진소요최저연수 이상 근무하고 승진임용의 제한사유가 없으며 근무실적이 우수한 사람을 바로 상위 직급의 대우공무원으로 선발하는 인사제도의 규정'에 따라 2021년 8월 1일자로 '3급(지방부이사관) 대우'로 선발 했다.

　　이는 「지방공무원 임용령」에서 정한 보직관리 규정을 벗어나 뚜렷한 법적 근거와 객관적인 사유도 없이 밉보였다는 이유만으로 '유령공무원'으로 내버려두다가 '승진임용의 제한이 없고, 근무실적이 우수한 사람'의 범주나 기준에 위반됨이 없는 것으로 보아 **'3급 대우'로 선발한 논리적 모순**을 무엇으로 설명할 수 있을까?

　　논리와 타당성을 벗어나 무원칙과 확증편향에 기초한 인사권자의 아집과 고집이 빚어낸 떳떳하지 못한 산출물이다.

　　앞서 [35장]에서 언급한 '직책에만 집착하는 웃기는 교수'의 농간에 따라 2020년 7월 10일 「강원도 행정기구설치 조례」 등 그 어떤 근거도 없는 직제에 버젓이 '인재개발원 연구위원에 보함'이라는 임용장을 주고는 인재개발원 정원 초과 등 인사규정을 어긴 게 부담됐던지 2021년 4월 20일 정규 직제인 '교육지원과장'을 공석으로 두고선 '교육운영과장'이 겸직토록 했다가, 석 달도 안 된 같은 해 7월 1일엔 '교육연구실장'을 '교육지원과장'으로 발령 내면서 '교육연구실장'을 겸직토록 하는가 하면, 6개월 후인 2022년 1월 1일 정기인사에서도 새로 부임한 '교육지원과장'이 여전히 '교육연구실장'을 겸직토록 했다가 1년만인 4월 20일에 '교육연구실장'을 채워 억지로 꿰맞추는 **어처구니없는 편법인사를 운용**했다.

이는 「지방공무원 임용령」을 명백히 어겨 **인사권자의 재량을 벗어난 '직원남용'에 해당되는 엄중한 사안**이다. 이런 엉터리 같은 인사운용을 바로잡아볼 생각으로 사법적 판단을 받아보려 소장(訴狀)을 작성했었다. 결국 승소한다 하더라도 인사권자보다는 공직자로는 쪽팔리게 영혼 없이 불나방처럼 그분을 따랐던 수족들에게만 책임이 따르는 등 실익을 기대할 수 없다고 판단하여 '포기하지 않는다면 정의는 반드시 온다.'는 말을 뒤로한 채, 실행에 옮기는 것을 고민만 했었다.

나는 스스로 누군가에게 성공한 공직자와 실패한 공무원 중 어느 쪽에 해당되는지를 평가받고 싶지도 않다. 그럴 만큼 내 자신이 유명한 사람도 아니요 그 대상이 될 만큼의 출세를 한 관료도 아니기 때문이다.

일부에 국한되었다 해도 주변에서 나를 두고 "삼국지에 나오는 '조조(曹操)'라는 인물에 빗대 나름의 열정과 노력으로 강원농정의 큰 줄기를 새롭게 정리했고, 몸을 불사르며 긴 세월 공직생활을 했지만, 말년에 농정의 수장(首將)이 되지는 못했다."는 조심스런 말들이 있기도 한데 비춰 **내가 공직생활을 잘못하진 않았구나 하는 생각**을 갖는다. <玄松>

3부 | 고향 부군수… 그 시작과 끝

[고향 홍천군 '**부군수 집무실**'에서 집무 모습]

38 | 부군수 되기까지

농산물원종장장으로 1년 정도 근무를 하면서 현안사업으로 추진하던 「농산물원종장 통합·이전사업」을 추진하는데 G 농정국장의 훼방과 제동으로 한 발짝도 나갈 수가 없었다.

나의 기획력과 추동력 등을 겪었던 동료 농업직 과장 몇 명이 국장과 말을 맞추며 은근히 견제하는 게 눈에 보였다. 지휘부에 "허 장장이 말을 안 듣고 무리하게 밀어붙이려 합니다. 내년에 선거가 있는데 도지사님께 누가 됩니다."등등의 상식 밖의 보고를 하는데다가 심지어는 '장장이 원종장 이전사업을 추진하려 누구를 만나거나 마을에 가려할 때는 친환경농업과장에게 보고를 해서 허락받고 움직이라.'는 내용의 지시와 비슷한 문구를 담은 공문까지 내려 보낸 터라 도저히 G 국장과는 함께 일할 수가 없는 지경에 이르렀다.

공무원이란 작자(作者)가 조직 안에서 선거얘기를 직접적으로 하는가하면, 나보다도 늦게 과장이 된 동료 과장에게 "업무와 관련한 보고를 해서 허락을 받고 움직이라."는 그의 지시 같지도 않은 상식 밖의 조처(措處)를 도저히 받아들일 수 없었다.

이런 상황에서는 현재의 도 지휘부 계선조직에서 벗어나는 길을 찾아야 했다. 고향보다는 연고가 없는 시·군이 좋을 거 같아 인사요인이 예상되는 지역 시장·군수님들을 접촉해보려 의사를 타진했는데 반응들이 없었다. 맨 마지막으로 고향 홍천 군수님에게 간접적으로 "부군수로 내려가고 싶다."는 의사를 전달했다.

며칠이 지나도 아무런 반응이 없던 어느 날. 농정국 과장·사업소장 회의와 만찬까지 끝내고 귀갓길에 L 과장과 단둘이 맥주집에 들러 원종장 이전문제와 관련해서 "농업직 과장이 관련 사업소의 미래를 결정하는 문젠데 도와주진 못할망정 왜 국장과 부화뇌동해서 이렇게 끌고 가느냐?"고 하니 그는 "국장이 그러는데 어쩌냐? 그냥 따라주는 수밖에 별 도리가 없지 않느냐. 허 장장도 그냥 순응하고 내버려 둬라."고 하는 등 서로 현안을 두고 기민한 얘기를 나누고 있던 늦은 밤 전화기가 울려서 받아보니 노승락 홍천군수님 전화였다.

나는 얼른 전화기를 들고 밖으로 나와서 통화를 이어갔다. "군수님! 아니 선배님! 잘 지내시죠? 군수님 좀 모셔 보려고 여쭸었는데 응답이 없으시더니 어쩐 일이세요?"하니까 군수님이 "아니 허 과장을 안 받으려한 건 아니고… 그 문제로 전화했어~"하신다. 나는 "선배님께서 절 믿고 맡겨주시면 행정내부 만큼은 걱정 없으시도록 확실하게 잘 관리해 나가겠고요. 단체장님들께서 '호랑이새끼' 키운다고 고향사람은 꺼리신다는데 저는 그런 걱정 안 하셔도 됩니다."고 말씀드렸더니 "알겠다."고 하셨다.

다음 날 도 지휘부에 보고를 드려야겠기에 송석두 행정부지사를 찾아뵈었다. 자리에 앉아 보고를 하려는 내게 "지금 급한 서류들이 있어 결재하면서 들을 테니 얘기하세요?"하신다. 관서장이 일부러 찾아와 보고하는 자리인데 이런 황당한 경우는 처음으로 겪었다. 결재서류를 보며 서명하는 분께 '홍천군 부군수로 나가려 그간의 진척내용과 원종장이전 등 현안사항'을 간략히 말씀드렸다. 보고를 끝내니 "부군수 자리는 여러 가지 고려해야 할 사항이 많은데 일단 알았고, 별도로 검토해 보겠다."고 하는 시원찮은 답변을 듣고 나왔다.

그로부터 며칠 뒤 홍천군에 나가는 걸로 내부조율이 끝나고 언론에도 하마평이 나올 즈음 Y군 출신 과장급 L을 6개월간 기획감사실장을 거쳐 '부군수'로 발령을 내려한다는 얘기가 들렸다. 아마도 L이 따로 움직였던 모양이다. 내게 바로 '부군수'가 아닌 '기획감사실장'을 먼저 하는 게 어떻겠냐는 제안이 들어왔다. 나는 "도청에서 고참(古參)측에 드는 과장인데, 서기관에 갓 승진한 경우 고려할 수 있는 군 기획감사실장을 거치는 건 받아들이기 어렵다."는 의사를 전달했다.

결국 내가 '부군수'로 최종 낙점됐지만, 부임해서 군수님의 스타일을 곁에서 겪어보니까 인사방침에서 너무 오락가락 하시는 경향이 자주 있었다.

2017년 6월 28일. 홍천군 부군수 요원으로 인사발령사항 발표가 났다. 노 군수님께 인사전화를 드리고, 나보다 연배이던 J 기획감사실장과 H 자치행정과장에게 "함께 근무하게 됐는데 반갑고 잘 부탁드린다."는 통화를 했다. 이어서 인사업무를 담당하는 행정담당에게 '간부공무원 현황자료'를 보내라고 해서 미리 간부들 면면을 익혔다. 그렇게 해서 1988년 8월 1일 '최말단(最末端) 9급'으로 **고향 홍천을 떠나온 지 29년 만에 고향 부군수로 부임**하게 됐다.

[3-1] 지방언론에 기사화 됐던 프로필

39 | 취임식 없이 시작한 직무

　　인사발표 다음날 행정담당이 전화를 걸어왔는데, "부군수님 취임식은 어떡하시겠어요?"라고 묻기에 지금까지 관례는 어떠했는지 물었다. "군수님께서는 제대로 취임식을 하도록 말씀하셨는데 부군수님 의견을 여쭙니다."라고 한다. 나는 순간 취임식 하는 걸 꺼린다는 느낌을 받았다. 나는 미리 취임사는 만들어 놨지만 내부행정망에 올리면 될 거 같고, 또 간부급 공무원 27명 중 나보다 대부분 선배이거나 연배가 21명이나 되는 것으로 파악해서 취임식은 안하기로 마음먹고 "취임식은 안하는 것으로 하시라."고 전했다.
　　이어서 "명패는 어떡할까요? 고향으로 오시기에 간혹 친구분들이 준비하는 경우도 있어서요."하기에 "명패는 그냥 관례대로 군에서 준비하시면 되겠네요."하고 전화를 끊었다.
　　부군수로 부임하기 전 관사를 미리 둘러보고 일요일인 7월 2일 오전에 부군수 관사로 간단한 옷가지와 생활용품들을 챙겨 입주했다. 오후부터 강한 빗줄기가 세차게 내려 비피해가 걱정이 됐지만 부임하기 전부터 일을 챙기기도 어중간한 입장이 됐다.
　　K 건설방재과장에게 전화를 걸어 "제가 관사에 와 있는데 비가 많이 내려서 걱정됩니다. 그렇다고 집무실로 나가기도 그렇고, 과장님이 상황을 잘 관리해 주시고 급박한 상황이 되면 제게 언제라도 전화주세요."라고 통화를 하고는 세찬 빗소리에 뜬눈으로 첫날밤을 보냈다.

　　평소 일찍 일어나는 습관이 몸에 밴데다가 더 이상 자리에 누워 있을 수 없어 다섯 시 쯤 아침을 챙겨 먹으며 뉴스를 봤다. 비가 홍천지역에 집중돼서 피해가 극심하다는 특보가 나왔다. 오전 일곱 시쯤 첫 출근준비를 하고 있는데 건설방재과장으로부터 "밤새 비가 많이 와서 서석면, 내면지역으로 가는 도로가 막히고, 전 지역이 난리가 났습니다. 군수님은 방금 전 현장으로 출발하셨습니다."라는 전화가 그제서 왔다. 나는 "제가 바로 나갈 테니 실과소장들을 일곱 시 반까지 제 집무실로 모이도록 조치해 주세요."하곤 첫 출근을 했다.

집무실로 들어서니 부속실에 비서실 직원 한 명이 기다렸다. 나는 집무실로 들어가자마자 민방위복으로 갈아입고 TV를 켜서 속보를 보면서 행정담당을 불러「읍면별 지역책임관 실·과장 명단」을 챙겨 놓고 있으니 실과소장들이 집무실로 모였다. 첫 대면 인사를 하는 둥 마는 둥 악수만 하고 바로 회의를 주재했다.

공교롭게 '사무관 승진자과정 교육' 입교로 면장이 자리를 비운 지역의 피해가 더 컸다. 그곳엔 지역책임관으로 지정된 실·과장을 현지에 상주하면서 수해 관련 면장업무를 대행토록 긴급 조치했다. 읍면별 지역책임관 실·과장들이 바로 현장에 나가서 피해현황을 빠르게 파악하고, 응급조치가 필요한 사항들은 부군수에게 신속하게 보고토록 지시했다.

긴급 간부회의를 마친 후 현장에 나가계신 군수님께 전화를 드려서 '긴급 간부회의'로 이러이러한 조치와 지시를 했다는 내용의 보고를 하면서 나가계신 곳의 현장상황을 여쭤보니 "일단 도로를 정상화 시키는 게 우선돼야 한다."고 하셨다. 나는 도로관리청인 강원도도로관리사업소장에게 전화를 걸어 현장 상황이 아주 심각하니 도 차원에서 응급복구를 위한 긴급 장비투입을 요청했다. **첫 날부터 어수선하고 급박한 상황에서 부군수 직무를 시작**했다.

늦은 오후, 양복 아닌 민방위복 차림으로 청사 내 실과 사무실을 돌며 직원들에게 부임인사를 하고, 저녁 무렵 준비했던 취임사를 '행정내부시스템'의 공지사항 게시판에 올렸다. 그로부터 며칠 후 수해피해 응급조치들이 어느 정도 마무리 된 때 군수님으로부터 「임용장」을 받았다.

[3-2] 부군수 임용장 수여식과 집무실 모습

아울러 부군수로 부임하면 의례적으로 있는 '실과소별 업무보고' 절차도 생략했다. 큰 수해가 있던 터라 응급복구 등으로 정신이 없을 텐데 부군수가 업무보고를 받겠다고 시간을 빼앗는 게 바람직하지 않다는 판단과, 행정혁신을 꾀하고 싶었다.

나는 기획담당을 불러 **업무보고를 따로 안 받겠다**는 방침을 전달하면서, 대신 7월 회기 군의회에 제출된 '실과별 업무보고서'를 모아 책으로 엮어서 2부를 가져오도록 지시했다. 1부는 집무실에, 또 1부는 관사에 가져다 놓고 2~3일 정도 틈나는 대로 들여다보니 업무의 큰 줄기와 보완·발전시켜야 할 사안들이 나름 정리가 됐다. 직원들 사이에서 "젊은 부군수님이 부임하니 업무보고 부담도 덜고 뭔가 다르다."는 평가가 있었다고 들었다.

담당급 이상 주요 간부들은 실과별로 틈나는 대로 돌아가며 오찬간담 등을 통해 한 명 한 명 얼굴을 익히면서 인사자료를 들여다볼 수 있도록 소프트웨어를 공유토록 해서 틈나는 대로 익혀나갔다.

[참고2]

취 임 사 / 제26대 홍천군 부군수 허성재

존경하는 **노승락** 군수님!
그리고, **홍천군청 가족 여러분!** 반갑습니다.

보잘 것 없는 제게 고향을 위해 일할 수 있는 기회를 주셔서 정말로 고맙습니다. 군수님과 군청 가족 여러분들께 진심으로 감사의 말씀을 올립니다.

이렇게 막중한 책임을 맡게 되니까 저 자신을 돌아보게 됩니다. 최근 고향으로 되돌아오는 과정 속에서 저의 지난 29년간 강원도청에서의 공직과정이 주마등처럼 스쳐졌습니다.

특별한 배경도 없는 그야말로 「흙수저」인 제가 기술직의 한계를 극복하면서 「**일로 승부한다.**」는 다짐과 실천으로 청춘을 보냈습니다.

일과 관련해서는 아무런 두려움 없이, 소신 있게 밀어붙이는 스타일, 열정, 과정, 노력들이 하나 둘 쌓여 총합을 이루고 이것이 오늘의 저를 있게끔 한 밑바탕이 아닌가 생각합니다.

그런데, 오늘 막상 이 자리에 서고 보니까, 개인적인 영광에 앞서 솔직히 말씀드리면 한없이 어깨가 무겁습니다. 저의 고향이기 때문입니다. 고향이기에 조심스럽고, 나름의 사명감·일 욕심도 생깁니다.

지금 우리 홍천군의 많은 현안들에 대해서는 이 자리에 계신 여러분이 더 잘 알고 계십니다. 「**꿈에 그린 전원도시 홍천**」이라는 비전아래 「**밝은 미래 희망찬 홍천!**」을 만들겠다는 **노승락** 군수님의 군정철학을 구현해 내는 것은 저와 군청 가족 여러분 공동의 몫이자 책무입니다.

행정이나 정치의 근본은 「**국민들을 편안케 하는 것**」입니다.

그 중심에 우리 군청가족이 있습니다. 관련해서 몇 가지 말씀을 올립니다.

① 행정은 혼자 하는 것이 아니기에, 저는 「**동행**(同行)」이라는 말을 좋아합니다. "멀리가려면 함께 가라."는 말이 있습니다.
　그동안 군수님과 군청 가족 여러분들이 하나로 뭉쳐 일해 오셨다고 봅니다만, 저는 수평적·수직적 협업과 소통을 보다 원활하게 해보려합니다. 「동행의 미학」을 살리는데 관심을 가지고 함께해 주시기 바랍니다.

② 어떤 일을 하거나 현상에 접할 때 「**사명감**(使命感)」이 매우 중요합니다. 저의 공직경험에 비춰 조직 구성원들의 사명감 유·무와, 그 크기는 결과에서 큰 차이가 나는 것을 체득했습니다.
　따라서, 군정을 수행하는 과정에 개인이 됐건, 부서가 됐건 사명감을 가지고 접근해 주셨으면 하는 당부를 드립니다.

③ 강원도에는 18개 시·군이 있고, 우리 홍천군은 11개 군 중에서 맨 앞에 자리합니다. 다시 말해서 「**수석**(首席)**군**」입니다.
　우리는 「수석군」으로서의 자긍심을 갖고, 「수석군」다운 모습으로 군민을 대하면서 군정을 펼쳐주셨으면 합니다.

저는 오늘부터 여러분과 함께 도정방침과 국정기조의 큰 틀 속에서 홍천군만의 강점과 특성을 살려 우리가 지향하는 「**꿈에 그린, 아니 꿈이 이뤄지는 전원도시 홍천**」을 실현해 내는 일에 앞장서겠습니다.

이 자리를 빌려 낮은 자세와 높은 사명감으로 제게 주어진 소임에 정말로 최선을 다하겠다는 다짐과 약속을 드립니다.

끝으로, 저를 고향으로 불러주신 존경하는 **노승락** 군수님과 **군청가족 여러분**들께 다시 한 번 깊은 감사의 말씀을 올립니다.

　감사합니다.　　(끝)

40 | 간부회의 준비와 주재

　대부분의 일선 시·군에서는 보통 한 주에 두 번 정도 간부회의를 한다. 홍천군의 경우 매주 월요일 08:30 군수 주재로 주간업무보고를 겸한 '간부회의'가 있고, 매주 목요일 08:30 부군수 주재로 '실과소장 회의'가 있었다.
　월요일 간부회의는 직제 순으로 실과소장이 주간업무보고 후 군수가 당부·지시사항을 전달한 후 먼저 퇴실하시면 부군수가 실과소장에게 당부·지시사항을 전달하고 회의를 끝낸다. 목요일 실과소장회의는 직제 순에 따라 현안사항 보고를 통해 공유하면서 부군수가 당부·지시를 하고, 주요 심의·의결사항을 이 때 처리하기도 한다.
　나는 평소 국·도정 현안사항을 살펴보고, 지역 동향이나 현안업무들을 챙겨두고, 결재과정에서 잘된 점, 미흡한 점 등을 꼼꼼하게 업무노트에 써 놓았다가 한 주에 두 차례 있는 '간부회의'에서 공유하거나 당부·지시하는데 주력했다.
　내가 부임했을 때 실과소장 27명 중 21명이 선배·연배였던 만큼 만 54세의 젊은 부군수인데다 고향 출신 부군수라는 점에서 뭔가 다름을 보여주고 싶었다. 특히, 근래에 홍천군에 기술직출신 부군수가 보임된 경우가 없었기에 나름대로 그 역할에 소홀함이나 빈틈을 보여서는 안 된다는 다짐이 있었다.
　어렵사리 부군수로 부임했는데 불러주신 군수님께도, 고향의 지역 주민들께도 보답하는 게 열심히 일하는 길 밖에 없다는 생각이 깊었었다. 그래서 '간부회의' 준비에 많은 노력을 기울였다. 비교적 젊고 기술직 출신 부군수로서 조직과 업무를 하나하나 장악해 나가는 길은 최대한 예의를 지키되 지휘부의 일원으로서 기존과는 다른 혁신적 방법으로 부군수의 직무를 수행해 나가는 방법이라고 판단했다.

매 간부회의 전에 업무노트나 별도의 메모지에 '주요 당부 및 지시사항'들을 요점형식으로 정리해서 회의 때 전달했다. 특히, 부단체장 회의결과 등은 메모지에 정리한 내용을 자치행정과 실무자로 하여금 미리 복사하여 회의장에 깔아주도록 하는 등 세심하게 배려하기도 했다.

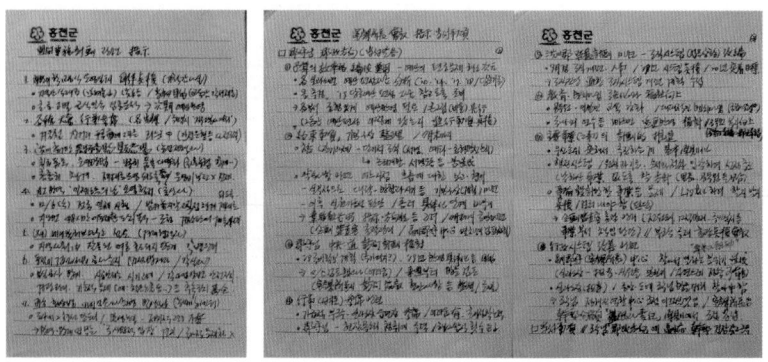

[3-3] 간부회의 당부·지시사항 정리 노트와 메모들

그러면서 '부군수 당부·지시사항'을 간부회의에서 전달하는데 그치지 않고 '행정내부시스템'의 공지사항에 게시토록 하여 본청은 물론 외청, 사업소, 읍면에 이르기까지 전 공직자가 공유할 수 있게 했다.

때론 내가 경험해 온 공직생활에서의 사례를 소개하기도 하고, 터득한 지식들이나 시사성 있는 용어들을 소개하기도 했다. 예를 들어, 언젠가 간부회의에서 홍천군의 성장동력을 확보하는 차원에서 '캐시카우(Cash Cow)'란 용어를 소개한 적이 있었는데, 공지사항에 게시된 '부군수 당부사항'에 따라 직원들이 인터넷으로 '캐시카우' 용어를 검색했다는 얘기도 들려 왔다.

이처럼 '간부회의'를 단순하고 의례적인 행사에 그치지 않고 **군정 발전에 도움이 되는 방향으로 전환**하려는 시도를 했다.

41 | 직접 쓴 행사 스피치

일선 시·군의 부단체장은 단체장이 부득이 참석하지 못하는 행사에 대신 참석해서 인사말·축사·격려사 등의 스피치(speech)를 할 때가 많다. 나는 사무관 때부터 가끔 강의도 했고, 과장 때는 전국단위 대규모 발표대회 연단에 서거나 공식적인 회의를 주재하기도 했었기에 '연단공포증'은 없었다.

또한 평소 스피치를 할 때 원고를 읽지 않았다. 문장대로 읽는 건, 왠지 모르게 듣는 사람들로 하여금 어색할 수 있고, 또 내가 하고픈 말을 제대로 전달하는데 제약이 있을 수 있기 때문이었다.

부임하고 얼마 안돼서 행사장에 군수님 대신 참석해야 한다면서 실무진이 가져 온 축사(祝辭)를 훑어보니 그대로 쓰기엔 어색하게 느껴졌다. 나는 A4용지 반절 규격의 메모지에 주요 참석인사, 행사에서 전달해야할 키워드 몇 개만 몽블랑 만년필로 정리해서 양복주머니에 넣고 행사에 참석하여, 미사여구(美辭麗句)로 가득한 스피치는 아니지만 축하의 의미를 담은 **'내 방식의 축사'**를 했다.

자치행정과 서무팀에 군수와 부군수의 행사 연설문 작성을 전담하는 직원이 한 명 있었는데, 옆에서 지켜보니 행사가 겹칠 땐 업무부하가 걸리는 형편이었다. 나는 스피치를 담당하는 그 직원을 불러 "앞으로 제가 가는 행사의 스피치는 스스로 알아서 할 테니 크게 신경 쓰지 마시고, 군수님 스피치만 신경 써서 잘 챙겨 드리세요."라고 지시했다.

그리고 '간부회의'에서 실과소장들에게 "부군수가 참석하는 행사의 스피치는 주요 참석인사 명단과 행사의 성격, 전달해야할 키워드 2~3개만 메모해서 주시고, 원칙적으로 수행이나 안내도 하지 말고, 꼭 필요한 경우 누구든 한 사람만 행사장에 나오도록 하라."고 전달했다.

우리는 흔히 '행사는 잘해야 본전이다.'라는 말이 있듯이 세심한 준비와 노고가 따른다. 여기에 본연의 업무로 바쁜 직원들의 업무 부담과 부하를 조금이라도 덜어주고 싶었기 때문이었다.

그래서인지 인사위원회, 도시계획위원회 등 심의·의결이 필요한 회의 '진행 시나리오'에도 위원장 인사말은 공란으로 남겨진 채 올라오는 일이 많았다. 그래서 **행사를 앞두곤 밤에 관사에서 간략한 스피치를 메모지에 정리**하는 일이 잦았다.

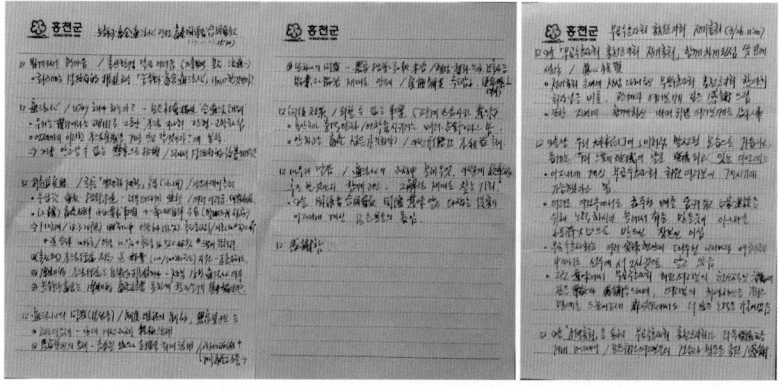

[3-4] 직접 정리해서 사용했던 행사스피치용 메모들

제7대 전국동시지방선거로 군수권한대행을 할 때는 워낙 행사가 많아 미처 스스로 정리할 여유가 없었기에 스피치 담당 직원에게 A4용지 한 장을 위아래 두 쪽으로 나눠 약식 정리토록해서 쓰기도 했었다.

42 | 행정체계 바로잡기

나는 홍천군 부군수로 부임하면서 나름 행정체계가 제대로 잡혀있을 거라 생각했다. 취임사에도 '수석(首席)군'을 언급했듯 강원도 18개 시·군 중 군(郡)의 제일 앞에 있고, 인구규모도 7만여 명으로 군 중에서는 제일 많았다. 객관적인 요소들을 살펴볼 때 당연히 그렇게 생각했다. 하지만 이런 나의 기대는 오래 지나지 않아 바로 무너졌다.

부임 첫날 큰 규모의 수해피해가 있었다. 도에 근무할 때 실무자부터 관리자에 이르기까지 풍수해와 설해, 대형 산불피해는 물론, 심지어 무장공비 침투사건까지 무수히 많은 위기 상황에 대처했던 경험이 있어 나름대로 큰 그림이 머릿속에 있었다. 홍천군 지역에도 과거 몇 건의 대형 수해나 산불피해를 경험했던 터라 어느 정도 시스템이 작동될 걸로 판단했다.

그런데 부임하자마자 닥친 큰 수해에 대응하는 걸 지켜보니 컨트롤타워가 제대로 작동되지 않았다. 가장 기본이 되는 피해상황 집계도 안 되고, 제대로 된 보고서 한 장 나오지 않았다. 도에서 상황 관리하던 보고서 샘플(Sample)들을 전달해 줘도 정리가 제때, 제대로 된 보고서가 나오질 않았다.

국민안전처, 지역구 국회의원, 도의회 현장 방문이 이어지는데 피해현황 보고서와 현장보고용 판넬 등이 제대로 준비되지 못했다. 부임한 지 며칠 안 된 부군수 입장에선 낯 뜨거운 처지가 됐다.

이를 바로 잡기 위해 '간부회의'에서 개선을 지시하고, 몇몇 보고서들은 실무진이 만들었던 내용과 내가 수정·보완한 내용을 비교할 수 있도록 간부들에게 배포하거나, 내부 행정망에 올려놓기도 하는 등 부단히 노력했다.

부임 후 며칠 지나지 않아 S 행정담당이 집무실로 들어왔다. 나는 "무슨 일이시냐?"고 물었더니, "6월말 기준으로 근무성적평정을 해야 하는데, 군수님께서 이렇게 순위를 매겨주셨습니다." 하면서 A4용지 몇 장을 내민다. 내용을 보니 직렬별로 순위와 성명을 정리한 자료였다.

나는 "근평은 별도의 심의기구가 있을 거고, 보다 객관적인 절차를 거쳐서 해야 되는 거 아닌가요? 그리고 6월말 기준 평정이면 전임 부군수 때 처리했어야지 7월 1일자로 부임한 내가 할 건 아니지 않나요?"라고 물으니 S 담당은 "지금까지 군수님이 순서 정해주시면 그대로 했고, 6월말 근평이라도 부군수님이 하셔야 합니다."라고 한다. 나는 "이번만큼은 내가 근무하기 전의 평정이니 그냥 넘어가겠지만, 연말 평정부터는 제대로 객관적 절차에 따라 해야겠어요."라고 말해서 내보냈다.

며칠 후 행정팀 인사업무를 담당하는 K 차석 주무관이 서류를 안고 들어와서 대뜸 "부군수님 며칠 전 저희 계장님이 말씀드린 근평 서류인데 부군수님 도장 주시지요. 제가 찍겠습니다."라고 한다. 나는 순간 부군수를 핫바지로 보는 것 같은 생각이 들어서 당황스럽기도 하고, 은근히 부아가 치밀었다. "이보세요. K 주무관님! 부군수 도장 달라는 건 문제가 있지 않아요. 행정체계가 없다 해도 이건 아니지요. 아무리 군수님이 정하신대로 정리한 문건이라도 인사 관련서류인데 날인은 직접 해야지… 올려놔요. 내가 찍어 줄 테니…"하면서 서류는 보지도 않고 도장을 꾹꾹 찍어서 내보냈다.

민선시대 단체장 중심으로 일처리를 한다 해도 심하단 생각이 들어 「전결규정」을 살펴보니 '공무원 근무성적평정'은 부군수 전결사항이었다. 나는 군수님께 수시로 현안보고와 상의를 드리는 자리에서 근평 관련해서 잘못된 절차와 시스템을 개선하겠다고 보고를 드리고, 간부회의 자리에서 연말 근평부터는 '도청 방식'으로 개선·시행할 방침임을 공론화 했다.

부군수로 부임한 지 세 달 가까이 지날 무렵 '2018년도 군정시책보고'가 있었다. 몇 개 실과씩 묶어 4개 그룹으로 다음 연도 주요 군정업무 추진방향과 계획을 보고하는 자리였다.
나는 그룹별로 편철된 시책보고서를 미리 가져오도록 해서 세밀하게 검토했다. 그룹별로 보고회장에서 실·과·소장들이 보고하면 군수님이 큰 줄기에서 방향을 잡거나 보완 또는 역점적으로 추진해야 할 사항들을 당부·지시하시고 나면 이어서 부군수가 하는 방식으로 운영됐다.
군수님이 주재하시는 회의석상에서 부군수가 디테일하게 지시를 하는 건 결례라 생각해서 미리 '당부·지시할 내용'을 정리해서 실·과·소장들에게 배포를 하고선 큰 줄기로 간략히 전달을 하는 방식으로 진행했다.
연례·반복적으로 이뤄지는 시책보고회는 매년 그 내용이 창의적으로 다뤄지지 않아 크게 달라지지 않고 있어 새로운 차원의 접근방향을 제시하는 역할을 했다.

2018년 6월 「민선7기 군정」 출범을 하루 앞둔 토요일. 군수 취임식 준비 등 점검을 위해 출근을 했다. 군청 앞마당에서 청사로 걸어서 들어서며 청사에 새로운 군정구호 「풍요로운 행복창조도시 홍천」 현판이 새로 걸린 걸 봤다. 그런데 도안이 흰색바탕에 검정색 글씨로 제작돼서 새로운 희망을 주기는커녕 꼭 무슨 장례식장 같은 느낌이 드는데다 좌측으로 치우쳐 균형도 잡히질 않았다.

집무실에 들어와 C 기획담당에게 전화를 거니 그 시간에 남산에 올라 있었다. 자초지종을 물으니 내게는 거치지도 않고 군수당선인 검토를 받아 이미 군청과 외청·사업소는 물론, 10개 읍·면사무소까지 모두 설치를 완료했단다. 미술계에서 초대작가로 활동하는 내게 거쳤다면 도안부터 새롭고 눈에 확 들어오는 현판이 됐을 텐데… 현판을 설치한 광고업자를 알아보니 다행히 나와 고등학교 동기였기에 군청에 설치한 하나만이라도 좌측으로 치우친 느낌이 드니 바꾸도록 양해를 구해 겨우 한 개만 균형감 있게 보완하는 걸로 마무리 했다.

나중에 내가 홍천을 떠난 후에 오가며 도로 곳곳에 설치한 아치형 광고물인 「대한민국 대표 건강놀이터 홍천」의 도안은 청색바탕에 일부 회색글씨가 들어 있어서 멀리선 제대로 보이지도 않고 차량으로 가까이 가야만 읽을 수 있게 설치돼 있어 볼 때마다 아쉽다는 느낌이 들었다.

한 해에 몇 차례 '군정질의'가 있다. 도의회는 부단체장에겐 특별한 경우를 제외하곤 거의 질문을 안 하는데, 군의회는 부군수에게도 질의를 한다. 또 행정사무감사 때는 부군수가 배석해서 실과소장들의 수감상황을 살피고, 필요한 경우 보충답변을 하는 시스템으로 운영되고 있었다.

내가 사무관 시절 도의회사무처 전문위원실에서 4년 넘게 위원회 운영과 의정활동을 보좌했던 경험에 비춰볼 때 그간 실·과·소장들의 군의회 대응과 답변사항들을 지켜보니 깊이 있는 준비와 답변논리가 많이 부족하다는 걸 느꼈었다.

그러던 중 부군수인 나에게도 질의답변 기회가 왔다. 나는 간부들에게 군의회 답변자료 준비와 답변기법을 전수시키는 기회로 활용해야겠다고 생각해서 질의내용에 맞는 현황과 실태, 답변요지와 향후 발전과제, 예상 답변내용, 참고자료 등을 체계적으로 정리했고, 군의회에서 군수와, 실과소장, 주요 담당들이 배석한 가운데 발언대에 서서 의원의 질의에 답변했다.

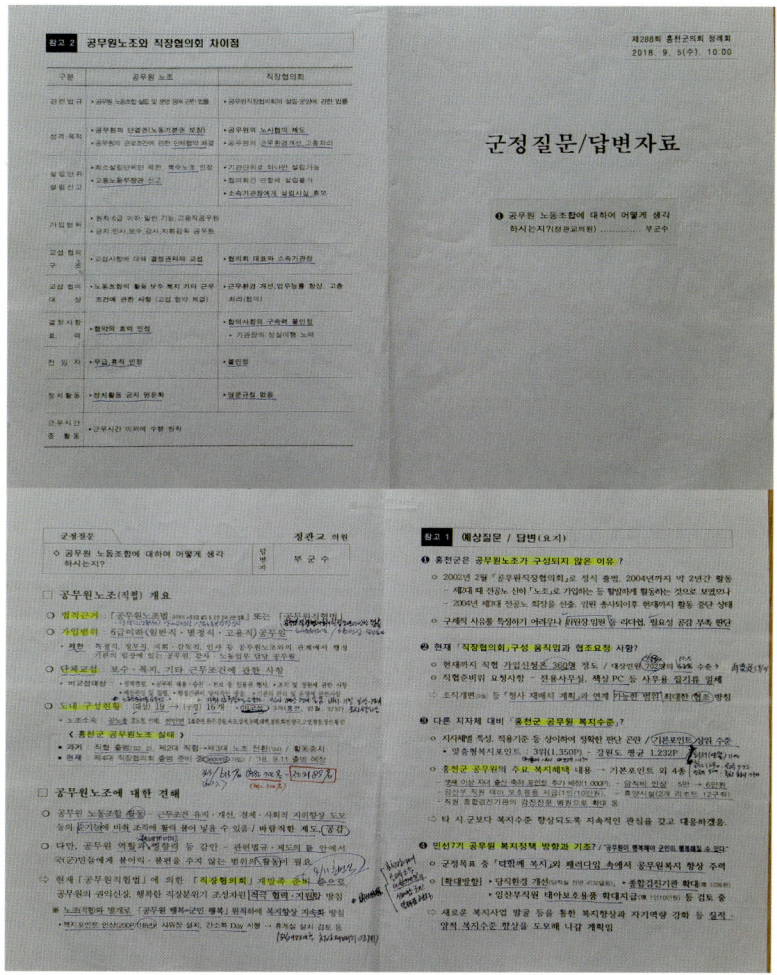

[3-5] 군정질의 답변자료

군의회 답변이 끝나고 일부 간부들이 "역시 도에서 내려온 부군수가 답변하시는 걸 보니 다르더라. 배울 게 많더라.…"는 얘기들이 회자되기도 했었다.

제288회 홍천군의회(정례회) **본회의회의록** 제2호
2018년 9월 11일(화) 오전 10시 / 부의안건 1. 군정질의

○의장 김재근   다음 부군수님은 답변대로 자리를 이동해주시기 바랍니다.   정관교 의원께서는 나오셔서 질문해 주시기 바랍니다.
○정관교의원   안녕하십니까?
정관교 의원입니다. (중략) 먼저 존경하는 **허성재 부군수님께 질문**을 드리겠습니다. 답변서에 제가 질의했지만 사실 홍천군청에 지금 공무원들의 노조가 결성이 안 되고 있죠?
○부군수 허성재   그렇습니다. **오늘 새롭게 창립**을 합니다.

○정관교의원   오늘 노사협의회가 발족이 되는 걸로 알고 있습니다. 공교롭게 제가 질문 드리기 전에 발족이 되는 것에 대해서 감사드리고요. 노조에 대해서 부군수님은 어떻게 생각하십니까?
○부군수 허성재   노조는 공무원들의 근무조건 개선이라든가 또 사회경제적인 지위 향상, **여러 가지 순기능이 있기 때문에 바람직하다고 생각하고 공감**을 하고 있습니다.   (중략)

○정관교의원   저는 이제 공무원 노조가 필요하다고 느끼는 게요. 사실 노사협의회로 하지만 지금 300명 이상이 노사협의회로 발족이 되는 걸로 알고 있습니다. 제가 이 질문을 군수님한테 질의를 안 하고 부군수님한테 질의를 한 것은 부군수님은 현재 공무원이시고 선출직이 아니시니까 전 개인적으로 군수님 자체는 외형적으로 대외적으로 일할 수 있는 분이라고 보고요. **부군수님의 위치는 진짜 어머니이자 내조를 할 수 있는 아내 역할로 공직자들을 챙겨야 된다**고 보거든요. 저 역시 노동자로 생활을 해보고 사업자로도 생활을 해봤지만 공직자 여러분들이 마음껏 일할 수 있는 것을 만드는 것은 수시로 4년에 한 번 바뀌는 단체장도 중요하지만 부군수님이 주축이 돼서 실과장님들과 같이, 이번에도 9월 이후부터 조직개편이 돼서 두 개의 국이 생기면서 다시 조직이 새로 서는데 그런 면이 있을수록 조직이 올바르게 설 수 있는 것은 노조가 성립돼서 공정한 인사가 이루어져야 된다고 보고요. 단체장이 바뀌면서 불이익을 받으면서 보복성 인사라든가 좌천되는, 열심히 하는

직원들이 자기 자신의 자아실현도 못하고 발전될 수 있는 역할을 못할 때 그런 공직자에 대해서는 엄청나게 안타까움을 느끼고요. (중략) 향후 협의회가 발족이 되면 협의에 대한 활성화시킬 수 있는 방안을 따로 가지고 계시나요?
○부군수 허성재   여러 가지로 지원요청 들어오는 부분도 있고 그런 부분은 **조직개편이 마무리되면 사무실 문제라든가 집기 문제, 그런 외향적 문제뿐만 아니라 내부적으로 시스템이 잘 굴러갈 수 있도록 그런 부분을 챙겨 나가겠고** 군수님께서 공무원이 행복해야 군민이 행복하다는 모토를 가지고 계시기 때문에 저희들 공직 내부의 복지 향상이라든가 이런 부분도 계속 신경을 쓰겠다는 말씀을 드리겠습니다. 그동안 제가 와서 올해 복지포인트도 200포인트 기본적으로 올렸고 당직자들이 샤워할 수 있는 부분도 없어서 그런 것도 확충을 했고 종합민원실 리모델링과 관련해서 당직실도 깔끔하게 바꾸려고 진행 중에 있고 여러 가지 부분을 같이 챙기겠다는 말씀을 드리고 이 자리를 빌려서 **공직자의 역할이라든가 역할론,** 이런 부분을 긍정적으로 바라봐주신 데에 대해서 감사드리겠습니다.

○정관교의원   단예로 사실 노동조합이라는 게 (중략) 앞으로 **군수님보다는 부군수님 체제가 또다시 우리 공무원들 열심히 할 수 있는 분위기는… 책임 있는 중대한 업무가 잘 이루어지기를** 바랍니다.
○부군수 허성재   알겠습니다. 군정은 군수님을 중심으로 가기 때문에 군수님과 수시로 상의 드리고 해서 공직 내부가 행복할 수 있도록 최선을 다하겠다는 말씀을 드리고 그런 과정에서 노조가 아니기 때문에 노동삼권이 보장되는 그런 단체교섭력은 없지만 앞으로 그렇게 갈 것이라고 보고요. 노사협의제도로서 출범하는 직장협의회와 유기적인 협력, 협치를 해서 공직 내부가 행복할 수 있도록 하겠다는 말씀을 드리고 그동안 **여러 가지 인사 문제와 관련해서 잘못됐던 관행들이** 있었습니다. 그런 부분을 제가 시정하는 과정에서 다소 잡음도 있었습니다만 이런 부분들이 협의회와 협의해 나간다면 조금 더 완만하게 되고 아까 우려하셨던 편 가르기 이런 부분은 어제 간부회의에서 강조해서 말씀드렸는데 반드시 사라져야 된다고 보고 그런 부분이 지속된다면 그 부분에 대해서는 단호하게 조치할 수밖에 없다는 말씀을 의원님께 드리겠습니다.

　(이하생략)

[참고3]　　2018년 시책보고회 당부·지시사항(요약)

3부 고향 부군수… 그 시작과 끝

43 | 바보 부군수 만드는 일들

군정(郡政)이 민선단체장인 군수 중심으로 이뤄지다보니 부군수의 역할과 기능에 있어 제약과 한계가 많은 게 현실이다. 정치와 행정의 상호관계 속에서 부군수가 어떻게 조율하는 역할을 할 것인가라는 어려운 숙제를 늘 안고 있다.

단체장과 부단체장의 역할과 기능은 「지방자치법」 등으로 정해져 있지만 기초자치단체의 인사권을 가진 군수에게 권한이 집중될 수밖에 없다. 그래서인지 내가 부군수로 근무하는 동안에도 부군수를 건너뛰는 등 바람직하지 않은 사례들이 자주 나타났다.

어느 날 군수님께 보고·상의할 일이 있어 집무실에 들어갔더니 군수님이 '추경예산(안)'을 검토하고 계셨다. 부군수인 내가 보지 못했던 문서였다. 순간 '이게 뭐지! 지금까지 홍천군 행정시스템이 이래 왔나. 고향 출신인 나에게도 이러면 타 지역 출신으로 거쳐 간 전임 부군수들에겐 어땠을까?'라는 생각에 당황스럽기도 하고 바로 잡아야겠다는 생각이 들었다.

군수님과의 용건을 마치고 내 집무실로 돌아와 예산담당을 불렀다. 나는 평소 간부뿐만 아니라 하급 직원들을 호칭할 때 존칭을 썼지만 이 때 만은 의도적으로 존칭을 생략했다. "J 계장! 군수님이 추경예산(안)을 보시던데 내겐 보고도 없이… 어떻게 된 거야. 지금까지 J 계장은 이런 식으로 일 했어!"라고 다그쳤다. J 계장은 얼굴이 벌게지더니 "부군수님 죄송합니다. 군수님이 갑작스레 찾으시는 바람에… 죄송합니다."하는 거다.

당사자가 죄송하다는데 더 이상 뭐라 얘기하겠는가! 나는 "아무리 급해도 사후 보고라도 해야지. 군수님 중심으로 행정이 돌아간다지만 위계질서는 스스로 지켜야지 고향 출신인 내게도 이 정도면 그동안 거쳐 간 전임 부군수 들에겐 얼마나 더 했겠어. 앞으로 한 번만 이런 일이 더 있으면 그땐 곤란해. 명심해요!."고 엄중하게 경고를 줬다.

또 어느 날은 군수집무실에 들어가니 도시정비 업무를 담당하던 P 담당이 군수님에게 도시정비와 관련한 문서를 놓고 보고를 한다. 부군수인 나를 건너뛰고 군수님께 직보(直報) 하는 게 앞선 예산담당과 유사한 행태가 벌어진 것이다. 이런 일이 비일비재했다고 밖에 달리 생각할 수 없었다.
나는 관련 과장과 P 담당을 집무실로 불러 강한 어조로 질타를 해서 돌려보냈다. 그리고 나서도 몇 차례 같은 일이 반복됐다. 군수 중심의 일처리를 위해 부군수를 건너뛰는 이상한 행태는 여기저기서 자주 일어났었다.

대부분의 조직이나 사람들은 귀찮고 책임질 일을 꺼리는 경향이 있고, 공직 사회도 예외는 아니다. 나는 평소 '누군가 해야 할 일이라면 내가 하자!'는 입장을 견지해왔다.
언젠가 도청 기획담당으로 근무했던 고시출신 L 사무관님이 내게 "부서별로 자료를 챙기던 중에 A4용지 반장 정도만 간략히 정리해 주면 될 사안에 대해 ㅇㅇ국 담당자가 자기네 소관이 아니라는 내용으로 두 장이 넘게 정리를 해서 가져왔데요."라고 말했던 적이 있었다. 이게 공직 내부의 실상이다. 특히 풀기 어려운 민원이나 새로운 업무의 배분에 있어 부단체장이 정리해 주는 경우도 자주 일어난다.
이렇듯 부서 간 떠넘기기는 밖으로 알려질 경우 웃음거리가 되기 때문에 공직자들이 매우 조심해야 한다. 그런데 부군수가 배석한 군의회에서 질의답변 내용 전체가 고스란히 속기되어 회의록으로 영원히 남겨지는데도 '떠넘기기식 답변'을 해서 낯 뜨겁게 한 경우가 있어 이를 바로잡기도 했었다.

....

제288회 홍천군의회(정례회) **본회의회의록 제4호**
2018년 9월 13일(목) 오전 10시 / 부의된 안건 1. 군정질문

· · · · ·

○의장 김재근   다음 이호열 위원께서는 나오셔서 질문해 주시기 바랍니다.

○이호열위원   이호열 위원입니다.
   제가 축산과에 질문을 세 가지를 드렸는데요. 먼저 축사관리와 퇴비사 관리를 어떻게 하냐고 질문을 드렸습니다. 여기에 대해서 어떻게 하고 계시는지 답변을 부탁드립니다.
○축산과장 ○○○   사실 축사 관리와 퇴비사 관리는 축산과에서 관리하는 것은 축사는 사실 신축을 지원해서 관리하는 것은 없습니다. 퇴비사는 보조금으로 지원된 퇴비사가 2013년부터 2017년까지 47농가에 설치했습니다. 이 관리 농가는 실태조사를 매년 하고 있고 보조금 사후관리계획이 10년이기 때문에 관리하고 있고 나머지 일반적인 것은 가축분뇨처리에 관한 법률에 의해서 하고 있습니다.
○이호열위원   그 말씀은 들었습니다. 보조 사업을 한 것은 축산과에서 관리를 하고 **일반 축사는 환경위생과에서 관리한다는 얘기는 들었는데** 제가 봤을 때 축산과가 있는 한 보조를 줬든 자부담을 줬든 관리할 필요가 있다고 생각합니다. 어떻게 보조금 준 것만 관리를 하고 일반 축사는 관리를 안 하고 있다고 하면 일반 축사는 축사가 아니잖아요.
○축산과장 ○○○   저희가 관리하고 있는 것은 가축사육업 등록허가는 전체 농가는 그쪽으로 해서 관리하고 있습니다.

○이호열위원   어쨌든 관리 좀 잘 해주셔서 문제가 없도록 해주시길 부탁드리고요. 우리 예를 들어서 돈사에 마리수가 순환되는 게 1,000마리가 된다, 그러면 분뇨처리량이 1년에 얼마나 된다는 게 나오나요?

○축산과장 ○○○   기본적으로 나오는데 데이터는 정확하게...
○이호열위원   개인당 예를 들어서 1년에 분뇨처리한 양을 확인할 수는 있잖아요.
○축산과장 ○○○   예.
○이호열위원   그러면 제대로 했는지 안했는지 나올 거 아니에요.
○축산과장 ○○○   예.

○이호열위원   제대로 다 하고 있나요?
○축산과장 ○○○   분뇨 처리에 대해서 다시 말씀 드리면 환경위생과에서 수시로 나가서 점검을 하고 있습니다.
○이호열위원   **이것도 환경위생과에서 한다?**
○축산과장 ○○○   예. 저희는 축산법에 따라서 관리하는 것은 적정사육두수, 그것 밖에 사실 없습니다.
○이호열위원   **축사가 됐든 돈사가 됐든 규정에 맞게 하냐 아니냐만 관리를 하신다?**
○축산과장 ○○○   예.
○이호열위원   지금 제가 봤을 때 한우 우사 같은 걸 보면 지금 퇴비사를 지을 때 짓잖아요. 그러면 소 먹일 곳이 없으니까 퇴비사까지 갖다가 먹이는 경향이 있어요.
○축산과장 ○○○   일부에서 그런 얘기가 들립니다.

○이호열위원   그럼 이건 **축산과에서 관리를 해야 되잖아요.**
○축산과장 ○○○   사실 어떻게 보면 농가들이... 저희가 신고가 들어오면 환경위생과하고 같이 나갑니다. 나가서 단속을 하는데...
○이호열위원   이게 문제가 범법자를 만드는 게 우리 축산인들이 범법을 만드는 거예요. 퇴비사까지 그렇게 하고 퇴비는 바깥에다가 놓고 비가 오나 뭐가 오나 똥물이 흘러가게 하니까 옆에 사람들이 민원을 넣는 거잖아요. 그래서 저는 드리고 싶은 얘기가 일자리 창출도 되고 민간 암행어사 감시단을 둘 필요가 있지 않나.
○축산과장 ○○○   사실 환경감시원들이 활동을 하고 있습니다.
○이호열위원   축사 관리를 다니면서 해요?
○축산과장 ○○○   민원이 들어오는 데는.
○이호열위원   제 얘기는 그 얘기가 아니라 매일 갈 수는 없지만 좀 돌면서 홍천군의 축사를 감시단이 가서 언제 간다는 얘기도 없고 가서 감시할 필요가 있다는 얘기죠.
○축산과장 ○○○   위원님 말씀에 공감합니다.

○이호열위원   일자리 창출 차원에서 좋잖아요. 그래서 그런 식으로 해서 축산인들이 내가 모범이 돼서 잘하겠다는 것을 보여줄 필요가 있다는 거예요. 그래서 저번에도 말씀을 드렸지만 1차 문제가 있을 때는 경고를 분명히 드리고 2차 걸렸을 때는 벌금을 아주 과중하게 매겨야 돼요. 조금 매기니까 몇 백만 원 내고 말잖아요. 세 번째 걸릴 때 아예 폐업을 시켜버리면 하라고 해도 안 해요.
어떻게 이렇게 관리를 좀 해나가실 건가요?

○축산과장 ○○○   환경위생과에.

○이호열위원   같이 협조해서.

○축산과장 ○○○   같이 협조해서 참고하겠습니다.

○부군수 허성재   존경하는 이호열 위원님, 제가 잠깐만 답변을 올리겠습니다. 축산 분뇨와 관련해서 과장님께서 환경위생과 부분을 강조하시는데 분명히 제가 말씀 드리지만 법적으로 위법행위가 있는 부분에 대해서는 환경위생과가 조치를 해야 되는 것이고 축산과에서는 축산 농가에 대한 지도관리 감독은 분명히 해야죠. 전체적으로 환경위생과로 넘기는 것은 바람직하지 않고 예를 들어서 한우나 양돈, 모돈, 자돈, 1일 생산량, 위원님 말씀이 맞습니다. 두당 1일 분뇨생산량이 나오면 그거에 대한 관리를 분명히 축산과에서 할 수 있죠. 이걸 부서 간으로 넘기는 것은 바람직하지 않고 그 부분에 대해서는 부서 간 의견을 정리해서 합리적으로 관리하겠습니다.

....

지방자치단체장 중심으로 권한이 집중되고 마땅히 통제할 제도나 수단이 마련되지 못한 현실에서 군정의 2인자인 부군수를 바보 만드는 일들은 정말로 사라져야할 현안과제이다.

44 | 군수와 부군수 예우 차이

나는 평소 상급자로 예우를 받겠다는 생각은 추호도 없었다. 수직적·수평적 협업과 소통을 원활하게 하는 게 조직운영에서 시너지를 낼 수 있기 때문이다.

부군수로 내정된 때부터 부군수로서 어떻게 수직적·수평적 관계의 가닥을 잡아나갈지 나름 많은 고민을 했다. 만 54세의 비교적 젊은 나이에 고향 부군수로 부임하게 되어 실·과·소장 대부분이 선배·연배라는 특성이 있었던 데다 그렇다고 너무 가볍게 비춰진다면 조직과 인력의 통솔에 문제가 있을 수 있기 때문이었다.

그래서 가벼운 스탠스(stance)로 가자고 마음먹고 첫 간부회의를 통해 "저는 부군수로 대우나 대접받으러 고향에 온 건 아닙니다. 내부 행정망에 올려드린 취임사에도 한 구절 있습니다만 '수직적·수평적 협업과 소통'을 바탕으로 일하려 합니다. 다만, 일과 관련해서는 제 나름의 기준과 원칙이 있습니다. 군정이 나아지고, 보다 군정 발전에 도움 되는 사안에 대해서는 철저하게 관리해 나갈 생각입니다. 실·과·소장님들께서 이런 저의 뜻을 우리 직원들에게 꼭 전달해 주시기 바랍니다. 관련해서 우선 세 가지만 말씀드립니다. ▸하나는 **부군수 관용차량은 의전 상 필요할 경우 언제라도 편하게 사용**하시기 바랍니다. 일정이 중첩되면 저는 관사에 있는 제 개인차량을 써도 됩니다. ▸두 번째는 **부군수가 참석하는 행사에 여러 명의 공무원들이 안 나오셔도** 됩니다. 과장·담당·주무관 쭉 나오시는 건 인력 낭비라고 생각합니다. 그럴 시간에 바쁜 일 하나라도 더 챙기시면 시간외근무도 줄일 수 있을 거예요. ▸또 하나는 **식사나 술자리에서 제게 무릎 꿇고 술잔 주시는 일은 절대 없었으면** 합니다. 그런 건 수직적 문화가 강했던 시절에나 맞는 것이었습니다. 이렇게 미리 당부를 드렸는데도 무릎을 꿇고 술잔을 주시는 분께는 벌칙으로 석 잔을 먼저 드시게 한 후 제가 받도록 할 생각입니다."라고 미리 공지를 했다.

이렇게 당부를 하고 나니 몇몇 실·과장과 담당, 직원들 반응이 들려왔다. 별스런 부군수라는 일부의 얘기들도 있었지만, 대다수 직원들이 "실과별 업무보고도 안 받으셨는데, 지금까지 해 오던 관행적 예우도 내려놓으시겠다니 깔끔하고 상쾌하다"는 반응이었다.

그러다보니 부군수로서 몸은 고단해졌다. 때에 따라선 술자리가 많은 탓에 취기가 있는 상태에서도 관사의 책상 앞에 앉는 일이 많아졌다. 적당히 직원들이 챙겨주는 대로 편하게 지내도 될 일을 '일벌레 정부미'로 살아 온 나의 공직 습관과 스타일(style)을 바꾸기가 쉽지 않았다.

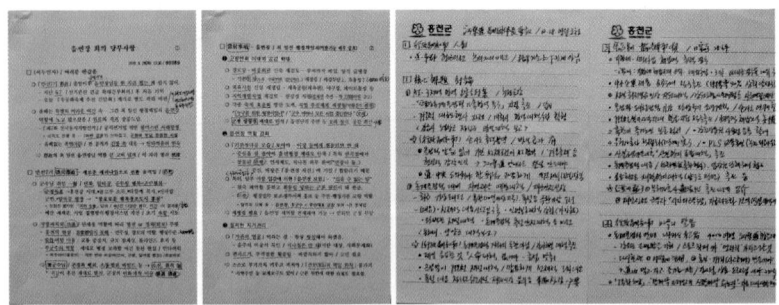

[3-6] 읍면장회의 당부사항 / 부단체장 회의결과 정리자료

심지어 분기별로 한 번 정도 있는 '부단체장 회의'에도 다른 시·군은 행정담당이나 서무담당 등 담당급 공무원이 꼭 따라

오던데 나는 수행하는 사람 없이 부군수 차량을 운행하는 직원과 단둘이 다녀오는 경우가 많았다. 뿐만 아니라 회의에 다녀오면 수행했던 직원이 없었으니 **'부단체장 회의결과'를 손수 정리해서 간부회의에 배포하거나 내부 행정망에 올려 전 직원이 공유**할 수 있도록 했다.

가끔은 내가 생각해도 너무 예우를 안 받았나 하는 생각이 들 때가 있을 정도였다. 부군수가 예우나 받으려 하는 건 내 직성에 맞지도 않았고, 내키지도 않았기 때문이었다.

대신 군수님은 대외적으로 홍천군의 대표이자 얼굴이기에 실수나 위신이 깎이는 일이 없도록 철저한 의전과 예우를 해드리도록 채근해나갔다. 군수님이 참석하시는 주요 행사는 직·간접적으로 모니터링을 해서 미흡했던 사항에 대해서는 반드시 관련부서나 간부회의에서 주의를 촉구하거나 시정하도록 했다.

군수님이 곤란하시거나 곤경에 처할 사안에는 직접 앞에 나서 해결하기도 했다. 예를 들어 집단민원을 둘러싸고 도로변에 군수의 이름을 넣은 현수막을 걸었던 사안에 대해서 관련 당사자를 직접 만나서 "군수가 개인이 아닌 기관의 대표적 성격을 갖는데 왜 굳이 개인 이름을 써서 명예를 훼손하느냐"는 논리를 내세워 개인 이름을 **빼도록** 바꾸거나 현수막 자체를 떼어 내도록 했다.

45 | 방패막이- 배짱 있는 부군수

1991년 풀뿌리 민주주의로 지역 주민이 대표를 뽑아서 그 지역의 일을 처리하도록 하는 제도인 '지방자치제도'는 그 순기능에도 불구하고 내가 부군수에 보임된 때 약 26년 정도 지났는데도 일선 행정관서에서는 여러 부문에 걸쳐 크고 작은 문제들이 자주 일어나고 있었다. 선거를 의식한 단체장의 오락가락하는 스타일은 소속된 직원들을 난처하게 하거나, 인사권에 함몰돼 소신껏 일하지 못하게 만들기도 했다.

나는 부임 직후 군수님께 "부군수는 군청의 어머니 같은 존재로 행정 내부의 일을 책임성 있게 관리해 나가겠습니다. 그리고 군수님의 정치적 입장 등을 고려해서 군수님이 곤경에 처하실 현안들에 대해선 제가 방패막이 역할을 해 나가겠습니다."라고 말씀을 드렸었다. 간부들에게도 "군수님께 부담으로 돌아올 일들은 기본적으로 실·과·소장님들이 선제적으로 대응해 주시고, 가급적 부군수 선에서 대응한다는 전제하에서 군정업무를 수행해 달라."고 당부했다. 내가 나중에 정치를 할 것도 아니고, 고향의 부군수로서 **욕을 먹더라도 군수님보다는 부군수인 내가 떠안는다는 각오와 다짐**에서였다.

......

부임 후 2주 정도 지났을 때 비서실장이 집무실로 들어와 "ㅁㄴ농장 악취 민원과 관련해서 마을 주민들이 군수님 면담을 요청하며 농성을 하는 것을 일단 행정상황실에 자리를 마련했는데 과장들이 대응하기엔 좀 벅찬 것 같으니 부군수님이 나서 주시면 좋겠습니다."라고 보고를 해 왔다.

나는 부임한 지 얼마 안 되었고 지역 현안문제를 하나하나

파악해가기 시작한 시점으로 'ㅁㄴ농장 악취로 주민들이 집단 민원을 내고 가끔씩 해결을 촉구하는 농성을 하고 있다.'는 정도로 이해하고 있었다. 급히 해당업무 담당을 불러 문제의 근본 원인과 그 간의 조치들을 1~2분 정도 짧게 머릿속에 넣고 회의실로 들어갔다.

회의실 좌석이 원형으로 놓여졌고, 상석에 내 자리를 비워놓고 있었다. 나는 "대표되시는 분이 어느 분이십니까?"를 묻고, "그럼 제가 마주 앉는 게 좋겠습니다."라며 주민들이 앉은 자리의 가운데를 비집고 들어가 마주 앉았다. 자리에 앉자마자 내부를 둘러보니 주민들이 가져온 녹화용 카메라가 설치돼 있었고, 돈사에서 흘러나온 물이라며 페트병 몇 개가 책상 위에 놓여 있었다. 그리고 도내 환경관련 민원마다 거의 빠지지 않는 P 목사도 자리에 함께하고 있었고, 정보를 다루는 사복경찰도 몇 명 멀찌감치 앉아 있었다.

일단은 기선을 잡아야겠다고 생각해서 녹화용 카메라를 문제 삼았다. 카메라를 치우도록 했더니 대표라는 사람이 난리를 친다. 나는 "녹화하는 용도를 유추할 수 있겠는데, 그렇다면 어느 바보 같은 공직자가 이리저리 머리 굴려가며 얘기하지 나중에 증거자료로 쓸 게 뻔한 데 진솔하게 대화할 수 있겠어요. 여러분이 제게도 그런 기준의 정형화된 얘기만 들으실 건가요."했더니 조금 수그러들었다. 그다음 P 목사의 참석에 문제를 제기했다. "우리 P 목사님은 저와 안면이 있으시죠. 이 자리엔 어떤 자격으로 오셨습니까?"하니 '환경운동연합 원주지부장' 직함으로 참석했다고 해서 나는 "원주는 홍천군 관할 지역도 아니고, 목사님은 도내 곳곳의 환경민원에 관여하고 계신 것으로 알고 있는데 뒤에서 조언해주는 역할까진 제가 간섭할 일이 아니나, 이렇게 관할도 아닌 공식적인 자리에 함께 하시는 건 바람직하지 않은 것 같네요."라고 했더니 "부군수가 뭘 잘 모르는 거 같은데…"라며 말투가 달라진다.

나는 바로 말을 받아서, "솔직히 이 건 민원의 본류는 부임한 지 이제 2주 정도에 지나지 않았고, 잘 아시다시피 오자마자 큰 수해가 있어 거기에 집중하다보니 대강 큰 줄기만 파악한 상태입니다. 그리고 목사님이시면 지역사회에서 지도층에 해당되시는데 지도자다워야지 도내 여러 곳의 환경관련 사안마다 사사건건 관여하시는 건 바람직하지 않다고 생각합니다. 오늘은 오셨으니 그렇고 앞으론 이런 자리서 안 뵈었으면 좋겠습니다. 그래야 제가 지역의 지도층 인사로 예우해드리지 않겠어요!"라고 점잖으면서도 강한 메시지로 일갈했다.

이어서 회의실을 둘러보며 "제가 부임하고 첫 번째로 뵙는 다수의 민원인 분들이 바로 여러분들이십니다. 오죽 불편하시면 이 더운 날에 이렇게 생업을 중단하고 찾아오셨겠습니까마는 제가 현장을 못 본 상태에서 말씀드리기엔 여러 가지로 어려움이 있으니 조만간 현장을 보고난 다음에 따로 자리를 마련해서 논의하시는 걸로 하시지요."라고 서두인사말을 했다. 일부 주민이 "페트병에 담아온 오염수를 부군수님이 마실 수 있겠어요!"라고 하는 등 과격한 말들이 돌아왔지만, 현장을 본 후에 다시 얘기하자며 설득시켜 돌려보냈다.

며칠 후 민방위복 차림으로 해당 농장을 찾아 땀을 뻘뻘 흘려 민방위복 겨드랑이와 등줄기가 젖어 나오도록 구석구석 둘러보며 실태를 파악했고, 주민들이 폐사축을 묻어 주변 하천 등을 오염시키고 있다는 돈사에 인접한 잣 껍데기 적치물 제거와 해당 농지의 환토(換土) 작업을 하도록 하는 등의 적극적인 조치를 했는데도, 마을입구에 노승락 군수님 성함을 넣은 플래카드를 거는 등 저항이 심해서 이를 제거하도록 하는 등 적극적으로 대응했다.

나중에 이 업무를 담당하던 A 과장이 사석에서 "부군수님이 민원 당사자들에게 때론 강하게 어필해 주시고, 적극적으로 대응하시는 모습에 놀랐습니다. 정말 대단한 배포를 지니셨습니다."라는 얘기를 듣기도 했었다.

한 번은 이 건 민원과 관련해서 시위를 주도하는 L 대표와 마을 주민이 떼를 지어 군청 비서실로 몰려와 군수면담을 요구하며 시끄럽게 농성을 하고 있었다. 비서실장에게 슬쩍 메신저로 물으니 '군수님이 집무실에 계시는데 직원들 결재도 못 들여보내는 난감한 상황'이라고 해서 내가 직접 나서야겠다고 마음먹고는 문을 열고 나섰다.

결재대기 중이던 직원들도 몇 명 있는 자리에서 L 대표에게 "아니, 그동안 여러 차례 해결방안을 협의하고 군 나름대로 고민하고 있는데 이렇게 일도 못하게 하면 어떡해요!"라고 한 마디 하고는 L 대표가 말할 틈도 없이 보란 듯이 "과장들 어디 갔어! 과장이란 ㅅㄲ들이 비서실이 마비될 정돈데 코빼기도 안보이고 뭐하는 짓들이야! 민원인들이 오셨으면 따로 모시던가 해서 설명도 드리고 해야지. 도대체가 간부라는 사람들이 이래도 되는 거야!" 비서실이 떠나가도록 큰 소리로 일갈하고 나서 농성인들을 향해 "여러분! 여기서 이러지 마시고, 앞에 있는 회의실로 들어가 계시면 우리 과장들이 곧 올 겁니다. 조금만 이야기하고 계시면 제가 지금 급히 처리해야할 일이 있기에 10분 안에 정리하고 들어갈 테니 일단 자리를 옮기시지요."라고 했다. 워낙 내가 큰소리로 간부들을 질책했던 터라 바로 자리를 옮겨 사태를 일단락 시켰다.

이 일이 있고나서 일부 직원들은 "부군수님이 그렇게 화난 모습 처음 본다."는 얘기와 "일부러 큰소리로 과장들을 보란 듯이 질책하는 시늉을 하신 거다."라는 얘기들이 돌기도 했었다. 군수님 방패막이의 한 방편이었는데 이런 나의 카리스마를 안쪽 집무실에서 다 듣고 계셨기에 군수님이 가끔 내게 "실·과장들 너무 많이 조지진 마세요."라는 말씀을 흘러가듯 얘기하시기도 했었다.

……

민선 단체장이 바뀌게 되면 그 자치단체의 행정패턴이 여러 부분에서 바뀌게 된다. 민선7기 허필홍 군수님 취임 후에도 행정의 틀을 바꾸려는 시도가 있었다. 그 중에서 매년 개최해오던 「인삼한우축제」와 관련해서 인삼의 경우 그동안 강원도 전체를 관할하는 강원인삼농협에서 축제에 깊이 관여하게 되면서 도내 전 지역 조합원들이 축제에 출품·판매하는 비중이 크다보니 관내 인삼경작 농업인들의 불만이 컸었다. 이에 허 군수님은 "우리 군 관내 경작농업인들이 실질적 혜택을 볼 수 있는 방향으로 전환할 수 있도록 부군수님이 개선방안을 검토해서 조정해 주세요."라는 당부말씀이 있었다.

나는 강원인삼조합과 홍천군 관내 인삼경작인협회 등 관련 단체 당사자들을 군청 회의실로 불러 개선방향을 놓고 회의를 주재했다. 모두발언을 통해 "과거 인삼축제의 경우 도비 지원을 받았지만, 지금은 전액 군비로 축제를 여는데다 도내 전 지역 경작인들이 축제에 참가하는 문제로 관내 경작인 들의 불만이 많은 실정이어서 타 지역의 참가비율을 줄여 관내 경작인 들에게 실질적 혜택이 돌아가도록 개선하는 방향을 논의하기 위해 회의를 갖게 됐으니 중지를 모아보십시다!"고 했다.

바로 C 조합장이 "지금까지 별 문제없이 해오던 축제를 왜 부군수가 갑자기 바꾸려 하느냐. 이미 조합에서는 조합원들에게 공지를 했고 홍보물도 만든 터라 받아들이기 어렵다."며 반기를 들고 나왔다. 나는 "축제 예산의 전액을 군비로 부담하는데, 관내 경작인 들에게 수혜가 좀 더 돌아가도록 하는 게 군의 기본입장이다."라는 논리를 폈다. 관내 인삼경작인협회는 군의 방침에 "진즉에 그렇게 했어야 했다."고 반색하면서 찬성했다. 군민에게 이익이 되도록 군수님이 바꾸겠다는 사안을 부군수가 정리를 하는 건 당연한 일이었다.

C 조합장이 회의장에서 내게 손가락으로 삿대질까지 하는 상황이 나왔고, "방침을 바꿔서 축제를 한다면 조합은 축제에 불참하겠다."고까지 했다. 나는 "공식석상에서 손가락질 하는 건 올바른 행동이 아니지요. 행사에 참여하고 안하고는 조합에서 결정할 사안이고, 군 지역축제에 군민 우선으로 간다는 게 맞지 않겠어요!"라고 강수를 뒀다. 결국 인삼조합에서 타 지역 경작인 들의 참여비중을 줄여 군의 방침대로 축제를 열었다.

나중에 C 조합장이 이 건을 가지고 도청 유통원예과를 찾아 나를 두고 이런저런 얘기를 했다는 얘기도 전해 들었는데 이에 비춰보면 C 조합장이 평소 자주 뵙는 도지사께 이 건을 그냥 지나치진 않았으리라 생각했다. 그러나 부군수가 군수의 지시를 받아 지역 주민들에게 이익이 되는 방향으로 개선했다는 점에서 그 옳고 그름을 따져보면 될 일이다.

······

수해복구 현장에서 일하던 덤프차가 지반이 꺼지면서 전복된 사고가 있었다. 사고를 낸 덤프차 운전기사가 차량수리비와 본인의 병원치료비, 일 못해서 생긴 손해 등 약 2천여 만 원가량의 보상을 요구하면서 건설노조와 연계해서 농성을 벌였다. 군청 정문에 확성기를 틀어 놓고 농성을 벌여 주변의 주민들로부터 항의 전화도 빗발쳤다. 이 건도 부군수인 내가 나서야만 해결될 거 같았다.

나는 비서실에 와 있던 당사자를 집무실로 불러들였다. 건설노조 등 제3자를 빼고 당사자만 불러들여 대화를 시작했다. 나는 "선생님의 어려운 입장은 잘 알겠습니다. 하지만 우리 행정 내부는 사인(私人)과 달리 정해진 법과 제도의 틀 안에서 행정을 하는 것이지 마음대로 보상할 수 있는 시스템이 아닙니다. 이 점은 선생님도 아시죠?"라고 하니 "그럴 테지만 제 사정이 있고 해결방안이 없으니 어쩌겠어요. 수해복구공사를 하다가 난 사고니 군청에서 보상해 주셔야죠."하면서 읍소를 한다.

나는 "선생님의 딱한 사정은 잘 알지만, 이렇게 농성을 한다고 해결될 사안이 아니에요. 제가 대안을 드리지요. 우린 지금 근거가 있어야 보상해드릴 수 있는 거예요. 그러니 소송을 걸어오세요. 그러면 여기 실무진이 와 있습니다마는, 우리 군 입장에선 철저한 소송 답변서 작성과 대응이 원칙이지만, 선생님의 딱한 사정을 십분 고려해서 도움을 드리는 방향으로 검토하도록 하지요."라고 설득을 했다. 그랬더니 "소송으로 가면 변호사비용으로 다 들어가고 저는 남는 게 없잖아요."라고 하기에 "원래 소송을 이기기 위해선 소위 비싼 변호사를 선임하는 게 일반적이지만 이 건 관련해선 국선변호인을 쓰세요. 비용 부담이 거의 없을 거예요. 그러니 당장 저 시끄런 농성 중단하시고 소송절차를 밟도록 하세요. 제가 딱한 선생님 사정을 봐서 합리적인 방안을 제시해드린 거예요."라고 했더니 수긍하면서 농성을 풀었다.

나는 담당과장과 실무진들을 집무실로 따로 불러서 "여러분은 저의 일처리 방식을 이해 못하실 수도 있을 거예요. 부군수가 원칙주의자인데 왜 소송 대응을 상대의 입장에서 하도록 하겠다고 하는 지… 하지만 생각해 보세요. 행정의 근본목적이 '주민을 편안하게 하는 것'이라고 볼 때 농성으로 인한 주변 지역 주민들의 불편, 그리고 우리 군청 공무원들의 신경 쓰임새와 업무 지장, 또 한편으로 당사자의 어려운 현실도 있고요. 그래서 부군수인 제가 이런 요소들을 종합적으로 고려해서 정무적 판단을 한 것이니 그렇게 이해를 해 주시면 좋겠어요."라고 따로 설명을 해서 마무리 지었다.

46 | 직원을 보호하라.

 민선 시대에 가장 입장이 난처한 사람들이 지자체 공무원들이다. 지역 주민들에게 옳고 그름을 떠나 조금이라도 서운하게 대하면 바로 단체장에게 "그 직원 다른 곳으로 띄워 달라. 인사 상 불이익을 줘야 한다. 등등…"의 압력이 들어오기 때문이다. 이런 요구는 비단 주민에 국한되지 않고 지방의원들도 한 몫 거들고 있다. 이런 현상(現狀)에 맞닥뜨릴 때 실·과·소장, 읍·면장들이 나서주면 좋으련만 요즘 세태에 비춰보면 이 또한 잘 이뤄지지 않는다. 그렇다면 **소속 직원들을 보호해야할 책임도 부군수에게 귀결**돼 있다.

 2017년 9월 27일 본관에서 별관으로 이어지는 복도에서 군수님이 신축 중인「서고동」을 가리키면서 "설계 검토가 잘못됐다."며 평소 곱지 않게 봤던 P 재무과장을 찾으며 언성을 높이셨다. 가만히 지켜보니 서기관 승진을 얼마 남겨 놓지 않았던 P 과장이 군수님에게 바로 불려오면 욕먹는 걸 넘어, 데미지를 크게 입을 게 뻔했다. 나는 "군수님! 고정하시고요. 제가 좀 살펴보고 따로 보고 드리겠습니다."라고 해서 일단 진정시키고는 P 과장과 J 재정담당에게 '서고동 신축관련 일건 서류와 설계도면'을 지참해서 오도록 집무실로 불렀다.
 나는 서고동의 처음 신축계획 수립과 설계변경 과정을 하나하나 세밀하게 따져봤다. 건물배치를 좀 더 정교하게 검토했더라면 잔여 부지의 주차장 활용 등 보다 효용성을 높일 수 있었을 것이었지만, 건물 외형이 마무리됐고 내부 공사가 진행 중이라 달리 개선할 여지가 없겠다는 판단이 들었다.

이제 군수님께 그동안의 경과와 잘잘못을 보고해야하는데 P 과장이나 J 담당을 들여보내면 혼날 게 뻔했기에 "두 분은 그냥 내려가 계시고, 군수님께 보고는 제가 직접 드리지요. 제가 보고 드린 다음에 적당히 눈치를 봐서 P 과장님이 군수님께 '죄송하게 됐습니다. 잘 마무리 하겠습니다.'라고 따로 가볍게 말씀만 올리세요."하고는 관련서류를 가지고 군수 집무실로 건너갔다. 관련서류를 펴 놓고는 "군수님! 서고동 신축관련해서 제가 꼼꼼히 살펴봤는데요. 제가 당시 부군수로 재직했었다면 지금 안보다는 이러이러한 방향으로 추진해서 공간 활용률을 보다 높일 수 있었겠지만 현 단계에서는 달리 방법이 없겠습니다."라고 말씀드리니 군수님은 "P 과장 하는 일이 모두가 그래요!"라고 하신다. 나는 "군수님! 이 건은 P 과장 책임이 아니던데요. P 과장과 J 담당 모두 지난 7월에 그 자리에 보임됐는데, 최종 설계변경·반영이 5월에 있었고요. 그 당시 여기 보시는 바와 같이 군수님께서 이렇게 결재를 하셔서 결정해주셨던 사안이더라고요. 그러니 그들을 너무 나무라진 마시지요. 내년에 선거도 있는데 자칫 직원들을 적(敵)으로 만드실 수도 있습니다."라고 말씀을 드리니 가라앉으셨다.

....

하루는 인사를 담당하는 H 자치행정과장이 집무실로 들어와서 "이번 인사와 관련해서 L 군의원이 어느 계장을, 어느 직원을 바꿔 달라고 전화를 걸어왔는데 한두 번도 아니고 곤란한데 어떡하지요?"라고 한다.

나는 L 의원이 지목한 당사자들을 살펴보니 큰 문제가 있는 건 아니었다. 그래서 H 과장에게 "인사는 인사권자가 법과 제도의 틀 안에서 하는 것이지 외부인들, 특히 정치권의 입김에 좌지우지해선 안 되지요. 제가 군수님께 따로 말씀드릴 테니 소신껏 검토하도록 하세요. 계속 뭐라 하거든 부군수가 소신껏 하라고 그랬다 하세요."라고 나름 소신 있게 방침을 정해서 대응 방안을 전달했다.

공무원의 인사제도는 「지방공무원 임용령」 등에 '전보제한 기간' 등이 정해져 있는데 외부 작용으로 휘둘리면 안 되기 때문에 철저히 배제시켜 직원들을 보호하려 했다.

....

2018년 전국동시 지방선거를 앞두고 군수권한대행으로 있을 때 외부에서 출장 중인데 「축사신축허가와 관련한 민원」으로 마을 이장과 주민들 20명이 넘게 예고도 없이 군청에 찾아와 나와 면담을 하겠다며 기다린다는 연락을 받았다.

나는 "외부 일정을 소화하려면 시간이 좀 걸리니 해당부서로 하여금 응대해서 돌아가시도록 하라."고 했는데도 막무가내로 기다린다는 거다. 서둘러 일을 끝내고 귀청하니까 행정상황실에서 나를 기다리고 있었다.

나는 해당 건에 대해 이미 소상하게 파악하고 있던 사안이라 "민원사무는 기본적으로 다른 업무에 우선해서 가·부를 신속하게 검토·처리하도록 되어 있다는 게 대전제입니다. 축산도 하나의 산업으로 축사를 지으시려는 한 분의 민원인도, 또 이 자리에 와 계신 여러분도 저희 군 입장에서는 같은 고객님이십니다. 찬·반 민원인 숫자의 많고 적음에 따라 달라질 수 있는 사안이 아닙니다. 이 건 관련해서 실무진으로부터 충분히 보고를 받았는데 그동안의 조치가 잘못됐거나 한 사항을 발견할 수 없었습니다."라고 모두 발언을 하고나서, 실무진에게 "이렇게 우리 군의 조치들에 대해 이해를 잘 하신 거 같지 않으니 모처럼 모이신 자리를 빌려 다시 한 번 상세히 말씀을 드리세요!"라고 해서 실무진이 설명을 하는데. 마을 이장이란 분이 우리 실무자에게 "자네가 … 어쩌고저쩌고…" 하대를 하면서 말을 막는다. 나는 마을 이장에게 "이장님! 일단

직원 얘기를 들어보시고 말씀을 하세요. 그리고 우리 직원한 테 나이 차이는 분명 있지만, 이 친구도 집에선 한 가정의 가장일진대 하대하는 말씀은 삼가 주세요!"라고 제지시켰다. 그랬더니 이장의 언성이 조금 수그러드는 듯했다.

그런데 반대쪽 책상에 앉아 있던 아주 젊은 여성분이 "거~ 부군수님 집 앞에 축사를 지으면 가만있겠어요! 헌법에도 '행복추구권'이 있는데 부군수가 그것도 몰라요!" 하면서 책상을 손으로 내리치고 고래고래 소리를 지르기에 "선생님! 헌법에는 행복추구권만 있는 게 아니지요. 또 행정이라는 게 헌법만으로 작동되는 것도 아니고요. 그동안 우리 공직자들이 여러 차례 현장에 나가 설명 드렸다는데, 이렇게 목소리만 키우면서 막무가내로 말씀하시면 곤란하지요. 행정은 법과 제도의 틀 안에서 이뤄지는 거구요. 아무리 마음에 안 들어도 책상을 치시고 목소리만 키운다고 해결될 문제가 아니잖아요." 그랬더니 "낼 모레가 선거인데 어디 보자."는 어투의 말까지 나왔다. 나는 "선거구민이 누구에게 투표를 하시건 그건 제 권한이나 영역 밖이에요. 다만 제가 부군수를 넘어 요즘은 군수권한대행으로 일하는 마당에 여러분들도 저의 고객이시지만, 우리 직원들을 보호해야할 책임도 제게 있는 거예요."라고 말했다. 그 여성은 돌아가면서 내게 "부군수님 출마하면 절대로 안 찍어줄 거예요!"라는 말까지 했었다.

그로부터 며칠이 지난 어느 날 노 군수님께서 내게 전화로 "ㅇㅇ지역에 우리 선거운동원이 가니까 '부군수가 직원들 보호할 책임이 있다.'고 하면서, 막 소리를 질렀다더라."며 질책을 하시기에 자초지종을 설명 드리기도 했었다.

이처럼 나는 부군수로 일하면서 소속 직원들이 민원인들로부터 하대 받거나 수모를 겪는 경우에는 직접 나서서 철저하게 방어해주는 역할을 마다하지 않았다.

47 | 위기관리 능력이란

부군수로 부임하고 첫 출근부터 집중 호우피해를 맞으면서 숨 가쁘게 직무를 시작했다. 내가 도에 근무하는 동안 강릉 무장공비 침투사건부터 태풍 '루사'와 '매미', 고성·양양 등 동해안 산불, 강풍과 우박·폭설피해 등 수많은 재난·재해에서 농정산림분야 업무의 총괄실무를 여러 번 맡았던 경험이 있어 나름의 매뉴얼에 따라 비교적 쉽게 대응할 수 있었다.

2017년 7월 1일자 부임인데 토요일이라 정식 첫 출근을 월요일인 3일로 미루고 관사에 입주해 있었는데 일요일인 2일부터 비가 엄청 내렸다. 홍천 내면과 서석면 등 동부지역에 짧은 시간에 집중해서 내린 까닭에 그 피해가 심각했다.

그중 하나가 내면 광원2리에 있는 '가덕교'가 유실되면서 마을이 고립되어 급하게 응급복구를 해서 사람만 통행할 정도로 개통한 상태였었다.

2017년 8월 19일. 토요일 오후 늦게 관내 모처에서 '초등·중학교 동기모임'이 있었다. 부단체장이란 직책이 항시 관내 동향관리를 해야 하기에 관내를 벗어나는 건 거의 어렵다. 관내 모임이라 몇몇 간부에게만 관사를 벗어나는 걸 알리고 모임에 갔는데 오후 늦게 많은 비가 예보됐다. 나는 친구들에게 양해를 구하고선 먼저 자리를 떠서 관사로 돌아왔다.

늦은 밤부터 비가 엄청 내렸다. 불안한 마음으로 재난상황실과 통화를 하며 관사에서 거의 밤을 지새웠는데 아니나 다를까 이른 아침 "화촌면 야시대리 군도10호선 도로에 산사태가 발생해서 마을 전체가 고립됐다."는 보고가 들어왔다.

　나는 당직실에 연락해서 당직기사 편에 민방위복을 챙겨 관사로 오도록 하여 서둘러 현장으로 달려갔다.

　다행히 농로를 통해 소형차량 등의 우회는 가능했지만 노선버스와 대형 차량 통행은 안 되는 상황이었다. 현장을 꼼꼼히 살피고 있는데 군수님이 오셨다. 공휴일 등엔 당직 기사가 군수님을 모시는데 내가 그런 관행을 미처 몰라서 급히 당직기사를 불러 운행토록 하면서 군수님이 자가용차량을 손수 운행해서 현장에 오신 거였다. 얼마나 죄송하던 지…

　하루라도 빨리 응급복구를 해서 지역 주민들의 생활 불편을 덜어드려야 한다는 급박함에 군청이 보유한 장비와 덤프 차량을 동원하고 추가로 임차해서 현장에 투입했지만 워낙 큰 규모의 토사가 흘러내린 까닭에 8일 만에 겨우 개통할 수 있었다.

　이 때 군청 소속 장비운행을 했던 운전직 B 주무관은 동향(同鄕)의 1년 선배였는데 하루라도 빨리 개통시켜야 한다는 일념으로 굴삭기 운행을 멈출 수 없다며, 반나절이 넘도록 소변도 참아가며 연실 덤프에 흘러내린 토사를 퍼 담아주던 게 인상 깊었다. 응급복구를 끝낸 다음 이들에게 '시간외근무수당' 확대 적용을 검토하도록 관련부서에 지시하고, 격려 만찬 자리도 마련했다. 훗날 인사요인이 있을 때 현장에서 일하는 모습을 인상 깊게 봤던 까닭에 우선해서 승진에 반영시키기도 했다.

　한편, 2017년 8월 23일. 얼마 전 호우피해로 유실돼 응급복구만 했던 내면의 가덕교가 시우량(時雨量) 60.5㎜의 폭우로 또다시 응급복구 했던 부분이 유실됐다.

　이런 사실이 언론에 보도되면서 중앙 재대본은 물론 강원도 당국에서 "응급복구를 어떻게 했기에 두 달도 안돼서 또다시 끊기냐."며 관계공무원을 문책해야 한다며 난리가 났다.

나는 "문책이 우선이 아니고 빠르게 응급복구를 하는 게 우선이다."라며 흙으로만 응급복구해서 임시 연결했던 교량이 폭우로 다시 끊겨진 곳에 돌을 실어다 채우는 방식으로 신속하게 복구해서 이틀 만에 통행을 재개시켰다.

2018년 5월 17일 오후부터 부임한 이래 세 번째 많은 비가 내렸다. 44번 국도에서 홍천 시내로 진입하는 저지대 연결도로 세 곳에 물이 차서 통행이 막히고, 홍천 작고개에서 토사와 함께 빗물이 시내 저지대 주택으로 쏠리면서 아수라장으로 변했다.

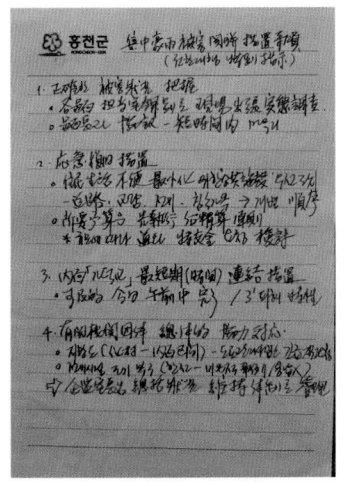

[3-7 집중호우 시 지시 메모]

지방선거 정국으로 돌입해서 부군수가 아닌 군수권한대행으로서의 직책을 수행하던 시기였다. 나는 읍·면장들을 비상대기토록 하고 군청 간부들과 피해가 심한 지역을 밤늦도록 순회하며 현장에서 응급복구를 진두지휘했다.

다음 날 이른 아침 간부들을 불러 전날 밤 메모형식으로 정리해 놓았던 '긴급 조치해야 할 사항'을 복사해서 전달하고 시내 연결도로의 통행을 빠르게 재개시켜야 했기에 장비와 군청 직원들을 긴급 투입하는 등으로 몇 시간 만에 응급복구를 마쳤다.

관리자로서 **일선의 재난·재해 현장**에서 나름의 노하우를 가지고 **'위기관리 능력'**을 마음껏 보여줬다.

48 | 부군수 생명 연장

앞선 [42장]에서 언급한 「공무원 근무성적평정」의 개선책으로 그동안 군수가 직렬별 직급별로 순위를 정해주면 그에 따라 평정절차만 거치던 것을 실·과·소장이 평정한 결과를 가지고 부군수를 위원장으로 하는 '근무성적평정위원회'를 별도로 구성해서 보다 객관적인 평정제도로의 전환을 시도했다.

물론, 이와 같은 개선안은 내가 군수님께 몇 차례 구두로 보고 드렸고, '근무성적평정위원회' 구성도 군수까지 결재를 얻었던 사항이었다. 2018년 1월 30일. 개선된 방식으로 '근무성적평정위원회'를 열어서 직렬별 순위를 정해 의결했다.

다음 날 군수 집무실에 건너가니 자치행정과장과 행정담당이 전날 심의한 '근무성적평정결과'를 보고하고 있었다. 원탁에 앉으니 군수님이 "부군수님. 이번 근평 이게 뭐에요. 순위 25번을 6번에 올려놓는 게 말이 돼요?"라고 하시기에 "군수님 일단 그동안 제가 근평은 좀 더 객관적인 방향으로 개선하겠다고 여러 차례 보고 드렸었고, '근평심의위원회' 구성 건도 군수님 결심을 받았던 사항입니다. 그리고 K 계장의 경우 지난번까지는 주무담당도 아니었지만 군수님께서 주무담당에 보임하셨던 데다가 부서장이 1위로 평정해서 올라왔고, 전체 섞어서 심의할 때 위원들이 6번 정도는 줘야한다는 의견이 다수였습니다."라고 말씀드렸더니 "그래도 그렇지 이건 너무 파격적이잖아요. 말이 안돼요."라고 하시기에 나는 "이번에 6번으로 올라왔다고 해도 2년 치 4번의 근평 결과를 합산하기 때문에 아마 이번 평정결과를 반영한다 해도 지난번 25위였으니까 잘해야 16~18위 사이에 해당될 겁니다. K 계장이 워낙 고참 인데다 주무담당으로 자리도 옮겼고 큰 무리는 없다고 보아집니다."라고 했는데도, 군수님은 "이건 아니에요. 다시 하세요!"라고 하신다.

나는 "군수님. 이번에 근평 절차를 개선한 것은 이미 직원들이 객관적으로 바꿔서 한다는 게 널리 알려져 있고, 내부 동향이 쉽게 외부로 알려지는 마당에 근평을 다시 하는 건 현실적으로 곤란하고 군수님께도 도움이 안 될 뿐만 아니라 나중에 큰 부담으로 돌아올 수도 있습니다."라며 재차 설명을 드렸는데도 물러서지 않으셨다. 나는 자치행정과장과 행정담당에게 "이미 공론화 됐던 사항을 다시 한다는 건 군수님 계시지만 저로선 받아들이기 어려우니 다시 하려거든 저를 건너뛰고 하시지요."라고 말하면서 "군수님 더 하명하실 사항 없으시면 두 분 자리 좀 비켜 주세요."라고 해서 집무실에서 내보냈다.

두 사람이 나가고 군수님과 단둘이 원탁에 앉아 근평과 관련해서 "아마도 L 실장이 좀 처진 걸 염두에 두신 것 같은데, 그 친구는 해당 과장이 과에서 3위로 평정해왔기 때문에 더 상위로 끌어올릴 수 있는 여건이 못 됩니다. 과장이 다시 바꿔온다면 모를까. 그런 부분만 일부 수정을 하시는 건 모르겠으나, 괜한 분란은 안 만드시는 게 좋겠습니다."라고 했더니 자리에서 벌떡 일어나 책상으로 가 앉으시며 역정을 내셨다.

나는 그냥 나올 수도 없고 어정쩡한 가운데 책상 옆으로 다가가 섰는데 "이다음에 부군수가 군수 돼서 마음대로 하세요!"라고 하시기에 나는 웃으며 "제가 언제 정치한다고 말씀드렸나요. 전 그럴 생각은 추호도 없습니다."하고는 더 이상 드릴 말씀도 없고 일단 시간을 둬야 한다고 생각해서 그냥 나왔.

그런 다음 행정담당이 밤새 순위를 조정해서 군수님 뜻에 맞춰 가져가니 "부군수가 일하는 방식이 맞는 거냐?"고 물어 "객관적인 기준과 절차에 따라 하는 게 맞습니다."라고 하니

"그럼 당초대로 정리해서 마무리하라."고 해서 또다시 원안으로 환원시키는 작업을 통해 일단락 지었다는 보고를 받았다.

그렇게 마무리된 줄 알았던 2017년 하반기 근무성정평정은 군수님이 도 지휘부에 '부군수 교체'를 요청하면서 다시 불거졌다. 2018년 2월 20일부터 3박 4일 일정으로 홍천군과 자매도시인 필리핀 산후안시에 교류협력방안 협의를 위해 단장 자격으로 해외출장을 마치고 돌아오는 길에 '강원도 행정부지사님이 찾으셨다.'는 연락을 받았다.
 귀국 다음날인 2월 24일 토요일에도 정상 출근해서 AI특별방역대책 관련 화상회의를 마치고 행정부지사께 전화를 드렸더니 "월요일 도청으로 들어왔으면 좋겠다."고 하시기에 "제가 해외출장에서 어제 돌아왔고, 월요일은 간부회의도 있는 만큼 비서진과 일정을 협의해서 따로 보고 드리도록 하겠습니다."라고 통화를 끝낸 다음 도 행정부지사실 비서와 일정을 조율해서 월요일 오후에 도청으로 가기로 했다. 그런데 "도청이 아닌 외부에서 보면 좋겠다."고 해서 시간·장소 정해주면 가겠다고 했었는데, 다시 당신께서 홍천으로 내려오시겠다는 연락을 받았다. 나는 급히 조용하게 볼 수 있는 장소로 북방면에 소재한 무궁화수목원 사무실로 정하여 연락했다.
 늦은 오후 무궁화수목원 사무실에서 송석두 행정부지사님과 마주 앉았다. 부지사님께서 "제가 왜 왔는지 부군수님은 아시나요?"라고 하시기에 "직접 듣진 못했지만 대충 돌아가는 상황 정도는 이해하고 있습니다."라고 말씀드리니 "선거로 뽑힌 단체장이시고, 더욱이 올해는 선거가 있는 민감한 시기인데 잡음을 내시면 곤란하고요. 군수님이 허 부군수를 바꿔달라는데 지금은 요인도 없고 올라와도 바로 보직을 줄 수도 없고 좀 난처한 상황이에요."라고 하시기에 "먼저 이런 일로 내려

오시게 해서 송구합니다. 그러나 타향도 아니고 고향에서 체계도 없이 돌아가는 걸 바로잡는 과정에서, 그리고 결과적으론 군수님께 도움 되는 방향에서 제 역할을 한 건데 저도 당황스럽기도 하고…"

부지사님이 말을 끊으시며, "단체장 입장은 그렇지 않아요. 부군수가 마음대로 하려면 출마를 하시던가… 더 이상 말씀드리면 제가 군정에 구체적으로 관여하는 게 돼서 더 말씀은 안 드리겠는데요. 부군수님이 알아서 잘 처신해 주시면 좋겠어요."라고 하신다. 나는 더 이상 할 말도 없고 해서 "무슨 말씀인지 잘 알겠습니다."라는 말씀으로 본 용건을 마치고 지역사회 돌아가는 얘기 등으로 화제를 바꿔 담소를 나눈 후 배웅했다.

청사로 돌아와 군수집무실에서 군수님께 "방금 행정부지사님을 뵙고 왔습니다. 저는 그동안 흐트러진 행정질서를 바로잡아 되도록이면 군수님께 도움을 드리려했던 건데 좀 당황스럽기도 하고 제 입장이 좀 난처해졌습니다. 제 고향이 아니고, 솔직히 군수님이 선배님이 아니라면 제가 왜 이렇게 하겠습니까?"라고 말씀드리니 군수님은 "부군수가 좀 세다는 말이 안팎에서 들려요. 그래서…"라고 얼버무리신다. 나는 "밖에 얘기는 제가 볼 때는 아닌 것 같고요. 내부는 과장급 몇 몇이 있긴 하지요."라고 하니 군수님은 "몇 몇 과장들이 부군수 얘기를 자주해요. 너무 세다고…"라고 하신다.

나는 다시 "그 몇 몇이라는 게 딱 세 명 아닙니까? 그런데 군수님께서 간과하시는 게 있습니다. 그 세 사람이 군수님을 위해 얼마나 끝까지 충성한다고 생각하십니까? 이건 제가 충심으로 드리는 말씀입니다. 그 중엔 상황변화가 온다면 어찌 보면 제일 먼저 돌아설 수 있는 사람도 있습니다."라고 인원

수까지 말씀을 드리니 군수님이 좀 당황해 하시면서 "그래도 그 과장들에게 뭐라 하거나 하진 마세요."라고 하신다.

그렇게 대화를 끝내고 나왔는데 청사 안팎에 '군수가 도에 부군수 교체를 요구했다더라.'는 소문이 퍼지기 시작했다. 이는 군수님 입이 좀 가벼우신 편이라 당신께서 시내의 몇 몇 지인들에게 말씀을 하셔서 퍼진 걸로 들려왔다.

도 지휘부에 내 거취를 두고 거론된 데다 고향에서 나름 관행적으로 이어져 온 잘못된 행정시스템을 바꾸는 과정에서 일어난 일이라 해도 나는 적잖은 데미지(damage)를 입었다.

하루는 고향에 계신 형님께서 전화를 주셔서 "요즘 동생이 군수 때문에 아주 곤혹스런 입장에 처해 있다는 얘길 들었다."고 얘기를 하실 정도였으니 홍천 관내에 얼마나 넓게 말이 퍼져 있었는지 가늠이 됐다. 나중에 알게 된 사실이지만 이 사건이 있고나서 형님이 그동안 우호적이었던 노 군수님이 아닌 허 후보 쪽으로 돌아서 아주 열심히 선거를 돕는 계기가 되기도 했다.

이 사건으로 나는 자존심이 몹시 상하기도 했지만 여기저기서 격려해 주시는 분들이 많이 있었다. 지역의 유지 한 분은 도지사님께 "요즘 때가 어느 땐데 단체장이 인사권을 가지고 갑(甲)질하려는지 모르겠습니다. 그런 건 옳지도 않고, 역대 부군수 중에서 제일 일을 열심히 잘 하는 것으로 지역사회에 알려졌는데 절대로 도지사님이 우리 허 부군수를 교체해선 안 됩니다."라고 전화를 드려 확답을 받았으니 걱정하지 말라는 전화도 왔다.

이런 우여곡절 속에 부군수 교체는 없던 일이 됐고, 결국에는 **'부군수직 생명연장'**으로 이어졌다.

49 | '갖고 싶다. 허성재!'

고향 부군수로 있으면서 처음 맞은 생일. 이른 아침 아들 내·외로부터 "아버님! 진지상도 못 차려드려서 죄송합니다."라는 전화만 받고 여느 날과 별반 다름없이 손수 관사에서 조촐하게 아침식사를 차렸다. 직접 끓인 미역국에 계란프라이, 생선구이 한 토막과 김치를 곁들여 먹었다.

전국 동시 지방선거로 군수권한대행의 직책을 시작한 지 사흘 째 되는 날이었다. 그동안 내가 가족을 잃고 혼자 지내게 되면서 생일이라고 다른 날과 별반 다르지 않은 아침식사를 해 온지도 몇 년이 됐었다.

평소보다 더 이른 시간에 출근을 해야 했다. 소화해야할 일정도 많아진데다 언론보도내용도 챙겨 봐야했다. 기관장이 일찍 출근하면 직원들이 피곤하고 싫어한다는 걸 모르는 바 아니었지만 어쩔 수 없었다. 집무실에 들어서니 실과소장, 읍·면장 그룹에서 준비한 꽃바구니 두 개가 반긴다.

점심시간이 다가오니 행정담당이 집무실로 건너와서 "오늘 부군수님 생신이신데 저희 과 직원들하고 점심식사 같이 하세요. 따로 약속은 없으시죠?"하고 돌아갔다. 군수·부군수가 자치행정과 소속인데다 평소에도 다른 과 직원들보다는 더 자주 함께 식사를 했었고 밥을 얻어먹으면 꼭 커피는 내가 사비로 사 왔기에 부담스럽지도 않았고, 달리 거절할 입장도 못되었다.

점심시간이 돼서 직원들과 시내의 한 식당에 들어섰는데

깜짝 놀라고 말았다. 식당 구석으로 식탁을 모아놓고 벽에다 깜짝 플래카드를 걸고, 풍선도 몇 뭉치 데코를 했다. 더욱이 나를 놀라게 한 건 눈에 들어온 '**갖고 싶다. 허성재!**' 라는 작은 플래카드의 문구였다.

이 플래카드 문구는 자치행정과 직원들이 어떤 재미있는 글귀로 플래카드를 걸까 아이디어를 모았는데 서무팀에 근무하는 젊은 여직원이 제안한 문구가 채택됐다고 했다.

[3-8] 홍천군청 직원들과 함께한 생일 오찬 모습

플래카드 문구를 보고선 "저를 가져서 무엇에 쓰려고요?" 라면서 한참을 웃었다. 센스 있는 직원들이 케익(cake)을 잘라 주변 식탁에 앉은 손님들에게 나눠 주어서 함께 먹기도 했다.

직원들과 함께 맞은 **고향에서의 즐겁고 행복했던 생일**을 가끔 추억으로 반추하게 된다.

50 | 악연으로 남은 지방선거- 군수권한대행

 2018년 6월 13일 실시된 「제7대 전국동시지방선거」는 부군수인 나로서는 법령에 정해진 절차에 따라 군 행정의 총책임자 역할을 대행해야 하는 막중한 직책을 수행하게 됐다.
 지치단체마다 단체장이 직책을 내려놓고 선거에 전념하는 시점에 따라 다소 차이가 있지만 홍천군의 경우 5월 8일부터 6월 12일까지 37일간 군수권한대행의 직책을 맡았다.
 5월 8일 아침. 노승락 군수님께서 간부회의 주재를 마치고 군수 직책을 내려놓게 되면서 곧바로 권한대행 체제로 전환됐다. 제일 먼저 미리 손수 작성해 뒀던 「군수권한대행 특별지시사항」을 시행토록 했다. 주요 내용은 ▸공무원의 선거중립 준수, ▸주요 현언업무 추진 및 관리 철저, ▸엄정한 공직기강 확립, ▸민선7기 군정방향 준비 등 네 가지를 지시했다.
 매주 월요일과 목요일에 있었던 간부회의는 월요일 한 번만 개최하는 것으로 줄이고, 목요일은 4급 실·과장 2명과 자치행정과장, 비서실장 등 4명만 참석하는 '지휘부 간담회'로 대체해서 권한대행 일정 조율과 주요 현안을 논의하는 방식으로 전환했다.

 군수권한대행으로서 **제일 중요하게 다뤄야하는 직무가 '전국동시지방선거'를 공정하게 관리하는 것**으로 보았다. 이전부터 선거중립 준수와 관련해서는 간부회의 등을 통해 수차에 걸쳐 강조해 왔지만 연장선에서 선거를 원만히 마무리하는 게 매우 중요한 현안업무였다.
 이는 현행 「공직선거법」에 공무원의 선거개입 제한을 명확히 규정해 놓았고, 이를 지키지 않게 되면 처벌이 뒤따르기 때문이었다. 공무원의 역할은 주민들로부터 공무담임권을 위임받은 책임 있는 자리에 있기 때문에 법령준수의 책임이 그 누구보다 크고 4대 의무를 넘어 법과 도덕의 테두리에서 무한할 뿐만 아니라 '권한과 책임의 원칙'에서 자유롭지 못한 게 공무원이라는 점, 그리고 선거와 관련한 위반행위 적발 시에는 '무관용 원칙'에 따른 의법 조치할 것임을 분명하게 상기시켰다.

내가 이렇게 선거중립을 강조하게 된 몇 가지 배경이 있었다. ▸첫째는 과거 도청에서 국장급 공직자가 선거법 위반으로 이슈화 됐던 사례가 있었고, ▸둘째는 부군수로 부임해 보니 전·현직 군수로 담당급 이상 간부들이 나눠진데다 선거가 다가올수록 그 양상이 점차 심해지고 있었다. ▸셋째는 법과 제도의 틀 속에서 일해야 한다는데 방점을 찍었던 나의 공직 기조에 비춰 최소한 공직내부의 선거사범은 막아야겠다는 사명감이 강했기 때문이었다.

부군수로 부임한 직후부터 내부 인사자료를 열람할 수 있도록 해서 주요 간부들을 세밀하게 살피면서 지나치게 전·현직 군수로 확연하게 편 가르기 되었거나 그 양태가 심한 간부들은 넌지시 주의를 주면서 조직의 융합을 꾀하는 노력을 지속해 왔었다. 간부회의에서도 이 점을 늘 강조해 왔었다.

특히, 선거업무를 직접 관리·감독하는 자치행정과장, 행정담당, 읍·면장에 대해서는 더욱 신경 써서 주의를 촉구시키면서 군 선거관리위원회의 선거관리 동향도 함께 살폈다.

2018년 3월 20일. 부군수 주재로 개최한 「공무원의 선거중립 결의대회」 당부말씀 원고는 늘 그래왔듯이 내가 직접 정리·준비해서 직원들을 상대로 전달했다. 당일 행사에 군 선관위 관계자도 몇 명이 배석 했었다. 이들이 나중에 "부군수님께서 주관하신 지난 번 결의대회를 뒤에서 입회했었는데, 워낙 잘 정리해서 말씀해주시는 걸 보고 놀랐습니다. 자치행정과에 알아보니 부군수님이 직접 '당부말씀'을 정리하셨다는 말도 들었습니다."라는 말까지 들었다.

부군수가 군 행정을 펼치는 군청의 2인자였기에 지역 여론이나 동향들이 수시로 직·간접적인 방법으로 전해온다. 항간에 "부군수가 허(許) 씨니 허 후보 편이다."라는 말과 "노(盧) 군수가 불러왔는데 노 군수 편이다."라는 말이 들려올 정도로 민감하게 양분(兩分)되기도 했었다. 이런 마당에 부군수가 선거 중립을 강조하지 않을 수 없었다.

하루는 늦은 밤 관사에 있는데 모르는 전화번호로 휴대폰이 울려 받아보니 허 후보 측의 선거책임을 맡은 L씨였다. 과거 홍천군청에 근무할 때 같은 과 옆자리에서 근무했던 공직 선배. 약간 취기가 있는 목소리로 "부군수님. 늦은 시간에 전화를 드려 송구한데요. 부군수님 관사 앞을 지나다가 불이 켜져 있어 전화 드렸습니다. 드릴 말씀도 있고 하니 잠시 문 좀 열어 주시겠어요?"라고 한다. 나는 "선배님! 평소 같으면 제가 얼마든지 모실 수 있고 또 그래야하지만 지금은 곤란합니다. 부군수가 선배님을 만났다고 하면 그 자체가 문제가 될 수 있습니다. 그래서 지금은 좀 곤란합니다. 다음에 선거 끝나면 편하게 뵙지요."라고 하며 전화를 끊었다.

다음 날 공식 행사장에 군수권한대행 자격으로 간 자리에서 그 분을 뵈었는데 "어젠 제가 생각 없이 실례를 했습니다."라고 인사를 해 와서 "괜찮습니다. 요즘 고생이 많으시죠?"라고 하면서 지나치기도 했었다.

선거를 앞두고 선거관리 업무를 총괄하는 군 선거관리위원회와 우리 군청 선거업무 담당부서 관계자가 참석하는 만찬간담이 있었다. 양 기관이 유기적인 업무협조체계 유지를 위한 의견 교환 등을 목적으로 만난 자리였다. 물론「부정청탁금지법」에 따라 비용은 양쪽에서 절반씩 부담하는 것으로 했다. 이 때 선관위 측으로부터 'O군수후보가 현장에서 군청 직원들에게 민원인을 연결하는 사례가 있기도 하다.'는 의견이 나와 이를 간부회의에서 전달하기도 하는 등 막바지로 접어들면서 기민하게 대응하고 있었다.

  2018년 6월 4일. 월요일이라 간부회의를 주재하면서 실과 소장을 대상으로 선거관리업무 철저와 공무원의 선거중립 준수 등을 다시 한 번 강조하는 내용으로 회의를 끝내고 나왔는데, 선관위 Y 사무국장이 전화를 걸어 왔다. "부군수님 시간 되시면 식사 같이 하실까요?"라고 해서 나는 "글쎄요. 뵌 지 얼마 지나지 않았고, 오늘 아침 간부회의에서도 선거 관련해서 간부들에게 강한 톤으로 지시를 했는데 무슨 일이라도 있으신가요?"라고 하니, Y 국장은 "그럼 전화로 말씀을 드리겠습니다. S 면장이 그동안 몇 차례 주의를 전달했는데도 도가 지나쳐 어떤 조치를 해야 할 거 같습니다. 이 문제를 상의 드리려고 전화 드렸습니다."라고 했다. 나는 "그동안 그렇게 강조를 해 왔는데 뭐라 말씀드리기도 송구합니다. 우리 공무원들을 제가 제대로 관리하지 못한 결과가 됐네요. 선관위 측에서 공식적인 제스처(gesture)를 취해 주시면 우리 군에서도 검토해서 필요한 조치를 하겠습니다."라고 했더니 "아무래도 시끄러워 질 거 같습니다. 부군수님이 엄청난 부담을 감내하셔야 할 영역도 있을 거구요."라고 하기에 "저는 국장님께서 그동안 옆에서 듣고 봐 오셨지만 저도 할 만큼 했으니⋯ 암튼 국장님께서 제스처를 주시면 그에 따라 조치하겠습니다."라고 했더니 "그러면 선관위의 '조사개시통보 문서'를 곧 보내겠습니다."라고 하는 통화를 하면서 전화를 끊었다.

나는 그 즉시 행정담당과 감사담당을 집무실로 불러 "선관위 측에서 S 면장의 선거법위반 행위와 관련한 공식적인 문서가 곧 올 모양인데, 이 사안은 처리를 뭉갤 수 없으니 미리 관련법을 검토해 두세요. 검토결과도 제게 미리 보고해 주시고요."라고 지시를 했다. 그날 오후부터 도청의 P 감사위원장, K 행정담당 등에게 선행 선거법위반 처분 사례를 직접 챙겨보기도 하고 송석두 도지사권한대행께 문자로 동향보고를 해서 '적법하게 잘 처리하시라.'는 답변을 받는 등 기민하게 움직였다.

6월 6일 「제63회 현충일 추념식」 행사에서 추념사를 하는 등 행사를 주관하고 곧바로 귀청해서 기획감사실장과 자치행정과장을 집무실로 불러 숙의(熟議)를 거쳐 선관위의 '선거법위반행위 조사개시 통보' 문서를 근거로 이날 오전 **「선거법위반행위 공무원 직위해제」** 처분을 했고, 다음날 09:00에 실과소장과 읍·면장이 참석하는 '긴급확대간부회의'를 소집토록 했다. 아울러 '군수권한대행 기자회견'을 준비하도록 지시했다. 현충일 공휴일인데도 확대간부회의 당부·지시사항, 기자회견문 등을 직접 정리하느라 무척 바쁘게 하루를 보냈다.

다음날 확대간부회의를 주재하면서 내가 직접 정리한 '당부·지시사항'을 간부들에게 강한 톤으로 전달했다.

핵심은 "그동안 수차에 걸쳐 당부하고 지시했는데 공무원의 선거개입이 현실화되면서 한 순간에 무너졌다. 지금 이 순간부터 선거운동에 관여하려거든 이 자리서 사직원 내고 자유로운 신분으로 선거운동에 임하라. 선거 막바지에 더 이상 유사 사례가 없도록 각별히 유념하라. 아울러 이번 사태로 직원들이 동요하지 않게끔 간부들이 잘 다독여 달라."는 내용이었다.

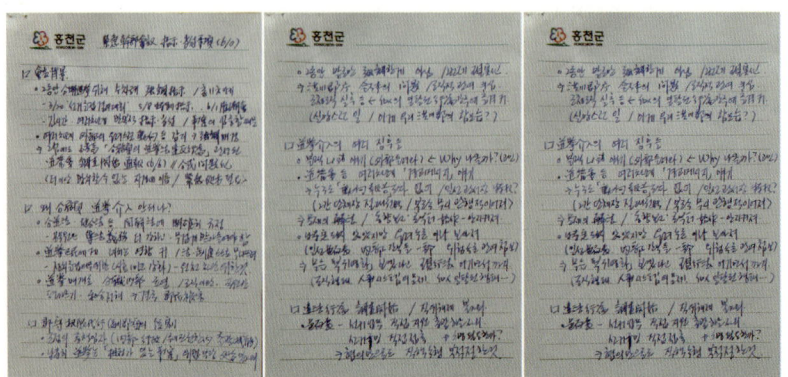

[3-9] 확대간부회의 당부·지시사항 자료

관내 상주하는 언론사 기자들을 불러 이 건 관련해서 "그동안 여러 차례 공무원의 선거중립 준수를 당부해 왔는데도 이런 사항이 나온데 대해 군수 권한대행으로서 매우 유감스럽고 이에 대해 사과하면서 이후 선거관리를 더욱 철저하게 하겠다."는 내용으로 '군수권한대행 기자회견'을 열었다.

[3-10] 군수권한대행 기자회견 모습과 회견문

2018년 6월 13일, 제7회 전국동시지방선거일이다. 사전투표를 했던 터라 당일은 선거 총괄관리를 위해 집무실에서

252

보냈다. 선거관련 동향보고를 받으며 오전에는 개표장 점검을 했다. 선거가 끝나고 개표가 진행된 저녁시간에는 개표장을 찾아 선거관리위원과 개표요원, 경찰 등 유관기관 상황실을 돌며 격려하는 등 마지막 군수권한대행 직무를 수행했다.

군수 선거결과는 1:1 구도로 치러진데다 먼저 개표를 진행한 까닭에 예상보다는 일찍 당락이 결정됐다. 총 선거인수 60,386명 중 66.15%인 39,947명이 투표를 했고, 총 유효투표수 39,104표 중 ①허필홍 후보 22,562표(57.7%), ②노승락 후보 16,542표(42.3%)로 15.4%의 표차로 허필홍 후보가 당선됐다. 엎치락뒤치락하는 도의원과 군의원 개표결과는 관사로 들어와서 모니터링하면서 **37일간의 군수권한대행 직무를 마무리**했다.

다음날 현직 군수님의 낙선으로 분위기가 어수선한 가운데 부군수 본래의 직책으로 돌아와 '간부회의'를 주재했다. ▸지방선거 후속조치 만전(민의 반영결과 겸허히 수용, 새로운 민선7기 준비, 당선인과 협의 공약사항 실천계획과 군정 청사진 마련, 인수인계·이취임식 등 매뉴얼대로 착실히 준비, 현안업무 정리)과 ▸지방선거 지원업무 노고 치하 등을 골자로 회의를 끝내고 낙선하신 군수님을 맞았다.

청사로 출근하신 군수님은 어색하게 손을 내밀어 악수를 청하시면서 "별일 없었어요?"라고 딱 한마디만 하시곤 집무실로 들어가시기에 4급인 기획감사실장과 전원도시과장, 그리고 자치행정과장까지 네 명이 따라 들어가서 원탁에 찻잔을 받아놓고 앉았는데, "내가 너무 늦게 나간 거 같아. 좀 더 빨리 나갔어야 했는데…"라고 하시곤 별 말씀도 없이 어수선 하게 협탁에 있던 서류봉투를 쓰레기통에 넣는 등 더 있기가 민망해서 조금 앉아 있다가 나왔다.

이날부터 '군수님 퇴임식'이 있었던 6월 29일까지 약 보름 동안은 내가 선거기간 중 선거중립 준수를 엄중하게 관리하는 과정에서 당신의 선거에 도움이 된다고 판단하셨을 읍·면장들을 묶어두는 역할을 한데다 최측근이었던 S 면장을 직위해제 처분까지 했으니 나를 좋은 감정으로 대하신 건 아니었다. 이후 부군수가 가야할 행사일정에 기획감사실장을 대신 보내도록 하는 등 짧은 기간이었지만 어색한 관계가 지속 됐다.

다음날인 6월 15일은 오후에 행정안전부 차관 주재로 민선 7기 지방자치단체 출범 준비 등 국정현안사항 전달을 위한 전국 부단체장 화상회의가 있는 등 바쁜 일정이 계속됐는데 **ㅇㅇ면이장협의회에서 간담회** 요청이 왔다. S 면장 직위해제로 인한 행정공백을 우려하며 이에 대한 협의를 하자는 것이다.

겉으로 드러낸 명분은 '면 행정공백'이었지만 사실은 면장 직위를 해제한 부군수에게 따지기 위한 것이라는 걸 모르는 바 아니었지만 회피할 이유가 없었다. 점심식사 후 곧바로 행정담당을 데리고 ㅇㅇ면사무소로 갔다.

회의실도 아닌 면장실에 모여 있던 이장들과 인사를 하고 자리에 앉으니 "왜 면장을 직위해제하는데 이장들한테 말도 없이 부군수가 맘대로 했느냐. 이장들을 우습게 보는 거 아니냐…" 강한 어조로 따지고 들었다. 나는 "우선 면장을 직위해제할 지경에 이르게 된 점은 군정업무의 총책임자인 군수권한대행이었던 저에게 모든 책임이 있습니다. 먼저 그 점을 얼마 전 군민들께 기자회견을 통해 사과드렸던 것과 같이 이장님들께도 사과를 드립니다. 그러나 공직자가 수차례에 걸친 부군수와 군수권한대행의 당부와 지시가 있었는데도 공적기관으로부터 위법사항에 대한 '조사개시통보'가 된 마당에 조치를 안 할 수 없는 불가피성이 있었다는 점, 이장님들이 이해해주시기 바랍니다."라고 말을 했다.

이에 어느 이장 한 분이 "직위해제를 해도 이장들한테 사전 또는 사후에 얘기는 했어야하는 거 아닙니까? 어떻게 언론 보도를 보고 알게 만듭니까?"라고 한다. 나는 "그 부분이 이장님들께서 서운하셨다면 제가 유감스럽게 생각한다는 말씀을 이제라도 드리지요. 그러나 행정청이 어떤 행정처분을 함에 있어 행정절차법에 따라 사전에 알려야할 부분이 있고, 인사와 같이 기밀하게 관리하거나 처분해야할 부분도 있습니다. 또 선거기간 중에 선거와 관련된 사안을 이장님들께 개별적으로 일일이 알리는 것이 조심스런 부분이었고요. 이 건은 제가 이장님들을 폄훼하는 건 아니지만 이장님들께 사전에 알려야 할 사안이 못됩니다. 그것은 저나 우리 공직 내부의 판단입니다."라고 조목조목 반박을 했다.

그러고 나서 "덧붙여 말씀드리면 이 자리에 우리 L 이장협의회장님 옆에 계신데요. 회장님께서는 직위해제 처분 후에 전화를 걸어 직위해제 처분 사유와 면 행정에 공백이나 불이익이 없도록 부군수인 제가 각별히 관심을 갖고 관리해나가겠다는 말씀을 드렸었습니다."라고 말했다.

그랬더니 "협의회장한테만 말하면 다냐!"는 얘기가 나와서 나도 물러서지 않고, "이장협의회장님을 여러분들이 뽑으신 거 아닙니까? 협의회장이 대표성이 없다는 말씀이신가요. 말도 안 되는 억지 부리시지 마세요!"라고 강하게 되받았다.

그러면서 "다시 한 번 말씀드리지만 면장 직위해제로 행정공백은 없을 것입니다. 공석인 면장의 충원도 당선인님과 긴밀히 상의 드리고 관련법과 절차를 봐가면서 최대한 서두를 생각입니다. 이 자리에 우리 총무담당님이 계시는데 당분간 어렵겠지만 면장이다 생각하시고 잘 관리해 주세요. 애로사항이 있으면 언제라도 저와 상의해서 함께 풀어가도록 하시고요.

이장님들도 제 전화번호 아시잖아요? 언제라도 연락주세요. 제가 잠시 후 두시 반부터 '전국 부단체장 화상회의'가 예정돼 있어 오래 있지는 못할 거 같습니다."라고 마무리 발언을 하니, "조만간 군수 당선인과 자리를 마련해 달라."거나 "우리 면에 부군수님이 신경 많이 써 달라."는 다소 부드러워진 대화를 조금 더 나누다가 돌아왔다.

2018년 6월 29일 오전 11시로 노승락 군수님 퇴임식 일정이 잡혔다. 나는 평소 이·취임식을 정해진 매뉴얼에 따라 차질 없이 잘 준비하도록 관련부서에 당부와 지시를 해왔었다.

퇴임식 전 날 집무실로 S 행정담당이 들어오더니 조심스럽게 내 눈치를 보면서 "부군수님! 내일 '군수님 퇴임식'에 부군수님 어디 가시던가 해서 참석 안하시면 안 될까요?"라고 한다.

순간 군수님이 퇴임식에서 나를 보기 싫으신가보다 생각했다. 나는 실소를 머금으며 "계장님! 뭘 그렇게 조심스럽게 보골 하세요. 의미는 파악을 했는데 어떡해야할지 좀 난처하네요. 하지만 퇴임식은 공적인 행사에요. 어디 사설 친목회장 이·취임식도 그렇게는 안 할 거예요. 저는 '부군수'로서 참석합니다. 개인적인 감정을 공적인 자리에서 표출하는 건 또 다른 비웃음의 소재가 되기 때문 이에요."라고 말해서 내보냈다.

행정담당이 돌아간 뒤 4급 실·과장 두 명을 집무실로 불렀다. 한 사람은 "말도 안 되지요. 참석하셔야 합니다." 또 한 사람은 "당신이 싫어하시는데 굳이 부군수님이 참석해서 분위기를 가라앉게 하는 것도 그런데요. 어디 일정을 하나 만드셔서 회피하시는 게 좋을 것 같기도 합니다."라는 의견으로 갈렸다.

나는 앞서 행정담당한테 했던 논리를 들어 "저는 퇴임식에 참석해서 제 역할을 할 겁니다. 만일 행사장에서 군수님이 나가라고 한다거나 하시면 그냥 아무 말 없이 정중히 허리 굽혀 인사만 드리고 나올 거예요. 아마도 그런 불상사는 당신께서 만드시지 않으시겠지요."라고 말하며 결론을 내렸다. 그 즉시 K 기획감사실장이 군수님께 내 뜻을 전달하면서 설득을 해서 다소 어색하긴 했지만 '**군수 퇴임식**'을 마쳤다.

나를 부군수로 불러주셔서 잘 모셔 보려고 각고의 노력과 열정으로 일했는데도 악연으로 남은 노승락 군수님. 내가 도청으로 복귀한 뒤 얼마 지나지 않아 아드님 결혼식이 있어서 「부정청탁금지법」 규정에도 불구하고 다른 혼례의 관행적 수준을 뛰어넘는 축의금을 보내드렸지만 아무런 말씀이 없으셨던데 비춰 **내게 서운한 마음을 털어내지 못하신** 듯했다.
그리고 군수권한대행의 직무를 수행하면서 부하였던 S 면장의 직위해제 처분에 이어 그가 최종적으로 공직을 떠나게 되면서 사법적인 판단에 따른 처분이었다 해도 **나에게 품고 있을 보이지 않는 감정의 한 조각** 또한 내가 **짊어져야할 짐**이 됐다.

공직자가 정해진 법과 제도의 틀 속에서 소신껏 일 한다는 게 현실적으로 얼마나 어려운 지 「제7대 전국동시지방선거」 기간 중 37일 동안 '군수권한대행'의 직책을 수행하면서 절실하게 체득했다.

[참고4]   **공무원의 선거중립 당부말씀**

2018. 3. 20(화). 09:00 / 대회의실

□ 서두인사 / 여러분 반갑음.

- ○ 지난해 7월 赴任한 이래 이렇게 한 자리에서 뵙는 게 처음

- ○ 대략 9개월 째 함께 근무하면서 洪川郡 公職者들에게 느낀 점
  - 묵묵히 소임 다해 / 차분·조용·드러내 놓지 않는 분위기
  - 그럼에도 많은 刮目할만한 성과 이끌어 내 / 이 자리 빌려 感謝

□ 우리는 방금 前 「公務員의 選擧中立 決意大會」를 가졌음.

- ○ 단순한 通過儀禮 행사가 아님 / 지방선거는 매우 중요한 政治日程임.
  - 넓게는 풀뿌리 민주주의라는 지방자치제의 요체가 되는 단체장, 의원을 선출하는 지방선거에 큰 의미
  - 좁게는 새로운 민선7기 군정의 일꾼을 뽑는 大事 / 새로운 4년 첫 단추

- ○ 공무원의 역할 / 주민들로부터 공무담임권을 위임받은 책임 있는 자리에 있어 → 법령준수의 책임이 그 누구보다 큼
  - 의무 : 4대 의무를 넘어 법과 도덕의 테두리에서 무한함
  - 「권한과 책임의 원칙」에서 자유롭지 못한 게 공무원(수차례 강조)
  ⇨ 공무원 임용 순간부터의 운명, 재직 중 지켜야 할 의무/책임

□ 현행 「公職選擧法」은 공무원의 선거개입 제한을 명확히 규정

- ○ 그간 여러 차례 공지(법, 공문, 책자, 팸플릿 ⋯) 반드시 따라야, 위반 시 상응하는 법적 책임져야 함 / 민간인과는 처벌수위 달라(엄중)

- ○ 법·제도는 공무원의 정치활동 금지와 중립 의무화 / 처벌 의미
  - 미국(엽관주의 정치제도)등과 달라 / 선거 운동할거면 민간인 신분 돼야

○ 그간 공무원의 정치개입 사례 있었음 / 후유증 커(대선·지선 불문)
  - 과거의 관행이 적폐로 재평가 받는 게 오늘날의 時流임
  - 6.13지방선거 - 홍천군 공직자「엄정 중립」철저 준수 당위성
  - 선거에 어떠한 방법·형태이건 직·간접 영향 주는 일체 행위 금지
  ⇨ **위반행위자** : 의법 조치 등 엄중 조치 불가피 / **무관용 원칙**
    * 공무원의 정치참여 제한·중립의무 위반 / 상대가 있는 불법행위 특성 반영

□ 지방선거와 무관하게「소임과 책무」다해야 함

  ○ 선거가 있는 해 / 대형사고 많아(동해안 산불, 세월호 사고 등)
    - 최근 엄중한 상황 - AI 확산 조짐, 봄철 산불, 국가안전대진단‥
    - 관내 대형 재난·재해 발생 시 동력 상실 불가피 / 선제적 대응
  ○ 지방선거 앞두고 어수선 / 위기관리 대응체계 강화 긴요한 시기
    - 실·과·소장, 읍·면장님들 역할과 책임성 요구 / 상황관리 강화 필요
    - 주요 동향·사건사고 등 관리 철저 - 초기대응이 관건 명심
    ⇨ 부군수 역할 제대로 할 것임 / 관사 상주 - 24시간 상황관리
  ○ 선거정국 속 본연의 책무 다하는 역할 / 모두가 하나 돼야함.
    - 오늘 있었던「선거중립 결의대회」취지 공감 - 반드시 준수
    - 아울러「민선7기 군정 준비」게을리 해선 안 돼 / 비전과 청사진
      제시에 깊은 고민, 결론 이끌어내도록 함께 노력 당부

□ 마무리 인사

  ○ 어수선하고 어려운 시기 분명 / 그러나 그 중심엔「사람」이 있음.
    - '心之起爲意', '危機가 곧 機會' - 홍천군 공직자 믿어
    - 반목·시기·파벌형성·갈등 → 화합과 협치·협업의 군정 기대
  ○ 늘 자기관리(공직자의 기본 준수 + **건강**) 당부드림. / 感謝함.   (끝)

[참고5]   **군수권한대행 특별지시사항** / 2018. 5. 8.(화)

> ▶ 「제7회 전국동시지방선거」와 관련하여 오늘부터 37일간 「**군수권한대행**」의 **직무를 수행**하게 됨에 따라 원활한 군정을 위해 **다음사항**「**특별지시**」하니 **이행에 만전**을 기하여주시기 바람.

□ 공무원의 선거중립 준수

○ 현행「공직선거법」과 「지방공무원법」은 **공무원의 선거개입 제한과 금지**를 **명확히 규정**하였고, **공무원은** 기본적으로 법령준수의 의무를 지키는데 있어 일반주민보다 **솔선해야할 책임**이 있음.

○ 따라서, 이번「제7회 전국동시지방선거」에는 **전 공직자가 일체의 정치 및 선거에 개입하는 사례가 없도록 각별 유념**하여 철저하게 이행하기 바람.

○ 관련하여 **위법·부당한 행위나 처신**에 대해서는「**무관용 원칙**」에 따라 **엄격하게 조치***할 방침이라는 점을 분명하게 밝힘.

* 직위해제·직무배제, 사법기관 고발 등 신속하게 처리할 방침

□ 주요 현안업무 추진 및 관리 철저

○ 선거를 앞두고 **집단민원, 집회**** 등이 많이 발생되어 어수선한 분위기속에 **행정력도 낭비되는 경향**을 보이고 있어 안타까움.

** 석산개발허가 반대, 돈사이전 촉구, 축사신축허가 반대 .. 등

○ 행정은 **법과 제도의 틀 안에서 원칙에 따라 집행해야**하므로 민원인의 많고 적음이나, 집회 등이 있다고 해서 달리 적용한다면 또 다른 문제가 야기될 수 있는 바, **선거정국을 의식하지 말고** 관련법규에 따라 **엄정하면서도 흔들림 없이 대응**하기 바람.

○ 또한, 가축방역 관리, 봄철 산불방지대책 마무리, 일자리 대책, 재난·재해대책, 각종 사업장 관리 등 **주요 현안사항**에 대하여는 부서장 중심으로 **책임 관리** 해 나가기 바람.

□ 엄정한 공직기강 확립

  ○ 선거분위기에 편승한 근무시간 내 무단이석, 음주, 개인용무 등 복무위반 행위와 음주운전 등의 사례가 없도록 **엄정한 공직기강을 확립**하기 바람.

  - 감사원, 행정자치부, 강원도 등의 고강도 공직감찰 진행 중에 있음.

  ○ 선거는 정치일정 중의 한 과정이지만 행정은 국가나 지방자치단체가 존속하는 한 영원한 것이기에 한 치의 흔들림 없이 **전 공직자가 군정에 누수가 없도록** 각각의 영역에서 맡은 바 소임을 다해주시고, 선거기간이라는 이유로 대민행정 지연 또는 방치 등 군민(민원인)들에게 불이익이나 불편을 초래하는 일이 **없도록 소관업무를 잘 챙겨주기** 바람.

  ○ 특히, 관내 주요 동향, 사건·사고 등에 대하여는 철저한 **관리를 통해 선제적으로 대응**할 수 있도록 **특단의 조치*****를 **강구**하기 바람.
    *** 관련 부서장·읍면장 등 신속한 동향보고, 재난재해 대응매뉴얼 일제 정비 등 확행

□ 민선7기 군정방향 등 준비

  ○ 군정은 군민들이 선택한 **단체장의 군정기조와 철학에 따라 이뤄지는** 점에서 곧 발표될 **후보들의 선거공약을 꼼꼼히 살펴서 미리미리 대응**해 나가야 할 것임.

  ○ 지식·기술·정보의 민주화로 축약되던 '제3의 물결'을 넘어 지능혁명·개인자본주의·부의 패턴으로 축약되는 '제4의 물결'을 맞는 시점에서 「민선7기 군정」의 **방향설정은 매우 중요하므로 사전적 검토와 대응전략이 필요함**.

  ○ 선거기간 중 홍천군의 강점과 특성을 살려 한 차원 업그레이드된 「민선7기 군정」의 토대를 마련한다는 차원에서 **철저히 준비**하기 바람.

  - 현재 진행 중인 「홍천강 종합정비계획」 용역결과의 군정 반영 등 〈끝〉

[참고6] **군수권한대행 당부말씀**

군수 권한대행 당부말씀

6월중 월례조회 / 2018. 6. 1.(금). 08:40. 대회의실

□ 서두인사 / 여러분 반갑음.

  ○ 세월이 참 빠르게 느껴짐 / 부군수 취임 11개월 *고향 같은 느낌/고민 ing...

  ○ 묵묵히 소임 다해주시는 홍천군 공직자 늘 감사 - 홍천발전의 주춧돌
    - 어느 조직이나 순기능과 역기능 倂存   * 순기능은 且置
    - 역기능 - 조직 응집력·추동력 弱, 변화 거부 / 여러 요인(인사 등)

  ○ 요즘 변화의 흐름에 발 빠른 대응 필요 - 세계질서, 남북관계 …
    - '제4의 물결' (4차 산업혁명, 인공지능, 부의 혁명), 실질적 지방분권(개헌 無關)
    - 홍천군이 지향해야할 방향성? / 전 공직자가 고민, 해법 찾아야

  ⇨ 홍천군 공직자 능력 믿어, 위기관리능력·底力 등 충분 / 늘 감사

□ 올 6월 - 매우 중요한 달 / Why? - 新4년 이끌 「리더」 선출

  ○ 직접 민주주의 제도 지향 - 주민 의사로 결정 / 존경, 존중, 대단
    - 행정의 수장(郡守) - 군정의 총책임자, 의원 - 대의민주주의
    - 훌륭한 일꾼, 리더 선출되면 지역발전 동력 얻는 것

  ⇨ 그런 의미에서 올 6월 중요 / 홍천군 공직자 모두 '마음챙김' 필요

□ 몇 가지 당부말씀 - 「전국동시지방선거」 있는 6월이기 때문에…

  ① 엄정한 선거(정치)중립 - 공무원의 의무(법, 제도)
    - 「공직선거법」- 명확히 구분, 「지방공무원법」- 처벌기준 커
    - 공무원의 준법기준과 처벌은 일반주민보다 강해 / 무엇 의미?

  ⇨ 6.13 지방선거 철저한 엄정 중립 / '편가르기' 지양 - 결속력↓

  * 위법·부당 행위는 엄단 불가피(강조 이유?) - 일체의 선거개입 철저 금지 당부

262

② <mark>선거 전후 공직기강 확립</mark> - 공무원의 기본 준수사항   ②
  - 공직기간 중 가장 듣기 싫고 많이 듣는 게 「公職紀綱」일 것
  - 복무관리, 기강 확립 - 임용 순간부터 지켜야할 의무와 책임 수반
  - 관리자(인사위원장)로서 젤 싫은 게 - '문책, 징계, 처벌.' 맞닥뜨릴 때
  - 일부 공직자 본분 망각한 처신 有 (인사권 도전..) / 용납 안 돼
  ⇨ 공직 평생의 준수 명에 / 특히 선거기간 전후 철저 준수(사정기관 총출동)

③ <mark>행정공백</mark> 방지와 주요현안업무 관리 - 공무담임권 행사의 의무
  - 「선거」- 정치일정 중 하나, 「행정」√ 주민과 함께 영원 / 當爲性
  - 선거기간 중 흔들림 없이 군정을 수행해야 할 책임과 의무
  - 선거 앞두고 어수선한 분위기 속 - 민원지연, 행정소홀 안 돼
  - 현안업무 - 소신껏 추진(고스톱이론 : 의사결정, 추동력, 收支)
  ⇨ 권한대행(24일차) 큰 무리 없이 군정 수행 / 지속적 소임·책무 당부

④ <mark>행정의 적법성·적법 절차 준수</mark> - 어기면 군민에게 損害로 귀결
  - 문제의 사건들 - 적법성, 절차상 문제 *소송, 신뢰실추, 행정낭비 초래
  - 행정관료 소홀에 起因 / 근본문제는 소신·판단↓, 지시 의존
    * 한과체험시설(서석), 상수도시설사업(서면), 공공도서관(서석) 등등의 민원
  ⇨ 행정의 기본 「법·제도」틀 안에서 이뤄져야 + 직관, 정의, 공공성..

⑤ <mark>여름철 재난·재해 사전 대응</mark> - 군민 등 人命 보호에 傍點
  - 정치, 행정의 근본 - 국민의 「행복추구」/ 「인명」 전제돼야
  - 관내 대형 재난·재해 발생 시 動力 상실 불가피 / 전제적 대응
  - 물놀이 안전관리 시작 - 홍천 이미지 직결(안전시설 점검, 인력배치)
  - 모든 사건·상황은 초기 대응이 중요 - 동향보고로 대응 시작
  ⇨ 관내 크고 작은 사건·사고 등 신속보고, 적절한 대응책 강구 조치
    * 5.17-18 집중호우 초기대응 잘돼 / 교훈 삼아야 - 결과, 평가 달라져

⑥ 활기찬 직장분위기 조성 - 조직이 잘 굴러가야 (행정력) 향상 ③
  - 과거 인재선발의 기준 - 「身, 言, 書, 判」 * 무엇을 (意味)? → 결국 사람(적임자)
  - 선거정국 어수선하고 어려운 시기 / 전 공직자 하나 돼야
  - 害惡 요소 - 반목·시기·파벌형성·갈등 / '편가르기' 적폐
  - 부서·개인 등 조직 내 칸막이 없애고 협치·협업 절대적 필요
    * 아무리 바빠도 자신의 건강, 휴식 - 스스로 챙겨야 함 / 대신할 수 없어
  ⇨ 결국 군정(행정)도 「사람」이 그 중심에 있음 / 조직와해 용납 안 돼

□ 마무리 인사 / 어렵고 어수선한 6월

  ○ 어려운 시기일수록 전 공직자들 잘 헤쳐 나가도록 함께 (노력) 당부
    - 현재는 어려워도 지나면 추억 / '이 또한 지나가리라' 想起
    - 군청가족 권익, 복지 등 향상 노력 방침 * 직장협의회 창립 움직임
  ○ 공직자로서 「同行·使命感·首席郡」 기억, 홍천발전 선도 주체로서의
    기능과 역할 당부드림.
  ○ 感謝함. (끝)

51 | 총괄에서 실무까지- 때론 실무 주무관

　민선7기 홍천군수로 허필홍 당선인이 확정된 후 군청대회의실에서 있었던 '지방선거 당선인 당선증 교부식' 행사장에서 군수·도의원·군의원 당선인을 공식적으로 만났다. 그 이전부터 좁은 군 지역에서 군수후보로 활동한 유력 정치인을 부군수가 여러 행사장에서 스치듯 만난 적은 무수히 많지만 뭇사람들 눈치 보지 않고 편한 만남이었다. 이 자리에서 곧 당선인과 따로 만나서 군정현안사항 등을 논의하기로 했다.

　며칠 지나지 않아 당선인 측으로부터 연락이 왔다. 나는 당선인과 군정 현안사항을 협의하는 자리라 간단한 '병풍형 현안보고서'를 요점 위주로 직접 만들어 몇 부 챙겨 시내 모 식당에서 단둘이 간단한 점심식사를 곁들여 군정현안을 두고 대화를 나눴다. ▸선거를 치르시느라 고생하셨고 당선을 축하드린다는 덕담으로 시작해서, ▸선거로 갈라진 공직내부 융합 차원의 탕평인사 방향, ▸취임과 동시에 시급히 처리해야할 현안 등에 대해 큰 줄기를 보고하고 논의하는 첫 자리였다.
　나는 당선인과 같은 학번대지만 출신학교가 다르기 때문에 간간히 그 분의 동기들로부터 전해들은 것 말고는 깊이 알지 못했는데, 이 날 첫 대화를 나눠보니 나름 개혁마인드도 갖추신 거 같고, 행정경험 부족만 누가 옆에서 잘 보필하면 지역과 군정발전에 도움이 되겠다는 나름의 기대감을 가졌다.
　특히, 인사와 관련해선 "인사위원회에 가급적 맡기려 한다."는 말씀이 있어서 전임 군수님은 근평까지도 직접 챙겼고 잦은 인사방침의 변경으로 어려움을 자주 겪었던 터라 신선한 느낌이었다. 또 "저는 행사에도 가급적 참모들을 내보내고 예산 확보 등 대외활동에 주력하려 한다."는 말씀에 이제 군정이 제대로 돌아갈 수 있겠구나 하는 생각을 같게 됐다.

대화 말미에 도 지휘부가 물밑에서 본격적인 인사 검토를 시작했고, 일부 언론에서도 인사하마평이 나오기 시작할 무렵이라 "군수님! 이제 제 거취와 관련해서 말씀을 드려보겠습니다. 대부분 민선 교체기에 새로운 단체장님들이 부단체장을 바꾸길 원하는 모양입니다. 제가 지난 일 년 동안 어떻게 일해 왔는지는 여러 채널로 파악하고 계실 것이기에 군수님께서 좀 더 제가 남아서 챙겨주시길 원하시면 1년 정도 군수님을 보필해 드리고, 그렇지 않으면 도청으로 복귀하겠습니다. 곧 도에서 어떤 제스처가 있을 텐데 군수님께서 편안하게 결정하시죠?"라고 말씀드리니, "그동안 부군수님이 잘 관리해 오신 걸 알고 있습니다. 들려오는 부군수님에 대한 직원들 평도 아주 좋고요. 부군수님이 1년 정도 더 계시면서 제가 자리 잘 잡을 수 있도록 역할을 해 주시면 저야 좋지요."라는 말씀으로 내 거취가 정리됐다. 얼마 지나지 않아 '허 부군수가 6개월 정도 더 있기로 했다.'는 말들이 돌았지만 개의치 않고 새로운 군정 전환기에 부군수로서 업무를 챙겨나갔다.

민선7기 군정의 출범은 여러 면에서 많은 변화가 불가피했다. 제일 시급한 게 「군정구호와 방침」을 정하는 것인데, 그동안 간부회의 등을 통해 새로운 군정방향 모색을 여러 차례 당부·지시했는데도 별반 움직임이 보이질 않았다. 평소 업무에는 기민하게 대처하지 않던 일부 간부들이 당선인 측에는 내게 보고 절차도 없이 움직이는 모습들이 여기저기서 나타났다.

내가 그냥 넘어갈 사안이 아니었다. 간부회의를 통해 "선거

이후에도 편 가르기 조짐이 잔존해 있는데 군정에도, 새로운 군수님께도 도움이 안 될 것입니다. 군수가 바뀐다고 마치 개선장군 된 것처럼 행동하는 일부 간부들이 있는데 결코 용납될 수 없습니다. 망치(忘治)로 당선인을 안내하려 합니까? 이후 오직 홍천군 발전에 방점을 두고 당선인께서 조기에 안착하실 수 있도록, 또 제 기능을 하실 수 있도록 제대로 보필해야 합니다."라고 강하게 질책을 했다.

그런데도 머잖아 사무관으로 승진한 일부 담당들이 부군수인 나를 거르고 당선인에게 직보(直報)를 하다가 내 눈에 띄어 내게 불려와 호되게 질책을 당하기도 했다. 이게 민선시대 실상이요 현주소였다.

군수 취임일은 다가오는데 당선인 측에서 이미 확정한 군정구호로 '풍요로운 행복창조도시 홍천'과 군정비전인 '대한민국 대표 건강놀이터 홍천'만 정해졌고, 「군정방침」은 감감무소식이었다.

나는 기획담당을 불러 채근을 했더니 며칠 지나서 군정방침의 초안을 가져왔다. 내용을 검토해보니 당선인의 공약사항 등과는 거리감 있게 전임 군수 때 썼던 '내생적 발전기반 구축'이라는 문구가 그대로 들어가 있는 등 당사자에게는 미안하지만 정말 한심한 수준이었다.

시일은 촉박하고 더 이상 기다릴 틈도 없어서 "C 계장님! 아무래도 내가 정리해야만 될 거 같은데, 당선인 선거공약사항 발표자료 등 관련자료 좀 빠뜨리지 말고 모두 챙겨 주세요. 내가 정리를 해드릴 테니까…"라고해서 돌려보냈다.

당선인 공약사항과 공약발표자료, 그동안의 언론보도자료 등을 꼼꼼하게 살펴보니 나름 당선인의 군정 구상을 읽을 수 있었다. 청내에 과거 기획팀 출신으로 나름 기획력이 있다는 K 담당을 불러 '신임군수님 군정방침'을 나름대로 정리해보라고 사이드(side)로 지시를 했더니 30분도 안돼서 발 빠르게 가져왔는데 역시 내 기대치엔 이르지 못했다.

관련 자료를 가지고 퇴근한 이후 관사에서 고민에 고민을 거듭했다. 하루 이틀 그러고 있던 중에 C 기획담당이 집무실로 와서는 "부군수님! 신임군수님께 보고 드려야 하는데 '군정방침' 아직 안되셨나요?"라고 역(逆)으로 내게 독촉을 하는 해프닝도 벌어졌었다.

그렇게 부군수인 내가 고민에 고민을 거듭해서 '▸홍천강 시대, ▸골고루 소득, ▸다함께 복지, ▸신바람 군민, ▸탈바꿈 행정'이라는 당선인 군정철학에도 맞고, 글자 수도 어울리면서 여러 함의(含意)를 담은 「민선7기 홍천군 군정방침」을 직접 기획해서 확정 시켰다.

이런 과정을 옆에서 지켜 본 일부 군청 직원들이 "역시 부군수님 기획력은 따라갈 수 없네요. 그저 존경스러울 뿐입니다."라는 얘기를 듣기도 했다.

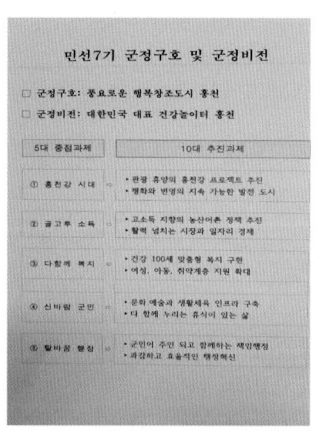

[3-11] 직접 기획했던 민선7기 군정방침

군청에서 군수 다음으로 서열 2위인 부군수가 기획담당이나 기획팀 차석 주무관이 해야 할 「군정방침」까지 직접 정리를 해줘야 했던 게 씁쓸한 홍천군의 자화상(自畵像)이요 현주소(現住所)였었다.

52 | 인사권 행사의 폐해

우리는 "**인사(人事)가 만사(萬事)다.**"라는 말을 자주 접한다. 인류사회에서 국가나 지역사회, 크고 작은 조직을 이끌어가는 주체가 '사람'이다. 그렇기 때문에 사람을 적재적소에 배치하는 '인사'는 매우 중요한 영역이다. '인사'의 사전적 의미는 '직원의 임용이나 해임, 평가 등과 관계되는 행정적인 일'이다.

나는 앞서 「25장/아픔」에서 다뤘던 바와 같이 좌천성 인사를 직접 경험했었다. 인사운용이 잘못되면 군정에도, 군수께도 큰 부담으로 작용할 수 있다는 전제하에 부군수로서 이를 바로잡기 위해 할 수 있는 역할을 최대한 하겠다고 작정했다.

추측건대 군수님을 비롯해서 인사를 담당하는 간부나 실무진이 '농업직 출신 부군수가 인사를 얼마나 알겠나. 시키는 대로 할 수밖에 없을 것'으로 이미 결론 냈던 것으로 보였다. 일부 간부가 사석에서 비슷한 발언을 했던 게 내게들려 오기도 했었다. 하지만 나는 학술적으로 석사과정에서 행정학을 전공할 때 인사행정론을 A^+는 아니어도 A^0를 받았을 만큼 지식을 갖추었고, 실무적으로도 농업직 인사조정 업무를 봤던 터라 인사와 관계된 법규나 인사제도를 꽤 뚫고 있었다. 다만 새로운 임지에서 조직구성원들 개개인을 잘 모르는 것만 극복하면 됐다.

부임 후 며칠 지나지 않아 근무성적평정의 잘못된 관행을 목도(目睹)하면서, 도나 군이나 자치단체장의 인사 전횡은 거의 비슷하다고 생각했다. 관행적으로 해 오던 근무성적평정은 연말까지 몇 달간의 시간이 있으니 천천히 접근하면 될 터이고 내가 생각한 객관적인 인사제도를 정착시키려면 최소한 담당급 이상 간부들을 많이 알아야 했다. 내부 인사관리시스템을 집무실과 관사 PC로 열람 가능하도록 연계시켜서 시간 날 때마다 익혀나갔다. 한두 달 지나니까 군수님과 마주할 때 어느 정도 인사문제를 두고 얘기할 정도로 파악이 됐다.

……

2017년 9월 6일. 부임 후 첫 승진인사 요인에 따라 군수님과 인사조정방향을 놓고 협의를 했다. 나는 행정직으로 보임돼 있던 농업정책과장과 축산과장 자리에 각각 농업직과 축산직을 보임해야 한다는 논거를 내세워 관철시켰다. 사무관승진 대상자 6명 중 행정 2명, 농업 1명, 축산 1명, 토목 2명으로 확정하고 구체적인 대상자도 내부적으로 정리를 해서 다음 주 월요일인 9월 11일에 인사위원회를 열기로 돼 있었다.

인사위원회가 열리기로 한 당일 출근 후 얼마 안돼서 행정담당이 집무실로 들어와서는 "부군수님! 군수님께서 농업직은 C 계장 대신 N 계장으로 바꾸라고 하시는데 어쩌죠?" 한다. C 담당의 동생이 나와 동기로 시골에서 농사일을 하는데 며칠 전 군수님이 그가 허 후보 측이라고 하셔서 내가 어렵사리 설득을 했었는데 나에겐 아무런 말씀도 없이 최측근인 행정담당을 통해서 바뀐 사실을 일방적으로 통보하신 거다. 나는 군수님을 뵙고 의중을 확인하는데 그치고 그대로 의결할 수밖에 없었다. 이 때 보건직 6급 승진자 중 고향 후배로 경력이나 현직급 승진일이 월등히 앞서는데도 서열명부 4순위였던 A 주무관을 군수님에게 "기술직의 경우 아주 특별한 문제가 없다면 경력과 나이 등을 고려해서 순리적으로 승진시키는 게 옳다."는 논리로 설득해서 승진시켰다.

첫 인사에서 군수님이 갑작스레 승진대상자를 바꾸는 바람에 희망고문 대상이 된 C 선배에게 미안하기도 했고, 인사시스템이 너무 즉흥적으로 움직인다는 생각이 들었다. 또한 보건직

A의 승진과 관련해서는 그냥 지나치면 될 것을 인사 후 얼마쯤 지나 그의 남편에게 "당신 부인 A는 부군수가 워낙 강하게 밀어서 이번에 승진시켰다."고 말씀하셨다는 얘기가 나에게까지 들려왔다. 결국에 인사권자는 당신이신데 "나는 승진시킬 생각이 없었지만 부군수가 승진시켰다."는 불필요한 말씀을 하셔서 승진한 당사자로부터 고마운 마음을 얻지 못하는 결과를 가져오기도 했다.

......

같은 해 10월 27일. 담당급 전보인사 요인이 생겼다. 나와 초등·중학교 동기인 H 담당을 행정담당으로 앉히신다고 하셨다. 나는 그의 평판을 이미 파악했던 터라 "군수님 뜻이 그러시다면 할 수 없지만 다시 한 번 잘 생각해 보셨으면 좋겠습니다."라고 말씀을 드렸는데도 밀어붙이셨다. 이 때 "서무담당은 다른 시·군도 보니까 여성을 요직에 앉히는 경향들이 있던데, 우리도 양성평등정책에 부합하는 차원으로 검토해 보시면 어떻겠습니까?"라고 건의 드려서 관철했고, 지난 민선5기 허필홍 군수 때 서열 2위까지 올랐던 K 담당이 4년 동안 승진은커녕 주무담당도 못한 채 한직으로 전전하고 있던 것을 이제라도 탕평인사를 하는 게 좋겠다고 건의를 해서 환경위생과 주무담당으로 전보하는 등 나름 인사질서를 잡는 역할을 했다.

H 담당을 갑작스레 행정담당에 보임하니 청내에 "H 담당이 부군수 친구라 행정담당에 앉혔다."는 말까지 돌았다. 그런데 결국 몇 달 안돼서 군수님이 "아무래도 H 계장은 행정담당으론 안 되겠다싶은데 부군수님 생각은 어떠시냐?"고 해서 "그것 보세요. 군수님! 그냥 그 자리에 뒀으면 큰 데미지 안 입은 상태에서 승진시키면 됐을 텐데요. 군수님 결심에 따라 인사를 하시지요."라고 해서 다른 과 주무담당으로 검토를 하다가 2018년 2월 18일 서무담당과 맞바꿔 앉히는 인사를

했다. 군수님의 즉흥적 인사로 인사 대상자뿐만 아니라 당신에게도 데미지(damage)만 입는 결과를 가져왔다.
......

2017년 12월 19일. 기획감사실장 명예퇴직 등으로 4급 1명과 5급 1명의 인사요인이 생겼다. 서기관은 승진대상이 P 과장 한 명에 불과한데 승진소요연수도 안된 다른 사무관을 마음에 두고 망설이고 계셨다. P 과장의 그동안 행실 등을 문제 삼으며 결정을 미루시기에 여러 차례 진언을 드려 겨우 관철시켰고, 사무관 승진도 관사(官事)비율 등에 비춰 행정직으로 승진시키면 될 터인데 군수님은 "사무관급은 행정직에선 시킬 대상자가 없다."며 농업직을 시켰으면 하셨다. 나는 "군수님께서 농업직을 배려해 주시려는 건 제가 농업직 출신이기도 하고 해서 감사한 일이지만, 특정 직렬에 편중하는 건 신중해야 합니다. 농업직은 이미 관사비율이 36%에 이르고, 행정직의 경우 16%에 불과합니다. 그러니 행정직들이 불평하면 군수님께 부담으로 돌아올 수 있으므로 제 판단으론 이번엔 행정직으로 하는 게 좋겠습니다."라고 말씀을 드렸는데도 행정직은 안중에도 없으셨다. 농업직 P 담당의 부인이 발이 넓어서 그를 염두에 두고 계시는 것 같았다. 그런데 이미 36%에 이르는 관사비율이 또 승진을 시킬 경우 46%로 올라간다. 다시 말해서 농업주사가 11명인데 농업사무관이 5명이나 되는 것이다. 조직 내부에 난리가 날판이다. 몇 차례 거듭해서 말씀을 드려도 행정직은 안 된다고 확고하게 굳히셨다. 그래서 나는 "그러면 차라리 시설직으로 하시지요. 그게 오히려 리스크(risk)를 줄일 수 있을 거 같네요."라고 하니 "시설직 누굴 시켜요."라고 하시기에 "K 도로담당이 제일 고참 인데다 몇 달 지켜보니 일도 잘하던데요."라고 말씀을 드렸더니 그렇게 하자고 하셨다. 나는 군수님께 내부의 갈등으로 선거를 앞두고 부담으로 돌아올 걸 막는 차원에서 시설직으로 대체시킨 인사였지만, 참으로 '관운(官運)이라는 게 이런 거였구나.'하는 생각이 들었다.

한 번은 나와 중학교 동기인 시설직 K 담당이 집무실로 찾아와서는 "부군수님! 군수님이 저를 승진시키려는데 부군수님이 반대를 해서 못시킨다고 하시던데 제가 승진할 수 있도록 부군수님이 신경 좀 써 주세요."라고 한다. 당장 인사요인도 없었던 데다 직전에 시설직을 승진시켜서 행정직들이 드러내놓고 말은 안 해도 불만이 있던 때였기에 이 말을 이해할 수가 없었다. 나는 K 담당에게 "K 계장님! 지금부턴 부하가 아닌 친구로 얘기할게요. K 계장이 볼 때 군수님 말씀이 이치에 맞는다고 생각해. 지난번에 시설직 K 과장 승진시킨 걸 두고 행정직 내부가 부글부글 끓고 있는데, 또 시설직을 승진 시킨다. 객관적으로 생각해 봐. K 계장이 나라면 어쩌겠어. 지금 내가 농업직 출신이지만 농업직도 너무 많고, 녹지직은 주사 4명에 사무관이 2명으로 관사비율이 50%나 돼. 이게 직급별 안배가 된 인사라고 봐. 군수님이 정치적인 고려 때문에 어긋나더라도 가급적 질서를 지키려 고민해야 하는 게 부군수의 어려운 자리라는 걸 생각해 주시게. 군수님이 당신 지금 한 말을 내게 한 번도 언급하신 적이 없네."라고 말을 했더니 머쓱하게 돌아갔다. 그런데 얼마 지나지 않아 K 담당이 또다시 '같은 내용의 말'을 내게 해왔다. 군수가 부군수와 직원들 사이를 이간질시키는 것 같아 씁쓸했다.

……

2018년 7월. 민선7기 출범과 함께 사무관급으로 행정직 1명과 보건직 1명, 농촌지도직 1명의 승진 요인이 생겼다. 나는 그간의 인사폐단 사례들을 정리해서 당선인께 보고드리면서 인사안을 놓고 상의를 드렸다. 얼마 전 당선인과의 만남에서 인사는 인사위원회에 맡기겠다는 취지의 말씀도 있었고, 무엇보다 '편 가르기'의 폐단을 없애는 방향에 치중해서 건의를 드렸다.

먼저 행정직의 경우 행정담당을 유임할 건지 바꿀 건지를 정해야 했다. 나는 "행정담당은 이번 선거를 공정하게 치르는데 제가 철저하게 관리를 해서 치우치지 않았고, 전임 군수 때 행정담당이라고 해서 그냥 내치는 건 피해야 합니다. 행정담당을 바꾸시려면 지금 승진후보자명부상 7위라서 배수 안에는 들어 승진시킬 수 있습니다. 향후 인사요인으로 체전준비단장 신설을 검토하고 있고, 조직개편을 하게 되면 승진요인이 3~4개 정도 또 늘어나니까 이번에 승진시켜도 큰 무리는 없을 겁니다."라고 말씀을 드리니 그렇게 하자고 하셨다.

보건소장의 경우 당선인은 Y 사무관을 생각하고 계셨는데, 나는 "P 담당의 경우 내부 직원들 평가는 그리 좋지 않지만 담당만 15년가량 한데다 워낙 고참 이라서 도에서도 보건직렬 과장들이 제게 얘기를 많이 해오고 있기도 하니 짧게라도 승진기회는 주는 게 좋겠습니다."라고 말씀드리니 "짧게 주는 게 가능하겠어요."라고 하셔서 "그 분이 공로연수 빼고 1년 반 남았는데 1년만 하고 명예퇴직 하는 조건으로 승진시킨다면 내부의 불평도 잠재울 수 있을 거예요. 그렇게 동의한다면 이번에 승진을 시키고 동의하지 않으면 다시 논의하시지요."라고 결정하여 P 담당이 잠정적으로 1년 후에 명예 퇴직하는 것으로 동의를 해서 '명예퇴직원'을 미리 받아두고 승진대상자로 결정을 했다.

농촌지도직은 "L 담당이 최고참이니 그 친구를 승진시키면 별 무리가 없을 겁니다."라고 보고를 했더니 그렇게 하자고 해서 승진인사안 조정을 마무리 했다. 그리고 자치행정과장은 내가 평소 눈여겨봤던 K 사무관을 건의해서 낙점 받고, 비서실장으로 L 담당을, 수행비서에 C 직원을 당선인이 정해주시는 대로 정하고 인사안을 정리해서 K 자치행정과장 내정자와 S행정담당과 함께 따로 찾아뵙겠다고 해서 돌아왔다.

하루 이틀 첫 인사안을 짜서 내일쯤 찾아뵙기로 했는데 퇴근길에 당선인께서 "S 행정담당 승진은 이번엔 안 되겠다."고 전화를 걸어와서 "그러면 일단 K 과장하고만 내일 찾아뵙겠다."고 전화를 끊었다. 내가 유추해 볼 때 전임군수 때 행정담당이었으니 당선인 주변 사람들과 조직 내부의 직원들이 안 된다고 극구 반대를 했던 모양이다. 이런 과정에서 S 담당은 승진하는 줄 알고 인사의 초안 작업을 하다가 승진대상에서도 빠지고 행정담당 자리에서도 물러나는 희망고문이 됐다.

전임군수 때 비서실장이던 L 담당은 당선인에게 밉보여 좌천성 인사를 하시려는 것을 "그래도 사업소라도 주무담당 자리에는 앉혀야 합니다. 'K 담당' 사례처럼 그렇게 하시는 건 아니잖습니까?"라고 해서 읍·면으로 내보내진 않게 했다.

우여곡절 끝에 승진대상자를 정해서 인사위원회 개최를 앞두고 있는데 당선인께서 전화를 걸어와서 받으니 이번엔 농촌지도직 승진대상자로 정했던 L 담당 대신에 P 담당으로 바꿔야겠다고 하신다. 전임 군수 때와 다를 게 없었다. 부군수 위신이 말이 아니었다. 좁은 지역에서 인사안을 기밀하게 관리한다 해도 말이 퍼져나가지 않을 리 없다. 이렇게 첫 인사를 마무리했는데 조직 내부에서 "부군수가 맨날 법과 제도의 틀 안에서 행정을 한다더니 전임군수 때 행정계장도 지켜주지 못하고, 인사안은 번번이 뒤바뀌게 내버려 뒀다."는 말이 돌았다.

......

도민체전을 1년도 남기지 않은 시점에 체전 준비를 전담할 조직이 필요했다. 다른 시·군에서는 6급 준비단장을 두고 행사를 준비해서 치렀지만, 나는 사무관급으로 신설하는 안을 검토해서 관철시켰다. 조직개편 전에 서둘러 5급 승진요인 1명을 만들어 군수님께 "전 행정담당이 과거 서무팀 차석도 했고 꼼꼼하게 일을 잘 챙기니까 이번에 승진시켜 준비단장을 맡기는 게 어떻습니까?"라고 하니, 군수님은 "S 계장은 조직개편을 하게 되면 자리가 많이 나니까 그 때 승진시키기로 하고 이번엔 J 계장을 그 자리에 앉혔으면 해요."라고 하셨다.

승진대상자를 의결하기 위해 인사위원회를 열었는데 승진후보자명부상 1위인 S 담당을 승진시키지 않고 서열 3위인 J 담당을 승진시키려니 인사위원들의 저항이 심했다. 행정담당하던 사람을 보직도 바꿔놓은 데다 서열 1위를 승진시켜야 한다는 이유였다. 이때 자치행정과장인 K 위원이 "체전 준비에 남자직원이 적합한데다 S 담당은 다음 번 조직개편 인사 시에 승진시키기로 군수님께서 내락을 해 놓으셨으니 이번엔 군수님 뜻대로 의결해 주십시오."라고 말해 인사위원들이 다음번에는 꼭 승진시킨다는 말에 동의하면서 가까스로 넘어갔다.

……

그러다가 8월부터 대대적인 조직개편 작업에 착수했다. 실무진에서 가져온 조직개편안을 다듬고 직제의 명칭도 행정과, 재무과, 관광과, 경제과, 농정과, 축산과 등 가급적 세 글자로 축약해서 군민들이 쉽게 이해할 수 있도록 했다. 이렇게 기존 본청 2실 12과, 1단 체제에서 2국 1담당관, 15과로 확대 개편하면서 사무관만 4명의 승진요인이 생겼다.

2018년 9월 19일. 충북 괴산군에서 예정된 '전국 농어촌지역 시장·군수 회의'에 대신 참석하기 위해 출발하려는데 K 행정담당이 '인사위원회 개최통보' 결재문서를 들고 집무실로 들어왔다. 마침 서무담당도 와 있던 터라 두 담당이 있는 자리에서 "아니 인사안을 군수님과 상의도 안했는데 무슨 인사위원회 개최 통보를 해요. 제가 출장 다녀와서 군수님과 따로 상의할 테니 일단 그냥 가지고 있어요."라고 하면서 돌려보냈다. K 담당이 나간 뒤 Y 담당이 어처구니없다는 눈치를 보이기에 "요즘 군수님 바뀌신 뒤로 몇몇 친구들 행태가 좀 이상해졌어요. 이러는 게 군수님께 별 도움이 안 되는데도 그걸 모르고 저렇게들 나대니…"라고 말하기에 이르렀다.

괴산에서 '시장·군수 회의'를 마치고 돌아오던 중 S 담당으로부터 "부군수님! 통화 가능하신가요?"라는 문자가 들어와서 전화를 하니 "오후에 K 행정담당이 다녀갔는데, 이번 승진대상 4명 중 본인을 포함해서 3명은 정했는데 S 계장 너 때문에 군수님이 대상자 확정을 못하고 있으니, 이번 말고 다음에 승진하면 안 되겠냐. 부군수님께는 말하지 말라. 친해서 얘기하는 거다."라고 했다는 얘기를 한다. 차중이었고 인사문제를 가지고 얘기할 상황이 아니어서 "일단 알겠어요."하고는 전화를 끊었는데, 아침에 내가 결재서류를 보류하며 지시했던 터라 이쯤 되면 부군수를 배제한 채 자기들끼리 다 정해놓은 게 됐다. 부군수를 패싱(passing)하는 게 몹시 불쾌했다.

귀청하자마자 K 행정담당을 집무실로 불러 자초지종을 물으니 "군수님이 갑자기 불러 인사안을 찾으셔서 그렇게 됐습니다."라고 해서 "K 계장님! 내가 아침에 분명히 지시했잖아요. 지금까지 사람 그렇게 안 봤고, 그래서 내가 도청으로 쫓겨 올라갈 뻔하면서 근평도 챙겨주고 했는데, 겨우 이런 사람이었어요. 행정계장이란 자리가 그렇게 부군수나 패싱하고 그러는 자리에요. 그 정도 임기응변도, 처신도 알아서 못해요."라고 호되게 꾸짖어 내보냈다. 이어서 P 기획감사실장과 K 자치행정과장을 불러 K 과장에게 "인사안 협의를 어디까지 했고, 행정담당이 한 처신을 알고 있느냐."고 물으니 자신도 전혀 모르는 사항이라고 잡아뗀다. P 실장은 "K 담당이 바보같이 가볍게 처신을 한 거 같다."고 말하는데, 이미 그들은 사전에 말을 맞춘 상태라는 걸 느꼈다. 나는 "어디서 배워먹은 짓인지 모르겠어요. 부하관리 잘하셔야겠어요. 저런 걸 행정계장이라고… 고향 출신 부군수인데도 이렇게 패싱하니 그동안 다른 지역 출신 부군수들에겐 오죽 했겠어요. K 담당은 결코 그냥 안 넘어갈 거예요!"라고 강한 어조로 말해서 내보냈다.

잠시 후 되돌아간 K 과장이 내 얘기를 전달을 했는지 K 담당이 집무실로 들어와서 울고불고 하면서 잘못했다고 했지만 꼴도 보기 싫으니 나가라고 돌려보냈다.

다음 날 군수집무실에서 군수님을 뵙고 인사안 협의를 했다. 군수님께서 S 담당은 이번에도 승진시키지 못하겠다고 하시기에 "군수님께서 두 번씩이나 S 담당을 번복하셔서 인사위원회 위원들도 이번엔 꼭 시키는 걸로 공론화가 돼 있는데 여러모로 어렵게 됐습니다. S 담당을 제척하시려는 제가 모르는 다른 이유라도 있으신가요?"라고 하니 "S 담당은 노 군수 사람이고, 그동안 승진도 S 도의원이 기획감사실장일 때 같은 S 씨라 잘 봐줘서 빨리했을 뿐 승진시키기엔 일러요."라고 하시기에 "편 가르기는 정말 지양해야 하고요. 굳이 노 군수님 사람이라 하시니 제가 선거관리를 하면서 '행정담당은 선거업무를 다루는 자리라서 조금이라도 잡음이 나면 내가 바로 직위해제할 수밖에 없다.'고 하는 등 철저하게 중립을 지키도록 했고, 누가 뭐라 했는지는 몰라도 S 도의원님과는 성씨 자체가 달라요. 나중에 한자를 보세요. 군수님이 주변의 잘못된 정보와 험담으로 흔들리시는 거 같은데요. 지금 말씀하신 건 이해하기 어렵습니다."라고 했더니, "그동안 정당에서 옛날부터 나를 적극 도와준 인맥들이 S 담당을 승진시키면 안 된다고 반대를 해요. 저도 웬만하면 시키려 했는데 어렵겠어요."라고 다른 핑계를 대셨다. 나는 자주 말을 바꾸고 주변사람들의 잘못된 정보와 험담에 오락가락하는 군수님이 이해가 되지 않았다. 나는 "인사권이야 군수님한테 있으시지만, 인사잡음을 없애야 할 책임은 인사위원장인 제게도 있으니 좀 시간을 두고 숙고해 보시지요."하고는 집무실에서 나왔다.

추석 연휴로 들어가기 하루 전인 9월 21일. 인사조정안을 매듭짓고자 다시 군수님과 상의를 했는데 요지부동이셨다. 당신께서도 "좀 더 생각을 해서 추석 연휴에라도 다시 얘기하자."고 하셔서 관사에 머물며 지역 동향관리 등으로 추석연휴를 보내고 있는데 추석 다음날인 9월 25일 오후. '군수님이 집무실에서 찾으신다.'는 연락을 받고 나갔다.

오후 3시경부터 6시가 거의 다될 때까지 세 시간 가까이 마주앉아 대화를 이어갔다. 군수님께서 "선거캠프와 정당 쪽 사람들의 의견을 수용할 수밖에 없다."며 결심을 굽히지 않았다. 그러면서 "이번엔 제 뜻대로 하고 대신 다음번에는 S 계장을 반드시 승진시킬 테니 부군수님께서 따라 주시지요. 다만, S 계장한테는 이 말을 하진 말아주시고요."라고 하셨다. 군수의 그 말은 벌써 세 번째 말을 바꾼 상태에서 다음번에도 S 계장을 또 패싱하겠다는 뜻으로 들렸다. 전임 군수 때처럼 '제2의 K 계장'을 만들겠다는 것으로 밖에 달리 생각할 수 없었다. 이미 짜여 진 각본대로 움직이는데 부군수가 어떻게 막아낼 수 있겠는가. 그동안 군청가족과 간부들에게 수차에 걸쳐 강조해 왔던 나의 행정스타일에 큰 데미지를 입을 처지가 됐다.

9월 27일. 추석연휴가 끝난 첫 날 오전 10시 인사위원회를 열었다. 위원장인 내가 모두(冒頭)인사를 하고 안건 설명을 들은 다음 논란이 예상되는 5급 승진대상자에 대한 심사는 뒤로 미루고 6급부터 8급 승진대상자까지 승진심사를 먼저 심의를 하고나서 5급 승진대상자를 놓고 심의를 시작했다.

K 자치행정과장(위원)이 군수님 뜻인 1위 S 담당을 빼고 2위인 C 담당, 5위 C 담당, 8위 K 담당, 12위 O 담당을 승진시켜야 한다고 하자 외부 인사위원들이 하나같이 1위인 S 담당은 지난 번 인사위원회에서 '다음번에는 꼭 승진시킨다는 내락'이 있었던 점을 들어 먼저 승진대상으로 결정하고 나서 나머지 3명의 대상자를 결정하자는 의견으로 모아졌다.

자치행정과장이 군수님 뜻을 지키려 강하게 반발했지만 외부위원들이 강하게 어필하면서 충돌했다. 나 또한 군수님께서 세 번이나 말을 바꾼 데다 전차(前次) 인사위원회에서 군수님이 다음번 S 담당의 승진을 내락했다는 공론화 과정이 있었기에 행정의 신의를 지켜야 하는 문제까지 얽혀 내부 의견을 그대로 밀어붙일 논리와 명분이 없었다.

더욱이 K 행정담당을 비롯해서 끼리끼리 사전에 말을 맞추고 부군수를 패싱 했던 사안이라 그냥 넘어갈 일도 아니었다. 나는 외부 위원들의 의견을 종합해서 사전에 협의된 5번 C 담당대신 1번 S 담당으로 바꿔서 최종 의결했다.

홍천군 인사위원회 회의록 / 2018년 9월 27일(목) 오전 10시
5급 이하 지방공무원 일반승진 대상자 심의

• • • •

○**주무관(지석환)** 위원 8명 중 7명이 참석하여 성원되었음을 보고합니다.
○**위원장(부군수 허성재)** 반갑습니다. 추석은 중추절 또는 중추가절이라고 하며, 가을 중의 가을인 명절 또한 가을의 달빛이 가장 좋은 추석명절 잘 보내셨는지요. 작년 7월 제가 부임해오면서, 인사에 대한 원칙을 지키려 하였고. 인사 객관화를 위해 근무성적평정위원회를 개최하는 등 여러 방면으로 노력했다는 말씀을 드리며, 오늘 바쁘신…   (중략)   마지막으로 6급에서 5급 승진대상에 대해 심사하도록 하겠습니다. 대상 직렬은 행정 직렬로 승진대상 인원은 4명입니다. 위원여러분께서는 심의서를 검토하시고 심

사의견을 말씀해주시기 바랍니다.

○위원(H) 지난번에도 S계장은 순위가 1위였던 것 같은데 명부순위대로 1순위에서 4순위까지 순번대로 의결할 것을 건의 드립니다.

○위원(Kㅈ) 자치행정과 K계장은 최초임용도 빠르고 현직급 임용도 빠른데 상당히 늦은 것 같네요.

○위원(Kㅅ) 우선 이번 안건에 대해 말씀드리면, 민선7기 행정조직 개편에 따른 사무관대상자에 대해(중략) 격무부서에서 오랫동안 근무한 K계장과 C계장을, 7급 공채 출신으로 오랜기간 근무한 O계장을 우선 검토하고, 서열명부 1,2위인 S계장과 C계장을 봤을 때 지난 5년간 관광레저과 및 문화관광과에서 근무하며 탁월한 업무능력을 보인 C계장을 경력은 낮아도 발탁인사로 의결함이 인사를 시행함에 있어 경력과 능력을 고루 반영하는 인사가 되지 않나 말씀드립니다.

○위원(Kㅈ) 지난번에도 그렇고 이번에도 서열명부 1순위인 S계장을 제척하는 것은 문제가 있는 것 같습니다. 우선 1순위인 S계장을 결정하고 나머지를 결정하는 게 맞다고 봅니다.

○위원장 다른 위원님들 생각은 어떠신지 의견주시기 바랍니다.

○위원(J) 저도 두 번이나 1순위를 배제하는 건 아닌 것 같습니다.

○위원장 저는 근무평정에 대한 사항은 기본적으로 지켜져야 한다는 생각을 가지고 있으며, 군수님과 대립각을 세우는 것이 아닌 행정가로서 당연히 준수되어야 한다고 생각합니다.

○위원(Kㅅ) 위원장님 의견도 맞지만 위원회는 행정의 일부로써 군수님의 의견과 협의사항이 종합적으로 검토되어야 한다는 말씀을 드립니다.

○위원(Kㅈ) 지난번과 순번이 같으면 1번, 2번은 대상으로 하고 나머지를 검토해야 한다고 생각합니다.

○위원(Kㅅ) 근무평정 결과도 중요하지만 민선 7기를 시작하는 조직개편인 만큼 종합적인 판단을 해야 한다는 말씀 드립니다.

○위원(Kㅈ) 자꾸 이러면 곤란합니다. 승진서열명부 순번대로 1번, 2번, 3번, 4번으로 하는 것을 건의 드립니다.   (중략)

○위원(Kㅈ) 근무평정 1순위를 제척은 아닌 것 같습니다. 1순위를 제척하고 12번(O계장)을 의결하는 것은 말이 안 됩니다.

○위원장 순위 1번(S계장)과 순위 2번(C계장)은 위원님들 의견을 따라 의결하고 …

○위원(Kㅅ) 그렇게 말씀하시면 위원회를 더 이상 지속할 수 없다고 판단되며 여기서 중단하는 게 맞을 거 같습니다. 위원회 정회를 요청합니다.

○위원장 여기서 의견이 다르다고 위원회를 중단할 이유가 없습니다.

○위원(H) 저도 위원회를 중단할 이유 없다고 생각합니다.

○위원(Kㅅ) 군수님과 사전 조율을 무시하고 지금 이러시면 대외적으로 곤란합니다. 일주일이상 사전조율을 거친 과정을 무시하면 안 됩니다.

○위원(J) 두 분(위원장, Kㅅ위원)이 인사위원회인 자리에서 이러시는 건 적절하지 않습니다. 위원회는 임용심의서에 대한 대상자를 놓고 얘기하는 자리입니다. 저는 상위순번인 1번(S계장)과 2번(C계장)을 대상자로 하고, 그동안 고생한 8번(K계장)과 12번(O계장)을 대상자로 추천합니다.

○위원(Kㅅ) 근무성적 평정도 중요하지만 … 저는 2번(C계장), 5번(C계장), 8번(K계장), 12번(O계장)을 검토해 주실 것을 건의 드립니다.

○위원(H) 그러시면 안 됩니다. 위원회의 다수안대로 근평순위인 1번, 2번과 경력을 고려한 8번과 12번을 추천드리며, 이 안이 받아들여지지 않는다면 위원회를 개최할 필요가 없는 것입니다.

○위원장 1번, 2번, 12번은 결정을 하고 5번과 8번 중에서 결정을 해 주시면 이 부분은 제가 책임을 지겠습니다.

○위원(Kㅅ) 그렇게 말씀하시면 안 됩니다.

○위원(H) 저는 1번, 2번, 8번, 12번을 추천합니다.

○위원장 Kㅅ위원님 안대로 가면 나중에 군수님께도 해가 미칠 수 있습니다. 내 직을 내놓아도 좋습니다.

○위원(J) 다시 한 번 말씀 드리지만, 여기서 두 분이 이러시면 곤란합니다. 더 이상 말씀 안 드리겠습니다.

○위원(Kㅅ) 5분이라도 정회시간을 주십시오.

○위원(Kㅈ) 왜 정회를 요청하시는지, 여기 인사위원회 자리입니다. 위의 의견이 모아지면 따르는 거수기 역할이 아니란 말입니다. 위원회에서 나온 의견에 토를 달고, 정회를 요청하고 이러면 좋지 않습니다. 위원회 위원들의 의견을 따라야 합니다. 평정순위대로 가는 게 맞지 않나요? 근평은 타당성이 있다고 판단됩니다.

○위원장 정회할 이유와 오래할 이유가 없습니다. 5번(C계장)과 8번(K계장) 사이에서 결정을 하겠습니다.

○위원(H) 1번, 2번, 8번, 12번 추천합니다.
○위원(J) 1번, 2번, 8번, 12번 추천합니다.
○위원(Kㅊ) … …
○위원장 그럼 위원님들 다수 의견인 1번, 2번, 8번, 12번으로 결정을 하면 되겠죠?
○위원(Kㅅ) 이렇게 대상자를 결정하면 홍천군에 큰 파장이 있을 수 있습니다.
○위원(J) 무슨 파장이 있다는 말씀이신지!
○위원장 그럼 위원님들의 다수 의견인 1번, 2번, 8번, 12번을 승진대상자로 결정하도록 하겠습니다. 5급 승진대상자로 문화관광과 지방행정주사 Sㅇㅇ, 기획감사실 지방행정주사 Cㅇㅇ, 자치행정과 지방행정주사 Kㅇㅇ, 의회사무과 지방행정주사 ㅇㅇㅇ으로 의결되었음을 선포합니다!(의사봉 3타). 이상으로 오늘 안건 상정된 심의안에 대한 심의를 마치겠습니다. 협조해주신 위원님들께 감사드립니다. (끝)

··

　인사위원회를 마치고 군수 집무실로 들어가 군수님께 "인사위원회를 방금 끝냈습니다. 인사위원들이 1위인 S 계장을 승진시켜야 한다는 완고한 의견이 있었던 데다 지난 번 인사위원회에서 차기에 꼭 승진시킨다는 내락이 있었다는 말이 공론화되어 불가피 했습니다. C 계장 대신 S 계장으로 대체해서 의결했습니다."라고 구두보고를 드리니 "그건 안 돼요. 다시 의결할 수 있음 다시 하세요!"라고 하시기에 "저는 이런 상황이 예견돼서 그동안 여러 차례 군수님께 말씀 올렸던 겁니다. 다시 의결하는 건 사법적인 문제가 될 수 있을 정도의 큰 파장이 일 것이기에 다시 할 수는 없습니다. 저는 그동안 우리 공직자들에게 '권한과 책임의 원칙'을 늘 강조해 왔기에 이번에 군수님 뜻을 거슬러 인사위원회를 운영한 책임을 스스로 지겠습니다. 이게 저의 도리인 것 같습니다."라고 하면서 '사직원'을 꺼내서 정중하게 드리고 나왔다.

군청이 한순간 어수선해졌다. 부군수를 무시하고 자기들끼리 개선장군이나 된 것처럼 암암리에 결정을 해 놓고선, 몇 차례 말을 번복하는 행태에 맞서 법과 제도의 틀 안에서 올곧고 소신껏 처리했는데 작은 소도시 지역에서 파장이 컸다.

부군수로 근무하는 마지막 날까지 군정은 챙겨야 하겠기에 축제장 점검도 하고 평소와 다름없이 부군수 직무를 수행했다. 그러면서 두어 차례 군수님을 뵈었는데 "도청으로 복귀하면 어떻겠냐."고 하셨다. 전임군수 때 한차례 복귀가 거론됐던 데다 복귀하는 게 내 자존심으론 내키지 않았다. "군수님! 솔직히 도청으로 복귀하기엔 제 자신이 쪽팔리고, 도 지휘부 법 기도 민망해서 내키지 않습니다."라고 말씀드리고 나왔다.

P 기획감사실장을 불러 "군수님께 데미지가 덜 갈 수 있는 방안을 찾아보라."고 지시를 했는데도 그는 군수님 눈치를 보느라 별 움직임이 없는 듯 했다. 원래 그렇게 처신하는 사람이었다는 걸 그제야 주변인들을 통해 전해 들었다. 그가 그렇게 진득하지 못하고 이리저리 오락가락하는 행태로 표리부동한다는 걸 미리 알았었더라면 노 군수님께 내가 그의 승진을 그토록 강력하게 밀지는 않았을 것이다.

그동안 허 군수님과 나쁜 관계도 아니었고 단 한 번의 인사문제로 엉클어졌을 뿐이어서 내가 모시던 군수님께 부담은 덜어드리려 도청 총무행정관, 비서실장과 협의를 하니 "그냥 그만두면 안 되고 일단 복귀해야 한다."며 후임자를 물색하겠다고 했다.

인사위원회 개최 후 보름 쯤 지났을 무렵 K 총무행정관이 전화를 걸어와 "도지사님께서 정기인사 때 보직을 주실 방침으로 우선 올라오시면 별도 사무실을 만들었으니 편하게 두어 달 지내시라."고 해서 그런 줄만 알았다.

민선시대 단체장의 인사권 행사로 인한 **폐해**를 막고자 그렇게 열정적으로 일했던 **고향 부군수의 직책을 앞당겨** 마쳤다.

53 | 사라진 이임사

 2018년 10월 11일. 인사발령 문서가 내려 왔다. '홍천군 지방서기관 허성재, 지방기술서기관에 임함. 강원도 전입을 명함. 2018년 10월 15일자' 1년 3개월 14일간의 고향 홍천군 부군수 직책을 마감하게 됐다.
 인사발표가 나던 날 K 행정담당 후임으로 새로 바뀐 허 군수와 고교 동기인 H 행정담당이 집무실로 들어오더니 "부군수님! 이임식은 어떡하시겠어요?"라고 묻는다. 이임식을 하지 않았으면 하는 눈치다. 나는 쫓기듯 떠나올 이유가 없었고 그럴 필요성도 느끼지 않았기에 이임식 행사를 준비하도록 지시하고는 늘 그랬던 것처럼 손수 「이임사(離任辭)」를 썼다.

 이임식이 있던 10월 12일 오전. 군수 집무실에서 허필홍 군수로부터 임용장을 받으며 짧게 차담(茶談)을 나눴다. 군수님이 "그동안 고생 많으셨습니다. 도에 올라가셔서 국장 승진도 하시고 고향 발전을 위해서도 신경 많이 써 주세요."라고 하시기에 이 말을 진심으로 믿었고, 나 또한 "군수님 건강 잘 챙기시고 군정도 잘 이끄셔서 다음 선거에도 좋은 결과를 포함해서 늘 좋은 일만 가득하십시오."라면서 내가 직접 만든 서각작품 "大道無門(대도무문)"을 선물로 드렸다. 그로부터 3년쯤 지났을 때 홍천군청에 걸렸다는 얘길 간접적으로 전해 들었다.

 오후 2시에 대회의실에서 「제26대 허성재 홍천군 부군수 이임식」이라는 플래카드를 걸고 열린 이임식에 김재근 군의회 의장님이 참석해 주셨지만, 군수님 눈치를 보느라 그랬는지

간부들도 더러 불참했고 전반적으로 많지 않은 직원들이 참석한 가운데 이임식을 가졌다. 특히, 행사를 주관해야할 K 행정과장은 민선 교체기에 면장으로 있던 사람을 내가 천거해서 자치행정과장에 보임되도록 했었는데 개인일정인 '족구대회' 참석을 이유로 내게 말 한마디 없이 불참했고, 떠나온 이후에도 전화 한통 없었다. 내가 겨우 이런 사람을 요직에 천거를 했었나 하는 씁쓸한 생각이 들기도 했다.

[3-12] **부군수 이임식 모습**

이임식을 시작하기 직전에 Y 서무담당을 불러 700여 전 공직자들이 내 이임사를 볼 수 있도록 이임식이 끝나면 내부 행정망 공지사항에 올리도록 해서 떠나오기 전 게시된 걸 확인까지 했는데 토요일인 다음 날 오전에 삭제됐다는 얘기를 전해 들었다. 이임사 내용 중 '인사' 부분이 한 구절 언급되어 **허 군수님의 입장을 고려한 누군가의 조치가 있었을 것으로 유추해 볼 수 있어** 씁쓸했다.

도청으로 복귀해서 얘기를 들으니 허 군수가 홍천에 있을 때 "직원들이 부군수님께서 일을 잘 챙겨주신다는 얘기들이 많습니다." 등 많은 격려성 발언과 떠나올 때 덕담을 했던 것과는 달리 마지막 인사와 관련해서 도지사께 좋지 않은 얘기를 여러 차례 했었다는 걸 최측근 비선 A로부터 전해 듣고는 큰 정치인은 못된다고 내 나름 회의적인 생각을 가졌다. 이를 입증하듯 이후 군수, 국회의원선거에서 연거푸 낙선했다.

[참고7]   이 임 사 / 제26대 홍천군 부군수 허성재

존경하고 사랑하는 홍천군청 가족 여러분!

저는 오늘 제 고향 홍천군의 제26대 부군수 직책을 내려놓고자 이 자리에 섰습니다. 먼저 700여 공직자 여러분께 머리 숙여 그동안 감사했다는 인사를 올립니다.

지난 해 7월 고향의 행정발전을 위해 「동행·사명감·수석군」을 강조하며, 부군수 직책을 맡아 1년 3개월 남짓 많은 고민과 열정으로 보낸 시간들이 주마등처럼 스쳐 지납니다.

취임사에서 밝힌 바 있고, 제 공직과정에서 늘 그래왔듯이 일과 관련해서는 아무런 두려움 없이, 소신 있게 밀어붙이는 저의 행정스타일·열정·노력들로 인해 공직자 여러분들이 다소 힘겨우셨을 것이라 생각되어 막상 떠나려니 송구하기도 합니다.

그동안 여러 차례 말씀드린 대로 정치나 행정의 근본은 「국민행복」에 있고, 저는 행정가의 입장에서 무너진 행정질서를 바로잡는 게 급선무라는 생각으로 지난 1년여 홍천군의 행정시스템 개선을 위해 부단히 노력해 왔습니다.

그 중에서도 사람을 다루는 「인사」는 법과 제도의 틀 안에서 다뤄야할 영역이기에 헝클어진 평정제도 개선에 이어, 승진·보직관리의 객관화과정에서 파장이 있었고, 그 행정행위의 옳고 그름을 떠나 그동안 강조해왔던 「권한과 책임의 원칙」에 따라 부군수인 제가 모든 책임과 짐을 떠안으려 합니다.

존경하고 사랑하는 홍천군청 가족 여러분!

거시적으로는「포용국가」라는 거대담론의 국정철학 아래 정치·경제·사회·문화 등 모든 영역에서 전환기적 변화를 맞았고, 미시적으로는「민선7기 군정」출범이라는 변곡점(變曲點)에서 변화가 불가피한 것이 현실이자 시류(時流)입니다.

그럼에도 우리 홍천군의 행정행태는 경로의존성에 함몰되어 변화와 개혁에 있어서는 다소 더디거나 그 양태(樣態)를 찾아보기가 쉽지 않습니다. "개혁하지 않으면 실패를 보상하는 것과 같다."는 어느 혁신론자의 주장을 곱씹어봐야 합니다.

존경하는 허필홍 군수님의 '홍천강 시대'에서 '탈바꿈 행정'에 이르기까지(제가 직접 기획한) 다섯 가지 군정목표로「풍요로운 행복창조도시 홍천」을 이뤄내기 위해서는 반드시 변화와 개혁이 전제돼야하고, 더 이상의 '편 가르기'도 반드시 없애야만 합니다.

군수님의 군정철학이신「군민이 주인」,「공무원이 행복해야 군민이 행복하다.」에 전 공직자가 뜻을 모으고 실천해내는 바탕에서 홍천군 발전이 담보된다고 저는 확신합니다.

그런 홍천군의 미래상(未來像)을 꿈꾸며, 이를 실현하는데 제가 어디에 있건 작은 힘이나마 보태고, 늘 관심과 성원으로 홍천군과 함께 하겠다는 다짐과 약속을 드립니다.

그동안 노승락·허필홍 두 분 군수님과 7만 여 군민을 모시면서, 홍천군청 가족 여러분들의 사랑을 듬뿍 안고 부군수 직책을 마치게 된 점, 이 자리를 빌려 거듭 감사하다는 말씀 올립니다.

끝으로 여러분 모두의 건승과 행운을 축원 드립니다. 감사합니다. 그리고 사랑합니다.　　(끝)　　　　　　　　　　　　　　＜玄松＞

4부 ‖ 예술의 길, 예술인

[공방에서 서각작품에 '**채색 작업**'을 하는 모습]

54 | 왜 '예술인'이 되었나?

나는 어려서부터 예술 쪽에 관심이 많았었다. 아버지께서 대목수의 일을 하신 까닭에 톱과 대패, 끌, 통송곳 등의 연장을 갖추셔서 어깨너머로 아버지의 연장 다루시는 모습을 볼 수 있었다. 그래서일까 초등학생 때에 '발구[25]'라고 부르는 얼음썰매와 꼬챙이를 직접 만들기도 했었다.
　중학생 때는 교실 책상 모서리에 V자로 홈을 파 놓고 그곳에 펜대를 잘라 단면을 사포로 문지른 다음 '도장'을 새기기도 했다. 이 사실이 알려져 시골에서 급하게 도장이 필요할 땐 내게 찾아와 '나무도장'을 새겨 달라는 일도 더러 있었다.
　고등학생 때「농업공작」이란 교과목이 있었는데, 실습으로 자그마한 책꽂이 만드는 실습이 있었고, 기말시험 성적에 30점을 반영하게 됐었다. 나는 학교 목공실습실에서 제일 먼저 책꽂이 만들기를 완성해서 30점 만점을 받기도 했다. 나의 적성검사에서도 미술계 직업이 다른 직업군에 비해 높게 나오기도 했었다.

　내가 2013년 12월 아내와의 갈등으로 홀로 분가하게 되면서 힘든 시기를 맞았다. 이때 우연찮게 '서각'을 접하게 됐는데, 유년시절부터 나무를 가까이 했고, 도장을 팠던 경험도 있었던 데다 붓글씨도 썼었기에 크게 어렵지 않게 접근할 수 있었다.
　서각은 내가 가족과의 별거에서 사별로 이어진 고통스런 나날을 이겨내는 하나의 수단 내지는 방편이 됐었다. 예리한

---

[25] 북부 산간 지방에서, 마소가 끌어 물건을 나르는 큰 썰매, 얼음썰매 용구의 하나

서각도(書刻刀)와 끌, 망치는 서툴게 다루거나 집중하지 않으면 몸을 다칠 수 있다. 특히 작업대에서 서각도나 끌이 굴러 떨어지면 발등에 꽂힐 수 있기 때문에 여간 조심스럽게 신경 쓰지 않으면 안 된다. 이런 까닭에 서각은 잡념을 버릴 수 있고, 장시간 작업에 몰두하게 되어 아픔을 잊는데 적합했다.

내가 최고로 서각작업에 몰두했던 게 나도 모르게 거의 여덟 시간을 끼니도 거르고 화장실 한 번 안가고 작업만 했던 적도 있었다. 이쯤 되면 거의 서각에 미쳤다고 할 수 있다. 지금은 프로급으로 나름 작업하는 테크닉(technique)이 생겨서 쉽게 작업할 수 있지만 서각을 시작한 초기에는 서각도나 망치를 잡는 손에 힘이 들어가 손목과 손가락 관절이 붓고 통증이 오기도 했었다.

이렇듯 아픔을 잊는 방편으로 시작한 서각은 내게 잠재돼 있던 예술적 감각 때문이었는지 짧은 기간에도 불구하고 여기저기 공모전에서 크고 작은 수상으로 이어지면서 전문예술인으로 거듭났고 그 활동 영역을 넓혀나갔다.

오래 전 읽었던 말콤 글래드웰의 저서 「아웃라이어」에서 언급된 '1만 시간의 법칙, 성공의 비결'에 비춰본다면, 일상생활을 빼고 '특정한 목표나 일'에 매달리는 경우 대략 10년 정도는 돼야 한다. 그런데 나는 6~7년 정도의 짧은 기간에 무려 10개의 '서각 초대작가'로 등극할 만큼 빠르고 큰 성과를 이끌어 냈다. 아마도 대한민국 서각계(書刻界)에서 나만큼 많은 수상실적과 초대작가증을 가진 사람을 찾기 어려울 거다.

서각작가로서의 유명세에 앞서 내가 '서각'을 하지 않았다면 그토록 고통스럽던 질곡의 시간들, 아픔의 모퉁이를 어떻게 헤쳐 나왔을까 하는 생각이 든다. '위기가 곧 기회'라는 말이 있듯 내 삶의 그림자 속 어둠 앞에서 새롭게 눈 뜬 '서각'이란 분야의 전문예술인으로 거듭나는 계기가 됐다.

'**인생은 짧고 예술은 길다.**'는 말이 있다. 요즘은 서각을 넘어 실용목공으로 눈길을 돌리고 있다. 보다 광범위한 예술세계, 나만의 특성으로 차별화한 **서각과 목공 장인(匠人)으로 거듭나려** 한다. 나무를 소재로 한 명실상부한 '종합예술인'을 꿈꾼다.

55 | 유명해진 서각작가

서각은 크게 전통서각과 현대서각으로 나뉜다. 전통서각과 현대서각을 명확하게 구분하는 것은 쉽지 않다. 이를 구분하는 내용들은 문헌이나 인터넷매체 등에 구체적으로 다양하게 정리되어 소개되고 있다.

간략히 소개하면 **전통서각**은 과거의 전각, 모각, 판각 등에서 각자(刻字)의 기법으로 전승되어 온 것으로 작품의 서체, 도법, 채법, 양식이 우리 고유의 전통미를 지켜온 서각을 의미한다. 반면 **현대서각**은 얼핏 전통의 서체나 기법을 파괴하려는 인상마저 줄 만큼 평면적인 글씨를 각으로 할 때 각으로서의 입체 개념이나 조형개념을 철저히 추구하는 서각이다.

구분	전통서각	현대서각
서체	전서, 예서, 해서, 행서, 초서	기본서체에 변화, 개성적 서체
기법	필서의 재현적 각법	입체 표현을 위한 조각법
양식	평면적 서예 양식	입체적 문자 구성 양식
목적	기록 보전 및 실용성	순수 감상을 위한 예술성
느낌	고풍, 담백, 온화, 소박	박진, 웅장, 생동, 화려

나는 전통서각 보다는 현대서각에 치중한 작품 활동을 한다. 옛것을 바탕으로 미래를 창조하는 온고지신(溫故知新)의 마음가짐과 나의 변화와 혁신을 강조하는 성격 때문일 게다. 전통서체에다가 캘리그라피(calligraphy)를 가미하고, 각법(刻法) 또한 음각과 양각을 넘어 한 작품 속에 양평각·양산각·양원각·음평각·음산각·음원각 등을 작품 성격에 맞게 적당히 섞는다. 그리고 2중, 3중으로 각을 해서 형이상학적인 입체감을 준다. 여기에다가 채색은 화려함을 더하려 단색보다는 여러

색을 쓰고 때에 따라선 그라데이션(gradation) 기법을 적용해서 내 작품을 접하는 이들에게 나의 독창성을 드러낸다.

이런 작품성으로 인해 전시회 등에 선보이면 내 작품을 벤치마킹하려는 서각인(書刻人)들이 많이 모여들고 문의가 잦은 편이다. 한두 해 지나면 거의 '따라-쟁이' 서각인들 때문에 또 다른 기법으로의 창의성 있는 작품을 계발해야 한다.

나는 2013년부터 서각을 시작했는데 그해 7월에 있었던 「국제전통미술대전」에 '청(淸)'이라는 작품을 출품해서 '특선'에 입상한 것을 시작으로 작품 활동 초기에 내 아픔을 잊는 방편으로 틈나는 대로 몰입한 까닭에 여러 공모전에 출품을 늘려 다른 사람들보다 빠르게 성장했다.

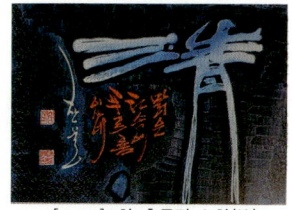

[4-1] 첫 출품작 / 청(淸)

처음엔 '입선'과 '특선'에 머무르다가 '최우수상'을 넘어 미술대전 공모전의 최고상인 '종합대상'을 받은 적도 있다. 지금까지 내가 각종 미술·서화대전 등에서 수상한 상장만 30여 개나 되니 질적·양적으로 괄목할만한 성과를 냈다고 볼 수 있다.

여러 미술·서각협회 등이 주최하는 공모전에서 수상하는 경우 수상 종류에 따라 부여하는 점수가 있는데, 예를 들어 '입선' 1점, '특선' 2~3점, '장려' 3~4점, '특별상' 4~5점… 등 해당 공모전 규정에서 정한 기준 점수를 누적해서 일정 점수에 도달하면 '초대작가'가 되는데, 대부분 주최 측이 정한 10~15점 내외를 충족해야 한다.

나는 이렇듯 각 협회 또는 단체가 주관하는 공모전에 2~3회 출품하면 대부분 상위그룹의 상을 받아 기준 점수를 충족해서 초대작가가 되었다. 현재까지 보유한 '초대작가증'만 10개에 이르니 한국 서각계에서 아마도 제일 많다고 보아진다.

2014년에 있었던 제6회 「국제전통미술대전」은 내 고향 홍천의 문화예술회관에서 열렸는데 이때 내 서각작품 '희로애락'이 최고상인 '종합대상'에 선정되어 '국회의장상'을 받았다.

또한 2015년 정선에서 개최된 제1회 「정선아리랑 서화대전」에서 서각작품 '아리랑'으로 서각부문 최고상인 '대상'을 받는 등 서각분야에서 서서히 이름이 널리 알려지기 시작했다.

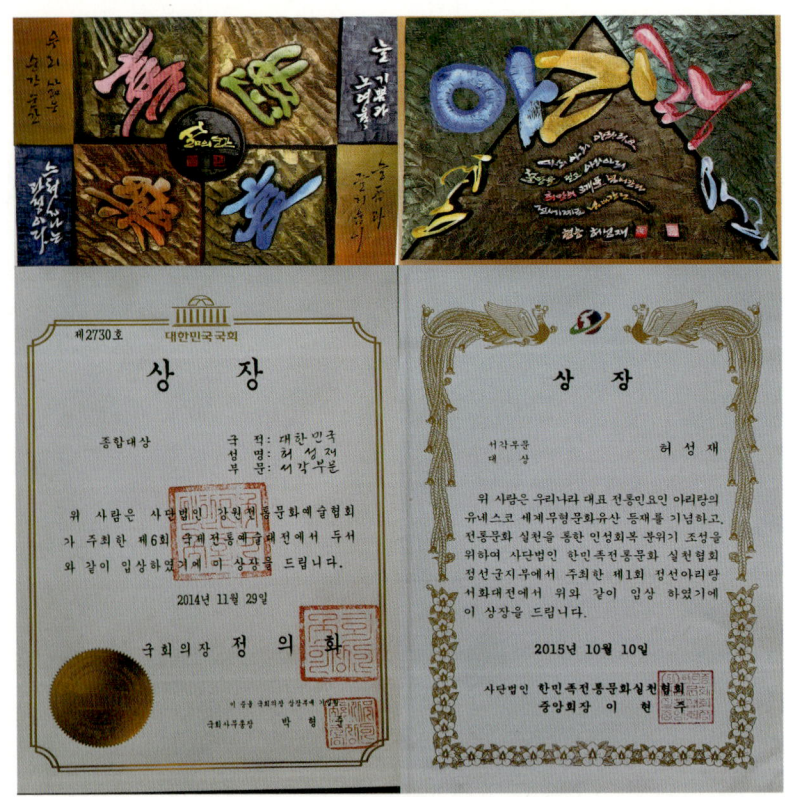

[4-2] 주요 서화대전 작품 및 상장

한편, 매년 열리는 「대한민국미술대전」은 우리나라 최고의 전통과 권위를 가진 미술대전으로 흔히 「국전」이라 부른다.

예전엔 국전에서 '특선'만 받아도 대학 강단에 설 수 있을 만큼 비중과 영향력을 지녔었다. 나는 이 국전에서 처음 출품했던 해에 우수상급인 '서울특별시장상'을 수상했고, 그 다음 해에는 '특선'에 이어, 세 번째 해에 '우수상'을 받아 3년 내리 연거푸 수상하는 성과를 거뒀다.

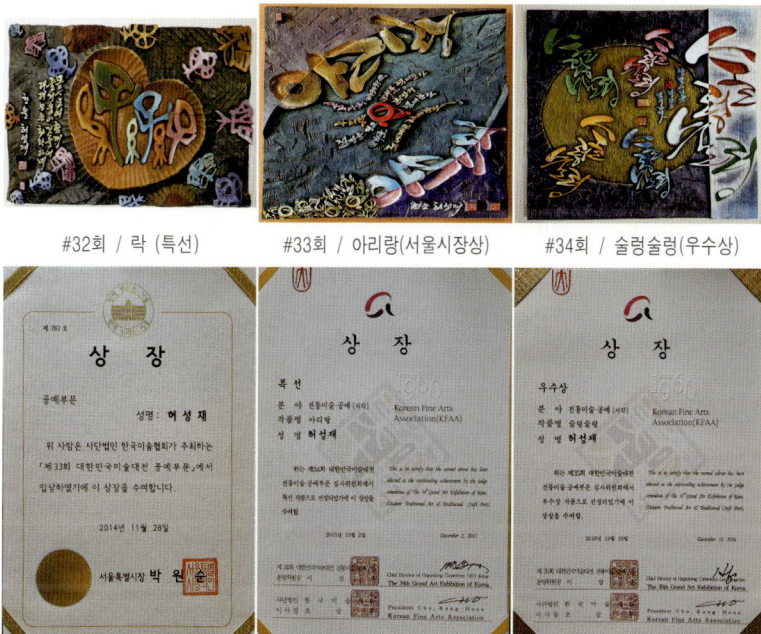

[4-3] 「대한민국 미술대전」 출품작 / 상장

이런 성과를 바탕으로 국전 초대작가 기준점수인 10점을 출품 3년 만에 훌쩍 넘긴 13점을 얻어 **「국전 서각초대작가」로 등극**했다.

서각으로 여러 협회나 미술대전의 **「초대작가」로 활동**하게 되면서 관련협회의 '상임이사·감사' 등의 직책을 맡는가 하면, 여러 공모전의 '심사위원'이나 '운영위원'으로 활동하고 있다.

[참고7] ## 서각 초대작가 인증

No	일 자	초대작가명	인증기관	비 고
1	'14.11.14.	대한민국아카데미미술대전	대한민국아카데미미술협회	제14-0212호
2	'15. 2. 7.	국제전통예술대전	(사)강원전통문화예술협회	제15200호
3	'16. 2. 3.	대한민국명인예술대전	대한민국명인예술대전 운영위원장	제168호
4	'16. 3. 5.	(사)한국각자협회	(사)한국각자협회 이사장	초대 제2016-19호
5	'16. 4.13	대한민국열린서화대전	대한민국열린서화대전 대회장	제2016-04호
6	'16. 5. 4.	대한민국서예문인화대전	대한민국서예문인화대전 운영위원장	제927호
7	'17. 8. 3.	**대한민국미술대전**	(사)한국미술협회 이사장	대전초 제2017-16호
8	'18. 8.23.	국제평화예술연합회	국제평화예술연합회 이사장	제2018-8-60호
9	'19.10.26.	대한민국서각예술대전	한국서각예술협회 이사장	초 제2019-47호
10	'24.10.20.	한서미술대전	(사)한서미술협회 이사장	제2024-055호

[참고8] ## 주요 예술단체 활동

No	일 자	활동단체 · 행사명	주요직책 · 역할	비 고
1	'16. 7.17.	국제전통미술대전(협회)	심사위원(2회), 감사	
2	'17. 1. 1.	(사)한국각자협회	춘천지부장/지도자자격취득	취득 :'16.7.9
3	'18. 5. 6.	(사)한반도문화예술협회	심사위원	
4	'18.11.23.	**대한민국미술대전(#37)**	**심사위원**	
5	'19. 5.16.	대한민국서예문인화대전	심사위원	
6	'19.10.26.	한국서각예술인협회	상임이사 겸 감사	
7	'19.12. 7.	2020 인사동비엔날레	운영위원	
8	'19.12. 7.	통일명인미술대전(제2회)	심사위원	
9	'20. 7.17.	2020 코리아아트페스타	운영위원	
10	'24. 6.22.	강원서예대전(제34회)	심사위원	

[참고9]

서각관련 수상 현황

No	활동단체·행사명	수상내역	비 고
1	국제전통미술대전	특선('13), **종합대상**('14)	
2	전국서예대전	**특상**··입선('13)	
3	대한민국열린서화대전	삼체상·특선('14), **최우수상**('15)	
4	대한민국부채미술대전	**우수상**·입선('14)	
5	대한민국공무원미술대전(#24)	입선('14)	
6	대한민국나라사랑미술대전	**금상**·입선('14)	
7	대한민국아카데미미술대저전	**우수상**·특선('14)	
8	2017우수작가 초대 기획전	우수초대작가상('17)	
9	대한민국각자대전	**우수상**('14), 특선('15)	
10	대한민국미술대전	**서울특별시장상**('14), **특선**('15), **우수상**('16)	
11	대한민국명인미술대전	**대상**·특선('15), 명인상·입선('16)	
12	정선아리랑서화대전	**대상**·삼각상('15)	
13	대한민국서예문인화대전	**우수상**·특선('15), 우수상·특선('16)	
14	대한민국한서미술대전	**대상**·특선('18)	
15	2021풀묶음갤러리개관기념46인전	우수작가상('21)	

56 | 서각작가의 남김

서각을 시작한 이래 각종 공모전에서 매입상(買入賞)26)으로 기부되거나, 일부 지인 등에게 선물로 준 것 몇 점을 빼고는 약 60점 가량의 작품을 소장하고 있다.

주로 서각 작품은 각종 국내외 공모전에 출품하거나 개인 또는 그룹 전시회에서 선보이고 있다. 일부 지인들이 작품을 그냥 달라고 하는 경우도 있지만, 개인전시회 등을 위해 아직까지 작품을 판매하거나 그냥 주는 건 꺼리고 있다.

[4-4] 강원도청 도지사실의 '강원도' 모습

그 중 몇 점을 주요 기관 등에 무상으로 기부해서 걸려 있기도 한데, 강원도청 도지사실에 '江原道(강원도)'라는 작품이 걸려 있어 웬만한 도청 직원들은 자주 접하고 있다.

2014년 강원도감자종자진흥원장으로 근무할 때 기관의 설립목적과 성격에 맞는 글귀인 '**씨감자의 産室(산실)**'이란 서각작품을 **만들어 원장실**에 걸어놓았는데, 내게 경쟁심을 느끼거나 달갑지 않게 생각하는 후임 원장 중 누군가가 잘 보이지 않는 회의실 구석으로 옮겼던 것을 J 원장이 원장실로 복귀시켜 걸었다는 얘기를 전해 들었다.

---

26) 공모전 등에서 입상하여 상금을 받는 대신 작품을 기부하는 형식의 수상

또 홍천군 부군수로 근무하다가 이임하면서 허필홍 군수께 전달했던 '大道無門(대도무문)'은 3년 가까이 지난 2021년 6월경에야 홍천군청 군수부속실에 걸렸다는 얘기를 들었다.

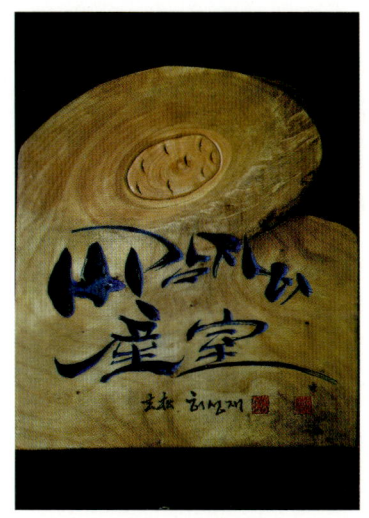 

'씨감자의 산실(産室)'   '대도무문(大道無門)'
[4-5] 강원도감자종장진흥원·홍천군청에 걸린 서각작품

일부 작품은 내가 존경하는 몇 분들께 선물로 전달하기도 했지만 대부분 보유하고 있어서 기회가 되면 '개인전시회'를 열고 적당한 가격에 팔아 좋은 일을 하는데 기부하고픈 마음을 갖고 있지만 생각처럼 그 기회가 쉽게 오질 않고 있다.

공직에서 물러난 지금, 보다 여유로운 환경에서 재능 기부는 **물론, 활발한 작품 활동으로 쓰임새 있는 곳에 기부**하는 것을 생각하고 있다.

4부 예술의 길, 예술인 301

57 | 협회 감사- 무엇이 문제인지

　내가 속해 있는 서각관련 협회의 상임이사 겸 감사 직책을 맡아서 단체의 일을 살피기도 했다. 설립한 지 얼마 지나지 않은 이 협회는 초기 단계부터 협회의 사무관리 등이 원만히 이뤄지도록 첫 단추를 잘 꿰어야만 했다.
　협회 사무총장을 맡은 사람이 '코로나 19' 정국아래서 거리두기가 이뤄지고 있는 여건에 따라 '감사'를 맡고 있는 내게 SNS로 대강의 자료를 보내주고는 「협회의 감사보고서」를 보내 달라고 했던 적이 있었다.
　나는 연말과 연초 연휴기간을 이용해서 감사를 진행했는데 기초자료도 없고 회비출납대장도 없이 협회 계좌거래내역만 달랑 보내줘서 도저히 감사를 할 수 없는 지경으로 엉망이었다.
　협회 계좌 거래내역만으로 감사보고서를 내 달라는 건 형식적으로 "협회 업무 전반을 감사한 결과 특이사항 없이 정상적으로 출납이 이뤄졌음을 보고한다." 정도로 해 달라는 것인데, 과거 강원도 감사관실 근무경력이 있는 내가 그냥 넘어갈리 없다.

　이에 회원들의 회비출납대장과 수입과 지출의 품의서와 증빙자료를 요구했다. 사무총장은 자신의 건강 상 이유 등을 들어 회비수납부도, 지출증빙서도 없다고 했다. 그러면서 한 수 더 떠서 "뭔 감사가 이렇게 깐깐하게 하냐. 대충 넘어가 주면 좋겠다. 나는 행사기획만 해봤지 사무관리는 안 해봐서 내 능력으론 할 수가 없다."는 등 되지도 않는 말로 얼버무렸다.
　꼬박 이틀 동안 협회계좌의 거래내역과 회원별 회비납입액의 오류를 찾아내고, 지출내역을 특정(特定)하는 한편, 협회 운영과 사무관리 전반을 살폈다.

가장 큰 문제는 관할세무서에「법인으로 보는 단체의 국세에 관한 의무이행자 지정통지서」를 교부받은 것을 마치 법인설립 절차를 완료한 것으로 보았고, 협회의 문서등록대장도, 지출절차도 근거자료 없이 주먹구구식으로 운영해 왔음이 확인됐다. 어디 개인 친목단체도 이렇게 부실하게 관리되지는 않을 것이었다.

나는 거의 '무(無)'에서 '유(有)'를 창조하듯 관련 서식과 지출증빙 서식까지 만들어 따로 붙이는 등 세밀하고도 체계적으로 정리해서 제대로 된「감사결과보고서」를 만들어 다른 감사와 상의를 거쳐 협회에 보내줬다.

그리고 '전전년도 감사는 추후 따로 증빙 등을 갖춰 별도의 감사절차 진행이 필요하다.'는 의견을 함께 보냈는데, 이에 대한 감사도 없이 내가 '코로나 19' 거리두기로 참석하지 못한 협회 회의에서 형식적으로 감사결과와 회비정산보고를 하고는 쉽게 넘겼었다.

협회 사무를 총괄 관리할 소양과 자질이 갖춰지지 않은 사무총장이 주먹구구식으로 관리하던 협회 사무는 몇 달이 지난 후 회원들에게 드러나 내가 지적했던「감사결과보고서」가 바른 접근이었다는 게 알려지기 시작했다.

감사결과 후속조치로 '법인설립등기' 절차는 아직도 마무리되지 못한 채 진행 중에 있는데, 수많은 예술단체가 설립과 해산을 반복하면서 기능과 역할을 제대로 하지 못하는 현실을 고려할 때 '무엇이 문제인지' 제대로 살펴야 하고, 그 역할을 내가 **'감사'로서 협회운영의 문제점과 대안을 제대로 짚어**줬었다.

58 | 서각으로 끝낼 것인가?

예술의 세계는 넓고 그 끝이 정해져있지 않다. 나는 무려 10개의 서각초대작가로 등극하면서 웬만한 미술대전이나 공모전에 작품을 낼 기회는 크게 줄어들었고, '초대작가'로 찬조 출품 정도에 그치다 보니 예전처럼 서각 작품에 몰입할 일도 그리 많지 않다.

나는 평소 서각도(書刻刀)나 망치, 끌 자루를 단단한 물푸레 나무로 손수 깎아서 사용한다. 시중에서 판매되는 자루는 대부분 외국에서 만들어 진 제품들로 투박하고 보기도 별로 좋지 않기 때문이다.

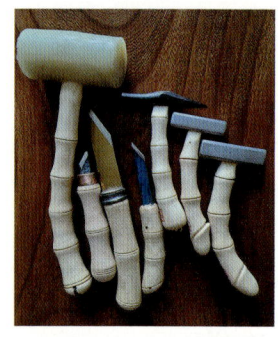

[4-6] 직접 깎은 서각도 · 망치자루

그래서 망치자루 등에 예술성을 담아 '남근(男根)'이나 '대나무 마디' 모양으로 손수 깎은 다음 구입할 당시의 허접한 자루를 빼내고 대체해서 사용한다.

내 손에 맞는 크기와 편리성을 주고, 무엇보다 주변사람들로부터 "서각도나 망치자루도 예술가에 어울리게 깎아 만들었다."는 반응들을 보이는데다가 예술성이 깃들어있다며 소장(所藏)하기를 원하기도 했다.

처음에 서각도와 망치자루를 손수 깎아 쓴데 착안해서 물푸레 나무로 '지팡이'와 '지압봉', '지압망치' 등도 여러 개 만들어서 함께 근무하는 동료들이나 지인들에게 선물로 주기도 했는데 반응들이 여간 좋은 게 아니다. 단순한 목공의 호기심으로 시작한 게 이제는 하나의 소품과 실용 목공으로 자리 잡아가고 있다.

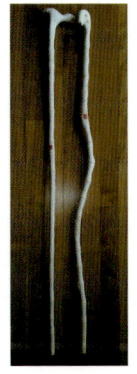 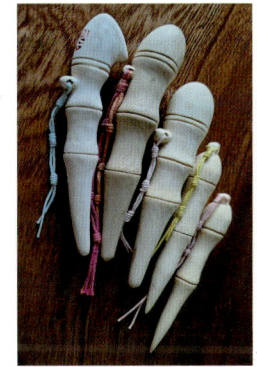 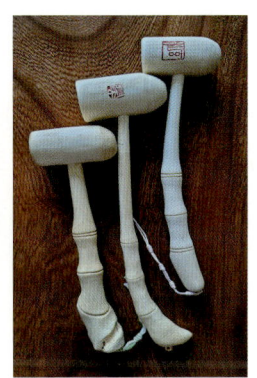

지팡이　　　　　　지압봉　　　　　　지압망치

[4-7] 물푸레나무로 깎아서 만든 지팡이와 지압봉, 지압망치

얼마 전엔 '코로나19' 상황을 맞아 마스크가 상용화된데 착안하여 목공에서 나오는 자투리 조각들을 받침으로 쓰고 노간주나무 등의 가지를 다듬고 휘어서 다양한 모양의 '다용도 걸개'를 만들어 직접 쓰거나 지인들에게 선물로 주기도 했다.

가정이나 직장에서 마스크를 걸 수 있고, 나아가 열쇠고리나 목걸이 등을 함께 걸어놓을 수 있어 편리성에다가 주변의 반응도 아주 좋아했다.

[4-8] 다양한 모양의 '다용도 걸개' 모습들

지금도 집에서 쓰고 있는 웬만한 소가구(小家具)와 목공 소품들은 내가 직접 만들어 사용하고 있는데, 앞으로는 결이 좋은 느티나무 등을 이용한 '식탁'이나 '다탁'을 만드는 등 그 활동 영역을 점차 넓혀가려 한다.
　새로운 수요와 실용에 맞는 보다 다양한 목공활동을 통해 **'목공 종합예술인'으로 거듭나고자** 한다.

식탁　　　　　　　　탁자　　　　　　　　다탁

[4-9] 느티나무 소재로 만든 다양한 목공 소품들

<玄松>

5부 ‖ 무엇을 남기나

[내가 걸어온 길, 앞으로 나아갈 길을 표현한 서각작품 '**발걸음**']

59 | 삶을 되돌아보며

요즘은 의학의 발달과 건강식품 개발 등으로 수명이 늘어나 우리나라도 '100세 시대'를 넘보고 있다. 평생직장이었던 공직을 내려놓고 또 다른 변곡점을 맞은 지금, 2024연말 기준으로 한국의 평균수명 84.3세에 견줘 본다면 나의 삶은 7부 능선 쯤에 접어들었다고 볼 수 있다.

인생의 7부 능선에서 생뚱맞게 뭔 삶을 되돌아본단 말인가! 그렇다. 우리가 보편타당하게 삶을 되돌아보는 거라면 지금까지의 관념적 접근법으론 거의 삶의 끝자락에서 이뤄지는 게 바른 접근일 게다.

나에게는 아직도 30%의 삶이 남아 있지 않은가! 그런 의미에서 내 삶을 되돌아본다는 것은 이른 감이 있다. 그러나 내가 걸어온 60대 초반 삶과 공직 41½년의 부침을 되돌아보는 것이 미국의 '중간선거'에 의한 대통령 중간평가와 같은 성격은 아닐지라도 나름 의미가 있다고 여겨지기 때문이다.

이쯤 되면 지난 내 삶이 주마등처럼 스친다. 그 옛날 시골 '장마당'에서 몰래보던 활동사진의 한 장면처럼… 그러면서 김도향의 **'난 참 바보처럼 살았군요.'** 라는 노래가사가 떠오른다.

「어느 날 난 낙엽 지는 소리에 / 갑자기 텅 빈 내 마음을 보았죠. /
그냥 덧없이 흘려버린 / 그런 세월을 느낀 거죠 /
저 떨어지는 낙엽처럼 / 그렇게 살아 버린 내 인생을 /

난 참 바보처럼 살았군요. / 난 참 난 참 바보처럼 살았군요. /
바보처럼 바보처럼 / 잃어버린 것이 아닐까 / 늦어버린 것이 아닐까 /
흘러가는 세월을 찾을 수만 있다면 / 얼마나 좋을까 좋을까

저 저 저 저 떨어지는 낙엽처럼 / 그렇게 살아버린 내 인생을 / 난 참 바보처럼 살았군요. / 난 참 난 참 바보처럼 살았군요. / 바보처럼 바보처럼 바보처럼 / 난 참 바보처럼 살았군요. /

난 난 바보처럼 / 바보처럼 바보처럼 바보처럼 / 살았군요. 바보처럼 바보처럼 / 살았군요. 난 참 바보처럼 / 난 참 바보처럼 / 난 참 바보처럼 살았군요.」

누가 "갑자기 왠 '바보타령'을 하느냐?"고 내게 묻는다면 나는 "그냥 그렇다."라는 말 외에는 딱히 그 이유를 명쾌하거나 똑 부러지게 설명할 수 없다. 이게 나의 솔직함일 게다.

나는 유년시절의 가난을 딛고 최연소 말단공무원으로 시작해 청춘을 지나 중년을 보냈다. 이른 결혼과 한 가정의 가장(家長)으로 수많은 굴레와 부침을 겪었다.

국가기관 공무원으로 재직하는 처남이 한 때 "매형은 저의 '롤 모델'이에요."라고 했던 게 그의 누이와 가슴으로 낳았던 어린 딸을 온전히 책임지거나 지켜주지도 못했기에 '위선'으로 귀결됐다. 달리 무슨 변명과 궤변이 필요한가!

또 '수신제가 치국평천하'에서 어긋났다. **'공직자는 공(公)과 사(私)의 경계에서 공(公)에 우선해야만 한다.'** 는 그릇된 판단에 터 잡아 가정을 등한시 했었다. '올곧은 선비정신'으로 국민, 도민, 지역민을 위해 열심히 일만하면 모든 게 술술 풀리는 줄만 알았다. 아내나 자식들, 나아가 얽히고설킨 모든 가계구성원들이 이런 나를 온전히 이해해 줄줄만 알았다.

그런데 현실은 그렇지 않았다. 내게 **다가온 현실은 굴레와 부침이 되어 나를 단단히 옥죄**었다. 이제 와서 되돌아보고 후회한들 무슨 소용이 있단 말인가. 난 참 난 참 바보처럼 바보처럼 살았다.

그렇다면 나의 41½년 공직에 비춰보면 나는 잘 살아온 걸까! 어느 역술인이 내게 말한 나의 보랏빛 '말년 관운(官運)'과는 다르게 '저물고 기울어진 공직'으로 귀결된 건 무엇으로 설명해야 할 것인가!

정치와 행정 사이에서 '어공'이 '늘공'의 생사여탈권을 좌우하는 시대적 상황이라지만, '공직자라면 도백(道伯)을 포함한 자치단체장 중심에서 벗어나 국민과 도민, 지역민에게 방점을 찍고 공무에 임해야 한다.'는 나의 신념은 무참히 짓밟혔다. '권불사년 화무십일홍'이라는 말뜻을 망각한 채 확증편향에 사로잡힌 그분들의 그릇된 판단과 행태가 안타까울 뿐이다.

왜 나는 남들처럼 예스맨(Yesman)[27]이 되지 못했고, 왜 남들처럼 그 분들을 향한 'ㅇ비어천가'를 배워 부르지 못했던가! 이 또한 난 참 난 참 바보처럼 살았다.

'정의'와 '공정'이 사회의 이슈로 떠오르고 '내로남불'이 곳곳에서 회자되는 현실에 나는 왜 동승하지 못했을까! **'올곧음'으로 무장하면 모든 걸 막아낼 수 있으리라 생각**했던 게, **올바른 선비정신으로 모든 걸 이겨낼 수 있을 걸로 인식**했던 게 **오류이자 패착**이었다. 그분들을 대하는 관료의 입장에서는 분명 잘못된 접근법이었다. 이것 또한 난 참 난 참 바보처럼 살았다.

얼마 전 오츠카 히사시가 쓴 「오십부터는 이기적으로 살아도 좋다(한스미디어)」라는 책을 읽었는데 나는 왜 그렇게 살지 못했던가! 이 또한 난 참 바보처럼 살았다.

내가 걸어 온 60여년과 앞으로 남아있을 나머지 삶의 과정, 그리고 41½년을 이어온 나의 공직 발자취는 훗날 옳고 그름이 제대로 가려지기는 할까. 그리고 가려진들 무슨 소용이

---

27) 무엇이든지 '예, 예' 하면서 윗사람의 명령이나 의견에 고분고분 따르는 사람

있겠는가!

　오직 '오늘이 가장 젊은 날'이라는 명제를 안고 남은 삶을 보다 후회 없게끔 사는 수밖에… 내게 남겨진 이제부터의 삶은 바보처럼 아닌 보다 영악하게 살아야 하는 걸까.

　여기서 지난날의 내 삶을 되돌아보는 지금(只今). 우연찮게 접했던 **시(詩) 몇 수가** 잔잔하게 떠오른다.

「• 곧은 길 가려거든 (최치원, 857~?) •

　어려운 때 정좌(正坐)한 채
　장부 못됨을 한탄하나니
　나쁜 세상 만난 걸 어찌 하겠소.

　모두들 봄 꾀꼬리의 고운 소리만 사랑하고
　가을 매 거친 영혼은 싫어들 하오
　세파 속을 헤매면 웃음거리 될 뿐

　곧은 길 가려거든 어리석어야 하지요.
　장한 뜻 세운들 얻다 말하고
　세상사람 상대해서 무엇 하겠소.

• 옥(玉)이 흙에 묻혀 (윤두서, 1668~1715) •

　옥이 흙에 묻혀 길가에 밟히이니
　오는 이 가는 이 흙이라 하는구나.
　두어라 알 이 있을지니 흙인 듯이 있거라.」

……

　이제 앞으로 내가 걸어야 할 남은 발걸음. 그것이 문제요 내가 지금부터 새롭게 풀어 현명한 해답을 찾아야 할 참으로 어려운 숙제로다.

60 | '가죽' 과 '이름' 무엇이 남을까?

옛말에 '호랑이는 죽어서 가죽을 남기고 사람은 죽어서 이름을 남긴다.'는 말이 있다.

호랑이는 살아서나 죽어서나 인간에게 필요한 것은 별로 없다. 그러나 그 가죽만은 쓸 만하다고 한다. 호랑이의 가죽이 인간에게 쓸모가 있고 없고 간에 죽은 후에 남겨진 그 가죽은 고고(孤高)하고 살았을 때의 위엄을 그대로 보여주고 있다.

사람은 죽어서 대부분 땅에 묻히거나 요즘은 한 줌의 재로 남게 된다. 그러고 나서 남는 것이란 '이름' 밖에 없다. 이 이름만으로도 죽기 전 그의 모습과 성품, 그리고 업적을 생각하기에 충분하다. 사람들은 그를 이름과 더불어 생각하고 이름을 부르면서 기억하며 비난하거나 칭찬하거나 하게 된다. 그래서인지 사람들은 자기의 이름을 무엇보다도 소중히 여긴다. 좋은 이름을 짓고자 한다. 좋은 일에 자기 이름이 오르내리기를 바라고, 좋은 기억과 더불어 연상해 주기를 누구나 기대한다.

나는 일단 동물학적으로 호랑이가 아니다. 그렇다고 가죽이나 모피를 얻을 수 있는 그 어떤 동물도 아니기에 '가죽'은 남길 수 없다. 또한 가죽이 남겨진다한들 별반 쓸모도 없다.

그렇다면 '이름'을 남겨야 한다는 명제는 이미 특정됐다. 그런데 남겨질 '내 이름'의 존재가 긍정이냐 부정이냐, 칭송이냐 비웃음이냐의 관점으로 나눠서 접근한다면 쉬운 문제가 아니다. 그리고 내가 스스로 정할 수 있는 문제도 아니다.

지금까지 살아온 내 발자취, 내 흔적들이 제3자의 눈에는 어떻게, 어떤 모습으로 비춰질지 모를 일이다. 세상의 이치가

음과 양, 호(好)와 불호(不好)로 나눠지는데 비춰보면 어느 한쪽으로 많이 치우치진 않을 터이기 때문에 그저 절반 이상의 긍정적 이미지로 귀결된다면 그래도 잘 살아왔다고 할 수 있을 게다. 기왕에 남겨질 '이름'이라면 **남들에게 욕먹지 않는** 나, 그런 **'내 이름'이 남겨지길 바랄 뿐**이다.

나의 보잘 것 없는 '가문의 혈통'과 '사회적 지위'로서 내 이름이 찬란하게 빛나길 바라진 않는다. 나는 태생적으로 '금수저'나 '부르조아(bourgeois)'가 아니었다. 지독한 '흙수저'이자 '프롤레타리아(proletarian)'이었던 내가 유년시절의 가난과 아픔을 이겨냈다. 또 이 만큼의 '사회적 지위'를 얻은 것만으로도 나는 소위 '출세'한 사람이다. 그래서 나는 '가문'이나 '사회적 지위'로서의 '내 이름'이 남겨지길 바라지도 않는다.

내가 바라는 '남겨질 내 이름'은 우주공간 속 작은 점 하나의 존재에 불과한 내가 중견 지방관리(地方官吏)로서 얼마만큼 열정적으로 일 했고, 지향했던 목표나 목적이 바르고 옳았으며, 그래서 여러 굴레와 부침을 겪으면서도 '올곧게 살았다.'는 존재로의 한 사람으로 '내 이름'이 남겨지길 바랄 뿐이다.

내가 '저무는 공직'의 여정에서 **온갖 부침을 감내하면서 인고의 시간을 보낸 것**은 내 적성에 맞지 않았다. 깔끔하게 공직을 접는 게 나의 접근방식이었다. 하지만 어느 순간 **'늘공' 인 내가 '어공'의 핍박에 맞서지 않고 싱겁게 물러나는 건 비겁하다는 생각**이 들었다. 그래서 그 분의 정해진 임기 끝보다 단 하루라도 더 남아야겠다는 나름의 오기(傲氣)가 일어났.

이 또한 불특정 다수에게 비춰질 내 이름의 단편(斷片)이 될지도 모른다. 이 세상에, 이 지역사회에 '내 이름'은 어떤 모습으로 기억되고 어떤 모양으로 남겨질까? 자못 궁금해진다.

61 | 악연으로 남은 그들에게

아무리 의학이 발달했다 해도 우리네 삶은 기껏해야 두 갑자를 겨우 넘길 뿐이다. 삼천갑자 동방삭(東方朔)은 18만 년을 살았다는 설화도 있지만 우리나라 평균수명은 84.3세에 불과하다. 대략 백수(白壽)를 넘기면 우리는 흔히 장수(長壽)했다고 여긴다.

인생이 긴 것 같지만 인류가 탄생한 이래 지나 온 무수히 긴 세월에 견주어 보면 '순간의 찰나'에 불과하다. '권력을 잡으면 뇌구조가 바뀐다.'는 말이 있다. 그리고 '권불사년' 이나 '권불십년'이란 말도 있다. **'작용이 있으면 반드시 반작용이 따른다.'는 말을 위정자들은 지극히 명심해야 할 진리**다.

우리는 '선거'라는 제도를 통해서 국가나 지방을 경영하거나 관리할 수장(首長)을 뽑아 그에게 권한을 위임한다. 온전히 주권이 국민이나 도민, 지역민에게 있는데도 그들은 개선장군처럼 행세한다. 때에 따라선 무소불위의 권력을 쥔 듯 휘두르기도 한다. 주권자들의 권리를 지켜주고 그들의 편안한 삶을 보장해야 할 기본 책무의 범주를 벗어나는 일 들을 어렵잖게 볼 수 있다.

이런 수장 밑에는 그에 못지않은 수족(首足)들이 따른다. 자신의 출세욕에 눈이 멀어 도가 지나칠 만큼 아첨을 하거나 공정과 정의는 생각지도 않는다. '편 가르기'와 '끼리끼리 문화'가 자리 잡게 한다.

이들은 '아닌 것을 아니다.'라고 말하지 못한다. 수장에게 맹종하면서 눈치 보기에 급급하고 동료나 부하들에겐 무례를 넘어 깔아뭉개려 한다. 자신에게 유리한 방향으로 어떤 현상들을 몰아가며 상대의 약점을 찾거나 폄훼하는 양태를 보인다.

이런 수장과 수족들은 결국 기본 질서를 무너뜨리고 조직발전을 저해시킨다. 그 피해는 고스란히 국민과 도민, 지역민에게 돌아간다. '자기 결정성의 원칙'이나 '자기 책임성의 원칙'이 제대로 작동하지 못하게 한다. 내게 악연으로 남은 그들은 대개 이런 범주에 든다. 그럼에도 그들은 자신들의 잘못된 처신을 모르거나 알면서도 모른 척 지나친다.

……

악연으로 남은 그대들이여! '권력을 잡으면 뇌구조가 바뀐다.'는 말을 바탕에 깐다 해도 그대들 또한 나와 같이, 우리네 모두처럼 '순간의 찰나'를 살다가 저 편으로 건너갈 아주 작은 우주 속 한 점의 존재에 불과하다는 걸 알아야 할 거외다.

세상을 다 얻은 것 같은 그대들이 거머쥔 '권력'은 영원한 게 결코 아니외다. 잡았던 권력을 내려놓는 순간 그대들이 행한 악행은 스스로에게 업보(業報)로 고스란히 되돌려 받게 될 것이외다.

그대들로 인해 상처받은 수많은 공직 선배·동료·후배들은 그대들을 결코 존경하지 않을 뿐만 아니라 측은하고 거시기한 시선으로 바라본다는 걸 잊지 말아야 할 거외다.

확증편향에 사로잡혀 도정과 군정을 그르치며, 외부사람들 말에만 귀 기울이고 조직 내부의 의견을 무시하는 그분들, 그리고 그에 빌붙어 출세인 듯 출세 아닌 출세 같은 한 때의 출세를 위해 피눈물 나게 했던 수많은 수족들은 진심어린 '성찰의 시간'이 필요할 것이외다.

이미 보여 지거나 앞으로 보여 지게 될 그대들 권력의 뒤안

길에서 '초라한 모습'이 마냥 안타까울 뿐이외다. 그대들의 행적과 행태들이 주권자인 '국민·도민·지역민'을 위한 것이라기보다는 자신들의 입신양명이나 정치적 입장에서 비롯됐다는 점을 이제라도 알아차리는 게 기본 도리(道理)이외다. 사과까지는 아닐지라도 최소한 사람으로서의 도리는 필요하기 때문이외다.

······

악연으로 남은 그대들이여! 내게, 우리에게 모질었던 그대들이여! 그대들은 **누구를 위해, 무엇을 얻으려 나와 내 선배·동료·후배들을 아프게** 했는가? 아주 가엾고 가련한 그대들이여!

'사람이 죽고 나면 생일(生日)은 사라지고 기일(忌日)만 남는다.'는 말이 있을진대, 피할 수 없을 **그대들의 '기일'을 어느 누가 기억해 줄 것인가!** 그대들 앞에 모여들던 불나방들이… 천만의 말씀, 천부당 만부당(千不當 萬不當)하다. 이게 지극한 진리다.

62 | 이번 생을 어떻게 마무리해야 하나?

어느 덧 쉼 없이 달려온 41½년 공직생활의 끝을 맞았다. 그간 그분에게 밉보였던 많은 선배공직자들의 전례처럼 더 이상 공직에서의 내 기여나 역할 없이 시름시름 싱겁게 끝났다.

그렇다면 나는 공직을 마친 지금, 남은 생을 어떻게 마무리해야 하는가의 숙제가 남아 있다. 어떻게 이번 생을 마무리해야 할까? 공직에 치중하느라 소홀히 했던 새로움을 열어 나가는 것도 의미가 있겠다. '버킷 리스트(bucket list)'라도 만들어 볼 생각이다.

그 중에서도 내가 평소 생각했던 시골마을의 마을 발전과 변화를 이끌면서 지역민들에게 봉사하며 살고 싶다. 평생 직업이었던 관료(官僚)에서 평범한 소시민(小市民)으로 살고 싶다.

관직에서의 이름이 아닌 시골마을에서 소박하지만 나름 의미 있는 이름으로 새롭게 남겨지고 싶다. 한줌도 안 되는 권력을 부여잡고서 내게, 그리고 수많은 유능한 선배·동료·후배 공직자들에게 아픔을 안겨줬던 악연으로 남은 그들의 과오를 반면교사(反面敎師)로 삼아 보다 의미 있는 삶을 살고 싶다.

이제 더 이상 그들의 '하찮고 한시적인 한줌 권력의 손아귀'에 힘들어하거나 아파하지도 않을 것이다. 어두운 그림자가 드리워질 수 없는 사정거리 밖에서 힘차고 자유롭게 날아보련다. 나는 결코 가엾고 가련한 그들처럼 거시기하게 살지 않으련다.

먼 훗날 내 인생의 뒤안길, 그 끝자락에서 단편(斷片)의 후회라도 없게끔 내 마음속에 은은한 풍금을 연주해 보리라. **공직의 울타리에 갇혀 엄청 무거웠던 '영육(靈肉)의 짐'을 내려놓고 이제는 새롭고 소박한 꿈을 이뤄**보고 싶다.

63 | 남겨진 삶을 향해

　내 삶은 분명 끝이 있을진대 어드메쯤 지나치고 있는지 모른다. 우리나라 평균 수명에 비춰보면 이제 한 세대(一世代) 쯤 될 삶의 여정이 남아 있다. '아니 벌써!'라고 생각할 수 있다. 그런데 '순간의 찰나(刹那)'에 불과한 인생에 대입해 보면 '아직도 이렇게나!'라고 받아들일 수도 있다.
　그렇다면 내게 '남겨진 삶'을 얼마만큼 소중하게 살아야 할지 고민하지 않을 수 없다. 내 의사와는 무관하게 이 세상에 태어났지만 그 마무리는 '자기 결정성의 원칙'과 '자기 책임성의 원칙'에 따라 하고 싶다. 지금까지의 내 발걸음, 내 발자취에 터 잡아 **그 끝이 언제일지 모를 내게 남겨진 삶의 여정**을 다시 이어 가려 한다.

　그동안 정말 열정적으로 일했지만 말년에 더 이상 비전(vision)이 보이지 않았던 나의 공직생활 41½년 동안 징계 한 번 없이 마친데 위안을 삼고, 강원도정과 홍천군정에 자그마한 한 조각의 성과 기여를 '스스로의 보람'으로 삼으려 한다.
　'올곧게 살자.'는 **생활신조**에 맞춰 온 내 삶은 내게 수많은 굴레와 부침을 불러 왔지만, 불의에 굴하지 않았다는 것을 나름 **나 자신의 긍지**로 여기려 한다.

　옛 선비들이 그러했듯 공직을 내려놓은 지금, 이미 낙향해서 조용한 전원생활을 시작했다. 새로운 보금자리에서 자그마한 텃밭을 가꾸며, 숨 가쁘게 살아온 내 삶의 틀을 벗고 '힐링(healing)하는 삶'으로 온전하게 바꿔보려 한다.

내가 가진 특기(特技)인 서각과 목공으로 지역사회에 재능기부를 통해 '나눔과 베품'을 실천하는 부드럽고 멋진 모습으로 거듭나려 한다. '우분투(Ubuntu)'의 의미를 마음속 깊이 새기고 실천하려 한다.

관료생활에서 얻은 경험과 작은 지식을 동네나 마을에 조금씩 접목해 보고픈 소박한 바람을 이뤄보려 한다. 법정(法頂) 스님의 가르침 '무소유(無所有)'를 이뤄보려 한다.

쉼 없이 달려온 내 인생의 패턴이었던 '빨리빨리'의 조급함을 버리고 '느림의 미학'을 찾아보고 싶다. 틈나는 대로 가족과 함께 여기저기 둘러보며 맛난 음식들을 먹어보고 싶다. '방종(放縱)'아닌 **'자유(自由)'와 '자율(自律)'에 터 잡은 새로운 삶의 영역**으로 마음껏 나가보련다.

....

- 눈 뜨면 **미소**, 해 뜨면 **희망**, 달 뜨면 **사랑** -

내 인생의 아름다운 마침표를 꿈꾸며… 그 소박한 꿈을 이제라도 이뤄보려고… 언제일지 모를 내게 남겨진 내 삶을 그렇게 살다가 예쁘고 깨끗한 보자기에 싸놓을 내 존재의 끝을 향해… 또다시 한 걸음 한 걸음 새롭게 내딛는다. <玄松>

에필로그

　　인생이란 '순간의 찰나'에 비유될 만큼 **100년 안팎에 불과**합니다. 그 길다면 길고 짧다면 짧은 삶 중에 농고출신 기술직 9급 말단으로 첫발을 내딛은 지 40년을 지나 **41⅓년의 공직 마치고** 2년가량 지난 시점에서 스스로를 되돌아 봤습니다.

　　애초에 내가 짊어진 **한계요소들을 열정과 노력**, 그리고 별반 차이 없을 '**실력**'으로 **덮고 이겨내려** 했습니다. '워라밸(work-life-balance)'은 꿈도 꿀 수 없이 달려왔습니다. 그 여정이 뭐 그리 급했던지 이른 나이에 고등학생신분으로 시작점이자 출발선에 섰었습니다. 그런데 어느덧 긴 여정을 마쳤습니다.

　　내가 가졌던 공직의 이상(理想)과 다짐(決起)은 **불의에 굴하지 않고 바름**(正.貞)**의 원류에서 벗어나지 않으려는 몸부림**이었습니다. '내 편 네 편' 갈라치기가 만연한 조직 안팎의 시류에 편승하지 않았습니다. 그 '**옳고 그름**'을 양심에 올려 가려냈습니다.

　　나는 '**올곧게 살자.**'는 생활신조에 터 잡아 앞만 **보고 쉼 없이 달려**왔습니다. 열정과 사명감, 무한 책임감에 나를 단단히 묶어 뒀었습니다. 자연히 '일' 중심의 관점에서는 주목받았지만, 관행과 경로의존성, 부화뇌동으로 **얽히고설킨 관료사회의 틈바구니에서 수많은 굴레와 부침을 겪어야만** 했습니다.

정치나 행정은 '**국민의 편안한 삶**'을 위해 존재하는 그 지향점은 같지만 접근법에서 차이가 있습니다. 국민·도민·지역민들로부터 위임받은 권한을 법과 제도의 틀 안에서 올바르게 집행해야 한다는 **지극한 진리가 순간순간 곳곳에서 외면됩**니다. 우리가 **안타깝고 우려스럽게 바라보는 이유**입니다.

'공정'과 '정의'가 무너지고 '잠깐 손아귀에 틀어쥔 권력'이 천년만년 이어질 거 같은 착각 속에 **엉뚱하게 휘둘리는 현실** 앞에, '**금사여한선**(噤事如寒蟬)'**처럼 침묵**하며 **편승**한 우리는 **용기 아닌 비겁함에서 관행이란 이름으로 터 잡고** 있습니다.

……….

누가, 무엇이 우리의 슬픈 자화상을 만들었는지, 그 분들의 경험부족과 확증편향을 탓하기 전에 불빛을 보고 모여드는 **불나방처럼 스스로의 입신양명을 위해 너무 쉽게 우리들을 내던졌던 건 아닌지** 뼈저리게 성찰해봐야만 합니다.

정체되거나 퇴보된 사회지표들을 교묘히 가리고 마치 구세주인양 행세하거나, 너도나도 포퓰리즘(populism)에 물들어 **주인 없는 돈처럼 마구 써대는 정치적 접근은 누구를 위한 것인 지**, 이러한 접근법은 우리에게 **진정 도움이 되고 또렷한 효과가 있었는지** 깊게 고민해봐야 합니다.

공직자가 '비용과 편익'을 따져 재정을 아끼면서 큰 정책효과를 내려는 건 **담세인**(擔稅人)**들을 향한 기본적인 책무**일진대 우리는 이를 충실하게 지켰는지, 이런 **공직자가 핍박받지는 않았는지 양심에 손을 얹고 반성해볼** 일입니다.

민선시대에 크게 늘어나는 '**보여주기식 이벤트성 행사**'는 정책형성론이나 정책평가론의 관점에서 **제대로 검토**되고, **환류**(feedback) **기능이 제대로 작동**됐는지를 우리 모두가 **골고루, 그리고 찬찬히 따져봐야** 합니다.

한 번 정해졌다가 마무리되지 못하고 **폐기되거나 중단된 수많은 정책이나 방침의 결정, 행정계획**들은 그 근본 원인이 누구에게 있고, **판단의 오류와 훼방한 무리들에게 어떤 책임이 뒤따랐는지 폭넓게 평가·분석해야**할 영역입니다.

온 나라에 회자(膾炙)된바 있는 '기회의 균등, 과정의 공정, 결과의 정의'는 국정을 넘어 지방행정의 구석구석, 곳곳에서 **한 점 부끄럼 없이 작용됐는지 제대로 짚어봐야 할 대목**입니다.
……
우리가 **지향해야할 공직관**은 '직위'와 '직급'의 높낮이를 넘어 주권자인 국민·도민·지역민의 입장에서 바라볼 때 그들

눈높이에 얼마만큼 맞춰졌는지의 관점에서 바라봐야 합니다.

　자신들의 정치적 목적이나 출세욕에 사로잡혀 '**내로남불**'과 '**확증편향**', 그리고 '**편 가르기**' 등에 터 잡아 얻은 '**출세**'는 한낱 '**측은함**'과 '**비웃음**'의 대상이 될 뿐이기 때문입니다.

　필연적으로 다가올 새로운 시대, 새로운 패러다임의 미래를 맞이할 지금, 그리고 그 앞에 펼쳐질 날들, 사람들 입에 오르내리는 **어둡고 씁쓸하고 웃픈 현상**(現狀)**을 뛰어넘는 새로운 세상**을 나는 간절한 마음으로 기다립니다.

⋯⋯

　평생 외길로 걸어온 한 공직자의 '작은 **외침**'이 우리가 머무는 이 나라와 이 사회, 그리고 이 공동체에 '큰 **울림**'으로 남겨지기를 신실(信實)한 마음을 얹어 담아냅니다.

　끝으로 이 책을 접하신 모든 분들 고맙습니다. 감사합니다. 그리고 사랑합니다. 내가 **존재에서 사라지는 그 날까지**⋯

〈玄松〉

부 록

[나의 공직생활을 온전히 기록하여 보관 중인 '**업무노트**']

01   프 로 필(profile)

<< 인적사항 >>

- 성   명 : 허 성 재(許成在)   /   * 아호 : **玄松**(현송)·**찬솔**
- 생년월일 : 1963년 3월 25일(음력)
- 연 고 지 : 강원특별자치도 홍천군(화촌면/내촌면) 출신

<< 학   력 >>

- 2011.04.11.~2012.02.14. 연세대학교 정경대학원 **고위자과정** 수료
- 2008.03.01.~2010.08.27. 연세대학교 정경대학원(행정학전공) 졸업(행정학석사)
- 1996.03.02.~1998.02.28. 한국방송통신대학교 농학과 졸업(농학사)
- 1992.03.05.~1996.02.24. 한국방송통신대학교 행정학과 졸업(행정학사)
- 1979.03.05.~1982.02.10. 홍천농업고등학교 농업과 졸업
- 1976.03.03.~1979.01.18. 내촌중학교(강원 홍천) 졸업
- 1970.03.03.~1976.02.19. 내촌초등학교(강원 홍천) 졸업

<< 공직 경력 >>

- 2023.06.30. 정년퇴임(41년 6월 16일 재직)
- 2021.08.01. 3급(지방부이사관) 대우
- 2020.07.10. 강원도 인재개발원 연구위원(지방기술서기관)
- 2019.01.01. (재)강원농촌융복합산업지원센터 **협력관**(지방기술서기관)
- 2018.10.15. 강원도 총무행정관실(지방기술서기관)
- 2017.07.01. 홍천군 부군수(제26대 / 지방서기관)
- 2016.07.01. 강원도 농산물원종장장
- 2015.01.02. 강원도 유통원예과장
- 2014.07.10. 강원도 감자종자진흥원장(지방기술서기관)
- 2014.01.10. 강원도 감자종자진흥원장 직무대리
- 2012.10.12. 강원도 농정국 농식품유통과 **농식품산업담당**
- 2008.07.10. 강원도의회사무처 농림수산전문위원실 **의정담당**
- 2007.01.22. 강원도 농정산림국 농어업정책과 **농어촌개발담당**

- 2006.08.12. 강원도 농산지원과 **환경농업담당**(지방농업사무관)
- 2006.05.26. 강원도 농산지원과 **환경농업담당 직무대리**
- 2003.01.21. 강원도 농어업정책과
- 2000.01.31. 강원도 감사관실
- 1997.01.10. 강원도 서울사무소(지방농업주사)
- 1994.07.26. 강원도 농어업정책과
- 1992.10.31. 강원도 감자원종장(지방농업기사보/지방농업주사보)
- 1991.08.29. 강원도 농어촌개발과(농림기원)
- 1988.08.01. 강원도 잠업특작과(농림기원보)
- 1984.03.27. **홍천군** 산업과
- 1982.12.10. 홍천군 내촌면
- 1982.06.15. 정선군 사북읍(지방농림기원보)
- 1981.12.15. **정선군 사북읍**(지방농림기원보 시보)

<< 예술인 경력 >>

- 2024.10.20. 한서미술대전 **초대작가**
- 2019.10.26. 대한민국 서각예술대전 **초대작가**
- 2018.08.23. (사)국제평화예술연합회 **초대작가**
- 2017.08.03. **대한민국미술대전 초대작가**
- 2016.05.04. 대한민국 서예문인화대전 **초대작가**
- 2016.04.13. 대한민국 열린서화대대전 **초대작가**
- 2016.03.05. (사)한국각자협회 **초대작가**
- 2016.02.03. 대한민국 명인예술대전 **초대작가**
- 2015.02.07. 국제전통예술대전 **초대작가**
- 2014.11.14. 대한민국 아카데미미술대전 **초대작가**
  ... ...
- 2024.06.22. 강원서예대전(#34) **심사위원**
- 2020.07.17. 2020 코리아아트페스타 **운영위원**
- 2019.12.07. 대한민국 통일명인미술대전(#2) **심사위원**
- 2019.12.07. 2020 인사동비엔날레 **심사위원**
- 2019.10.26. **한국서각예술인협회 상임이사 겸 감사** / **운영위원**
- 2019.05.16. 대한민국 서예문인화대전 **심사위원**

- 2018.11.23. 대한민국 미술대전(#37) **심사위원**
- 2018.05.06. (사)한반도예술협회 **심사위원**
- 2017.01.01. (사)한국각자협회 춘천지부장
- 2016.07.17. 국제전통미술대전 **심사위원** / (사)강원전통예술협회 **감사**

<< 포상·수상 >>

- **녹조근정훈장**('23)
- **국무총리 표창**/모범공무원('05)
- 농림수산부장관 표창 2회('95, '89),
- 강원도지사 표창 3회('88, '85, '84)
- 농협중앙회장 감사패 2회

… … … …

- 풀묶음갤러리개관기념 우수작가상('21)
- 대한민국 한서미술대전 **대상**('18)
- 정선아리랑서화대전 **대상**('15)
- **대한민국 미술대전** 서울특별시장상('14), 특선('15). **우수상**('16)
- 대한민국 서예문인화대전 **우수상**('15, '16)
- 대한민국 명인미술대전 대상('15), **명인상**('16)
- 대한민국 열린서화대전 **최우수상**('15)
- 국제전통미술대전 종합대상(국회의장상 : '14)
- 대한민국 나라사랑미술대전 **금상**('14)

<< 기술·자격 >>

- 2025 : **진로상담사 1급**(가온누리)
- 2024 : **노인심리상담사 1급**(가온누리)
- 2024 : **청소년진로상담사 1급**(가온누리)
- 2022 : **행정사**(行政士)(행정안전부장관)
- 2016 : **서각 지도자자격증**(한국각자협회 이사장)
- 2001 : **워드프로세서 2급**(대한상공회의소장)
- 1986 : 자동차 운전면허(원동기, 2종 보통, 1종 보통)

02　진화해 온 모습

중학생 때('79)

고등학생 때('81)

초임 때('82)

주사보 때('93)

주사 때('97)

사무관 때('06)

대학원 때('10)

과장 때('14)

최근 모습('20)

03 언론에 남겨진 흔적

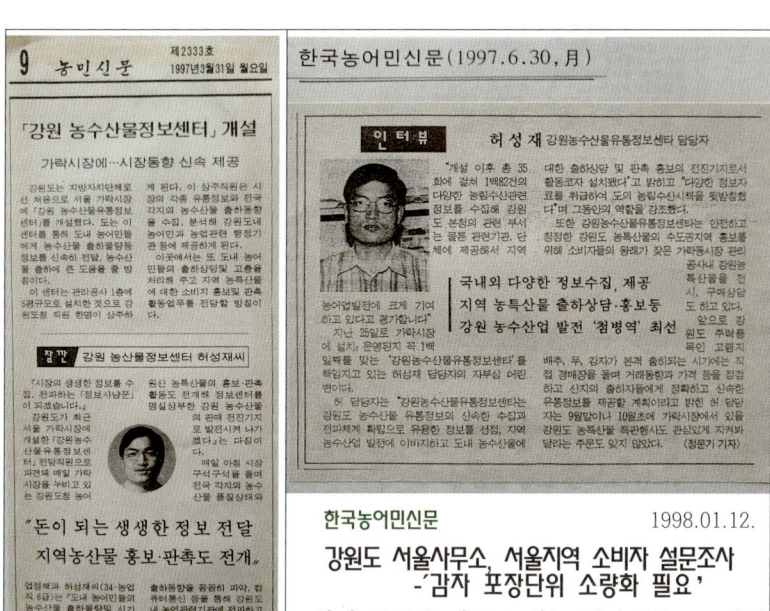

한국농어민신문   1998.01.12.

강원도 서울사무소, 서울지역 소비자 설문조사
- '감자 포장단위 소량화 필요'

현재 주류를 이루고 있는 감자 20kg 포장이 3, 5, 10kg 소포장 단위로 바뀌어야한다는 설문결과가 나와 관심을 모으고 있다. 강원도 서울사무소는 서울지역 소비자 2백1명을 대상으로 감자 구매성향, 소매형태 등 5개 분야 21개 항목의 설문조사를 실시한 결과 이같은 결과가 나왔다고 발표했다.

강원도 서울사무소에 따르면 소비자들의 감자 구매성향은 백화점, 수퍼 등에서의 소량구입이 59.7%로 가장 높고 노점상이나 차량순회판매자가 18.9%, 도매시장 상자단위 구입이 13.9% 순으로 나타났다고 밝혔다. 또한 20kg 포장단위가 너무 무겁고 부피가 크다는 지적이 73.1%나 차지했으며 포장규격 개선 시 3, 5, 10kg 등 세분화된 소포장으로 바꿔야 한다는 지적이 51.7%, 5kg 골판지상자는 25.5%, 10kg 골판지상자는 17.7% 순으로 조사됐다.

감자를 주로 소비하는 시기는 여름 30.3%, 가을 9%, 특별한 시기보다 필요시 구입하는 것이 48.8%로 상대적으로 높아 연중 소비가 이뤄지는 것으로 나타났다. 이밖에 소비를 확대키 위해서는 신세대층이 좋아할 수 있도록 구수하며 단맛이 강하고 쫄깃하고 전분함량이 많아야 한다는 의견도 제시됐다.

이에 대해 **강원도 서울사무소** 허성재씨는 "강원도 주력품목인 감자에 대한 일반 소비자들의 다양한 성향을 설문이라는 구체적인 방법으로 접근했다는데 의미를 둘 수 있다"며 "이번 설문결과를 도의 감자산업 육성시책에 적극 반영할 계획"이라고 밝혔다. 백종운

강원도민일보　　　　　　　　　　　　2007.11.22

새농어촌건설 마을 주민 워크숍 - 평창군, 22~23일

평창군이 내년 군내 새농어촌건설운동활성화를 위해 군내 새농어촌건설운동 추진마을주민들을 대상으로 워크숍을 실시할 계획으로 관심.

군은 22, 23일 올해 도 새농어촌건설운동 우수마을로 선정된 대관령면 횡계2리 바람마을 의야지에서 군내 새농어촌건설운동 추진마을 16개 마을 마을대표들과 우수새농어촌추진마을의 지도자 등 70여명이 참가한 가운데 워크숍을 개최한다.

이번 워크숍에서는 **도청 농업정책과 허성재 담당의 새농어촌 추진시책교육**과 횡성군 농산지원과 이재환 담당이 횡성군 새농어촌건설운동 추진사례에 대한 강연을 갖는다. 평창/신현태

한국농어민신문　　　　　　　　　　　　2008.06.16

"올 여름휴가는 강원도로 오세요"
'그린강원' 홈페이지 운영, 농산어촌 체험정보 가득

강원도가 농산어촌관광 활성화를 위해 지금까지 구축된 인프라를 최대한 활용, 도시민들에게 휴식공간을 제공하기 위해 그린강원(www.greengangwon.com)을 운영한다.

이곳에 접속하면 18개 시·군의 지역별 정보와 농산어촌체험관광, 산림체험, 목장체험, 약초체험 등 테마별 관광지가 정리돼 있으며 펜션과 민박 등 숙박시설도 안내한다. 특히 그린강원 홈페이지에는 새농어촌건설운동 최우수마을이 자세히 설명돼 있다.

지난 99년부터 시작된 새농어촌건설운동은 '환경, 소득, 정신' 분야를 혁신해 새로운 농어촌을 건설하기 위한 농촌혁신운동으로 관광인프라 구축에도 기여를 했다. 환경분야에서 마을 길을 가꾸고 민박 등 숙박시설을 정리했으며 도시민들이 체험할 수 있도록 감자캐기, 뗏목타기, 옥수수쪄먹기 등 다양한 농촌의 삶을 재현해 놓았다.

허성재 강원도 농어촌개발담당 사무관은 "단순한 휴가보다는 휴식과 체험을 통해 자녀들에게 유익한 삶의 경험을 제공하려는 도시민들이 늘고 있다"며 "강원도 농어촌관광지에서 휴가를 보내면 알뜰하고 유익한 시간이 될 것"이라고 말했다. 백종운

강원도민일보　　　　　　　　　　　　2012.02.14.

의회사무처 허성재 사무관 연세대 고위자과정 수료

강원도 의회사무처 농림수산전문위원실 **허성재 사무관**(의정자료담당·사진)이 14일 '연세대 정경대학원 제29기 고위자과정'을 수료한다.

허 사무관이 이날 수료하는 고위자과정은 연세대 정경대학원이 지역사회 인재양성 차원에서 1년 과정으로 개설, 운영하는 프로그램이다.

이에 앞서 허 사무관은 지난 2010년 8월 연세대 정경대학원 행정학과를 수석 졸업했다. 김여진

농민신문　　　　　　　　　　　　　　　　　　2014.10.29.

[이사람] 허성재 강원도 감자종자진흥원장

"자연 소재인 나무에 그림과 글씨를 새기며 마음을 다스리는 과정이 땅의 정직함을 믿고 농사짓는 농부의 마음과 닿아 있는 것 같습니다."

　대관령에 위치한 **강원도 감자종자진흥원의 허성재 원장**(51) 집무실은 벽면과 공간 곳곳에 형형색색의 서각 작품이 전시돼 작은 갤러리를 방불케 한다. 모두 올 1월 서기관(4급)으로 승진해 감자종자진흥원에 부임한 허 원장의 작품이다.

　평소 사진찍기를 즐겼던 허 원장은 지난해 4월부터 서각의 매력에 푹 빠져 왕성하게 작품 활동을 하는 중이다. 지난해 '제10회 대한민국 열린 서예문인화대전'에서 첫 작품인 '오늘이 좋다'로 특선에 입상한 것이 큰 원동력이 됐다. 올해는 안전행정부에서 주관한 제24회 공무원미술대전 공예부문에 '낙원'을 출품해 입선작에 뽑히기도 했다.

　"천혜의 자연환경을 갖춘 대관령 관사에서 퇴근 이후 시간을 오롯이 서각에 쏟고 있다"는 허 원장은 "나무 선택부터 다듬기, 조각, 채색까지 온 신경을 집중해 하나의 작품을 완성하고 나면 뿌듯하다"고 말했다.

　바쁜 생활 틈틈이 완성한 작품은 현재 30점이 넘는다. 이는 동호회원들의 전시회에 찬조 출품되거나 공모전에 응모해 수상의 기쁨을 안기기도 한다.

　"조각도와 끌로 나무를 새기며 놀다 보면 새로운 희망과 더 큰 꿈을 꾸게 된다"는 허 원장은 "농업인들도 생명창고 지기로서의 자부심과 희망을 간직하고 당당하게 살아갔으면 좋겠다"고 전했다.　평창=신정임 기자

농민신문　　　　　　　　　　　　　　　　　　2015.03.27.

강원인삼농협 유통센터 개장…농가에 안정적 판로제공

　강원인삼농협은 20일 홍천에서 강원지역 최대의 인삼전문판매장인 유통센터 준공식을 가졌다. 이날 준공식에는 노승락 홍천군수, 백금산 군의회부의장, 조완규 강원농협지역본부장, **허성재 강원도 유통원예과장**, 인삼재배농업인 등 200여명이 참석했다.

　30억원의 사업비가 들어간 강원인삼농협 유통센터는 5793㎡(1752평)의 부지에 판매장 및 홍보관·저온저장고·창고·자재판매장·주차장 등을 갖췄다.　홍천=김명신 기자

강원도민일보   2015.05.01.(금). 8면
우수 농식품 온·오프라인 중국시장 공략

도가 온·오프라인의 투 트랙(Two track) 전략 등을 활용한 강원농식품 중국 수출 확대에 나선다.

지난 30일 원주시농업기술센터 지하 대강당에서 열린 '강원농식품 중국수출설명회'에서 **허성재 도 유통원예과장**은 "2020년 농식품수출액 10억달러 달성을 위해 중국 최대 온라인 시장인 aT알리바바 등 글로벌 유통 플랫폼 활용과 오프라인의 고급백화점 유통망, 해외진출 한국유통업체 연계 등에 적극 나설 것"이라고 밝혔다.

이어 "중국 수출을 위한 양양국제공항 활성화와 거점상설판매장 운영 및 칭다오 물류센터 활용 등으로 신선채소·화훼 수출단지, 전략농식품 제조시설 현대화 등 스타수출 품목 육성에 나설 예정"이라고 설명했다.   원주=원상호기자

한국농어민신문   2015.06.12.
'시설농가 환경개선' 좌담회/ "생산량 안정화·품질 높이려면 낙후된 시설 개선 선결과제"

|중앙정부·지자체 대책은 스마트온실사업 적극 반영지역에 맞는 모델 개발·제시를파프리카 수급문제 함께 고민

▲최기영=중앙정부와 지자체에 대한 요구가 많다. 한정된 예산이라는 어려움 점도 있겠지만 중앙정부와 지자체는 어떠한 계획들이 있는지 궁금하다.

▲허성재=지난해 시설원예 뿐만 아니라 농산물 가격이 전반적으로 좋지 않았다. 이처럼 농업인들이 어려움을 겪다 보니 중앙정부나 지자체 요구나 건의사항이 더 많지 않나 생각된다. 신선농산물 주 수출국이 일본인데 최근 엔저 현상으로 여러 어려움이 있어 강원도에서도 물류비를 보전하는 농가지원을 고민하고 있다. 수출문제가 정리가 된 후에 시설지원 등을 고민해야 하는데 재정적인 부담도 있어 숙제인 것도 사실이다. 따라서 시설지원과 같은 문제는 중앙정부가 재정을 지원하는 등의 큰 틀을 마련할 수 있도록 같이 고민을 해 나가도록 할 것이다. 내년에 중앙정부에서 스마트온실사업을 신규로 추진하고 있는데 이 사업이 강원도에서 적극 반영될 수 있도록 검토하겠다...   백종운

농민신문 2015.09.04.
강원도, 중국 농식품시장 공략 '시동'

강원농식품 대륙공략 시동…중국 장춘, 심양에 '상설매장' 동시개장

 강원도(도지사 최문순)는 8월30~31일 중국 지린성 장춘, 랴오닝성 심양에서 세계 최대 백화점그룹인 장춘어우야그룹·쥬어잔그룹에 '강원농식품 상설판매장'을 개장하고 '강원농식품 수출확대 공동협력 업무협약(MOU)'을 체결했다.

 수출 공동협력 MOU를 체결한 장춘어우야그룹은 단일건물 세계 최대 백화점(60만㎡·18만1500평) 등 100여개의 백화점과 대형마트를 보유한 연매출 5조원의 유통업 전문그룹이며, 쥬어잔그룹은 지린성·랴오닝성 등 주요 성에 80개의 백화점을 보유한 연매출 4조원의 유통업 전문그룹이다.

 강원농식품 전문판매장은 2개소로 지린성 장춘시 어우야백화점(마이창점)에 37㎡(11평) 규모로, 랴오닝성 심양시 쥬어잔백화점(심양점)에 30㎡(9평) 규모로 개장했으며 도내 27개 업체 85개 품목을 전시·판매하고 있다.

 강원도는 앞으로 세계 최대 식품소비시장인 중국시장을 선점하기 위해 강원도와 지리적·문화적 유대관계가 깊은 '동북 3성'을 거점으로 상설매장을 확대 개설해 대중국 수출을 늘려 나갈 계획이다. 춘천=김명신 기자

농민신문 2016.01.27.
금강농협 죽왕지점 준공…로컬푸드직매장도 갖춰

 강원 고성 금강농협(조합장 최학철)은 22일 죽왕면 오호리에 죽왕지점 및 로컬푸드직매장을 준공하고 300여명의 내외빈이 참석한 가운데 준공식을 가졌다.

 개장식에는 정문헌 새누리당 의원(강원 속초·고성·양양), 윤승근 고성군수, 김용복 강원도의회 의원, 김숙희 고성군의회 부의장, 조완규 강원농협지역본부장, **허성재 도 유통원예과장**, 김진복 고성경찰서장, 박영훈 농협중앙회 이사(춘천 남산농협 조합장) 및 농업 관련 단체장, 유관 기관·단체장 등이 참석해 죽왕지점 및 로컬푸드직매장 준공을 축하했다. .
 고성=김명신 기자

농민신문   2016.02.19.

강원 농식품, 캐나다 서부지역 공략, 현지서 판촉·홍보전도 펼쳐

강원도가 캐나다 서부지역 농식품시장 개척을 위한 첫발을 내디뎠다. 도는 12일 캐나다 밴쿠버 소재 최대 한인식품 유통업체인 티 브라더스(T-Brothers Food & Tradings)와 강원 농식품의 캐나다 서부지역 수출시장 개척을 위한 업무협약(MOU)을 체결했다.

이번 협약식 체결을 위해 **허성재 도 유통원예과장**을 비롯해 함승우 (사)강원도전통가공식품협회 회장, 곽승신 〃 사무국장, 김영수 풍미식품 사장이 밴쿠버를 방문했다.

도는 업무협약으로 티 브라더스 유통망을 통해 강원 농특산물의 신규 상설매장 개설은 물론 수출 신장과 인지도 제고를 기대하고 있다. 또한 강원도와 강원농협지역본부(본부장 조완규)·강원도전통가공식품협회 주관으로 12~14일 3일간 밴쿠버 소재 한남유통 버나비(Burnaby)점과 써니(Surrey)점에서 '강원 농식품 판촉·홍보전'을 열었다… 춘천=김명신 기자

강원도민일보   2016.06.22.(수) 8면.

올림픽 대비 도 대표술 선발

도는 21일 도농업기술원에서 평창동계올림픽에 선보일 강원도 대표술 선발 평가회를 개최했다.

평창동계올림픽을 활용해 안동소주, 문배주처럼 도를 대표하는 명품주로 육성하는 것이 목표다.

허성재 도 유통원예과장은 "강원도만의 가치가 담긴 차별화된 최고 제품을 빠르게 개발해 도 대표술의 세계화를 위해 노력해 나가겠다."고 말했다.

강원일보 2016.09.30.(금) 15면.

[포토뉴스] 강원곤충산업연구회 창립총회

도농산물원종장(장장:허성재)은 지난 28일 별관 잠사곤충시설에서 강원곤충산업연구회 창립총회를 열었다. 강원곤충산업연구회는 한국곤충산업협회 강원지부를 중심으로 관련 기관과 협력해 현장 중심의 연구 과제를 추진할 예정이다.

강원도민일보 2016년 12월 19일 (월) 인물 12면

허성재 도농산불원종장장 대한민국미술대전 우수상

전통공예부문 3년 연속 입상

강원도농산물원종장 허성재(사진) 장장이 제35회 대한민국미술대전 전통공예부문에서 우수상을 수상한다.

강원도는 허 장장이 대한민국미술대전 전통공예부문에 서각작품 '슬렁슬렁'을 출품해 우수상으로 선정됐다고 18일 밝혔다. 허 장장은 지난 33회 대한민국미술대전에 처음 출품해 서울특별시장상 수상을 시작으로 지난해에 특선에 이어 올 해까지 3년 연속 입상하는 기록을 세웠다.

이번 입상작 '슬렁슬렁'은 음,양,음평각 등 다양한 서각기법으로 입체감이 돋보이고, 바탕에 희망의 상징인 보름달 형상과 화려한 색감을 더해 독창성을 살려냈다는 평을 들었다. 허 장장은 3년 연속 대한민국미술대전 입상으로 '국전 서각작가'로 이름을 올리게 됐다.

백오인

江原日報 2016년 12월 19일 (월) 인물 21면

허성재 도농산물원종장장 미술대전서 서각 우수상

허성재 도농산물원종장장(사진)이 제35회 대한민국 미술대전 전통공예부 문에서 서각작품으로 우수상에 선정됐다. 앞서 제33회 대한민국 미술대전에서 우수상급인 서울특별시장상과 지난해 특선에 이어 3년 연속 입상이다. 이번 입상작 '슬렁슬렁'은 희망의 메시지를 다양한 서각기법으로 표현했다. 특히 바탕에 희망의 상징인 보름달의 형상과 화려한 색감을 표현해 작품의 독창성을 살려냈다.

이성현기자 sunny@kwnews.co.kr

신아일보 2017년 07월 03일 (월) 19면 강원

홍천 | 허성재 제26대 부군수 취임식 개최

홍천군 제26대 허성재 부군수(사진) 취임식이 3일 대회의실에서 노승락 군수 비롯해 각 실과장, 직원 등이 참석한 가운데 열린다.

허성재 부군수는 1963년생으로 강원도 홍천 내촌 출신으로 홍천농고(28회), 한국방통대 행정학과, 연세대 행정대학원을 졸업했으며 환경농업담당, 농어촌개발담당, 의정담당, 강원도 감자종자진흥원장, 도유통원예과장, 도농산불원장 등을 역임했다.

허 부군수는 "민선6기 4년차 꿈에 그린 전원도시를 만드는데 힘을 보태겠다"고 말했다.

농업행정전문가로 정평난 허성재 부군수는 취미로 시작한 서각 작품이 제35회 대한민국 미술대전 전통공예부문 우수상을 수상하는 등 서각부문에서 타고난 실력을 자랑한다.

홍천/조덕경 기자 jogi4448@naver.com

江原日報　2017년 07월 26일 (수) 21면 인물

도의회 홍천 수해지역 점검　김동일 도의장과 김성근 도의회 부의장 등은 25일 수해가 발생한 홍천 내촌면 와야리와 내면 창촌리 일원을 찾아 피해현황 및 복구상황을 점검하고, 주민들을 위로했다.

江原日報　2017년 09월 07일 20면 (인물)

허성재 홍천부군수 국전 초대작가 등극

전통공예부문서 활동

서각작가로 잘 알려진 허성재(아호:玄松·사진) 홍천부군수가 최근 대한민국미술대전 전통공예 부문 초대작가로 등극했다.

허 부군수의 서각작품은 음각, 양각, 음양각, 음평각, 음산각 등 다양한 서각기법으로 입체감을 살려내고 화려한 채색으로 작품의 독창성을 살려낸다는 평가를 받고 있다.

그동안 대한민국 미술대전에서 서울특별시장상, 특선, 우수상 등 3년 연속 입상했었다.

허 부군수는 국전 초대작가 외에도 대한민국아카데미미술협회, 강원전통문화예술협회, 대한민국열린서화대전, 한국각자협회, 대한민국명인미술대전, 대한민국서예문인화대전 등의 초대작가로 활동하고 있다.

홍천=장기영기자 kyjang@kwnews.co.kr
(5.7*16.0)cm

강원일보　2017-11-2 (목) 14면.

[홍천]명품 홍천한우 맛에 빠지다

소비자의 선택 대상 수상, 올해 각종 대회서 입상, 체계적 관리·유통 쾌거

홍천한우 늘푸름이 전국 한우 부문 경쟁에서 대상을 수상하며 전국 최고의 브랜드임을 입증했다. 홍천군은 홍천한우 늘푸름이 1일 산업통상자원부 등이 후원한 '2017년 소비자의 선택' 최고의 브랜드 한우 부문 대상을 받았다고 밝혔다.

이날 시상식에는 **허성재 홍천부군수**, 임홍원 홍천군축협 조합장, 신재영 전국한우협회 군지부장 등이 참석했다. 홍천한우 늘푸름은 올해 국가브랜드대상을 연속 5회, 대한민국명품브랜드대상을 연속 4회 수상했고 제20회 전국한우능력평가대회에서 도내에서는 유일하게 우수 한우로 선정되기도 했다. 이 브랜드는 과학적인 사양관리, 체계적인 출하관리, 안전한 유통시스템 등을 기반으로 소비자가 믿고 먹을 수 있는 '프리미엄 한우'로 인정받고 있다.

홍천=장기영기자

강원도민일보

2017년 12월 06일 (수)
16면 지역

홍천군 국무총리 기관표창 홍천군은 지난 4일 서울 양재동 aT센터에서 열린 주거복지한마음대회에서 국무총리 기관표창을 수상했다.

강원도민일보

2017.12.16.

홍천군 포항지진피해 성금 전달

▲ 허성재(오른쪽) 홍천부군수는 15일 노승락 군수를 대신해 포항시를 방문, 489만8000원의 성금을 이원권 정무부시장에게 전달했다. 유주현

신아일보

2018년 03월 21일 (수)
13면 지역

홍천, 공무원 선거중립 결의대회 개최

강원 홍천군은 20일 오전 9시 군대회의실에서 홍천군 읍면실·과·계장이 참석한 가운데 '공무원 선거중립 결의대회'를 개최했다.

이날 허성재 부군수는 "지난 7월에 취임한 이래 벌써 9개월째 근무하면서 민선7기 군정을 일군을 뽑는 6.13 지방선거에 대비하게 됐다"며 "묵묵히 소임과 성과로 맡은 바 소임에 최선을 다하는 공무원 여러분께 감사드린다"고 말했다.

이어 "6.13지방선거는 우리 공무원이 주민들로부터 공무담임권을 위임받은 책임있는 자리에 있어 법령준수의 책임이 그 누구보다 크고 4대의무를 넘어 법과 도덕의 테두리에서, 권한과 책임의 원칙에서 자유롭지 못한게 공무원"이라고 강조했다.

또한 "공직선거법은 공무원의 선거개입 제한을 명확히 규정하므로 공무원의 정치활동 금지와 중립의무화는 일반국민과 처벌수위가 달라 의법조치가 엄중하고 가중처벌 받는다"고 말했다.

홍천/조덕경 기자 jogi4448@naver.com

강원도민일보 2018.03.30.

"택시·숙박 부당요금 근절 협력체계 구축"
홍천문예회관서 민관군 간담회, 지역농산물 이용확대 등 논의

▲ 홍천군 민관군 간담회가 29일 홍천문화예술회관 대회의실에서 홍천군, 11사단,군의회,군번영회,외식업 등 관계자 등이 참석한 가운데 열렸다

홍천군과 11사단이 지역 상생 차원에서 협력 사업을 확대해 나가기로 했다.홍천군은 29일 홍천문화예술회관 대회의실에서 허성재 부군수와 실과소장,신동천 군의장,김경수 11사단 참모장과 예하부대 참모및 장병,전명준 군번영회장,외식업·숙박업,택시업계,PC방 대표 등이 참석한 가운데 지역 현안을 폭넓게 논의하는 민관군 간담회를 개최했다.

홍천군과 11사단은 기존 관군 협력사업외에 지역 농산물 이용확대,훈련장 및 사격장별 산불재난 방지,재난재해 대비 군장비 및 장병 지원 등에 향후 상호 대책을 논의키로 했다.군은 부대측으로부터 건의된 홍천군에 영외 독신숙소 홍천 군민화 지원,홍천터미널 화장실 악취 개선,출타장병에 대한 할인혜택 확대와 부당요금 부과 금지,헌병대 하단부 급경사지역 옹벽 보강,연봉군 관사 신축지역 도시계획도로 신설,신병교육대 행사시 방문인원 할인제도 적용 등을 전폭 수용하겠다고 약속했다.이와함께 외출외박을 나온 장병들의 가장 애로사항인 택시·숙박 부당요금 근절은 부대측과 긴밀히 협력체계를 구축해 부당피해를 입지 않도록 해 나가겠다고 강조했다.

김경수 11사단 참모장은 "군부대도 지역과 상생하기 위해 많은 노력을 기울이고 있다"며 "이번 간담회가 그 시발점이 될 것으로 기대한다"고 밝혔다.

허성재 부군수는 "간담회 자리에서 많은 이야기가 도출될 수 있어서 다행"이라며 "해결할 것은 해결해 나가면서 상생 협력을 공고히 해 나가도록 하겠다"고 말했다. 유주현

강원도민일보 2018.03.30.

허성재 홍천부군수 국방부장관 표창

▲ 허성재 홍천부군수는 30일 도청에서 열린 통합방위회의에서 최영철 2군단장으로부터 통합방위평가 우수기관 국방부장관 표창을 전수받았다. 유주현

江原日報 2018년 05월 14일 (월)
14면 지역

홍천군 내면 면민체육대회 홍천군 내면 면민체육대회 및 노인의 날 행사가 지난 12일 내면고원체육공원에서 신동천 군의장, 허성재 부군수, 이형주 군노인회장 등이 참석한 가운데 열렸다.

강원도민일보 2018년 07월 04일 (수)
16면 지역

허필홍 홍천군수 사무인계·인수서 서명 허필홍 홍천군수가 3일 오전 군수실에서 홍천군 사무 인계·인수서에 서명하고 있다.

강원도민일보 2018년 07월 13일 (금) 16면 지역

홍천인삼 6년근 명품 생산 전진대회 홍천인삼 6년근 명품 생산 전진대회가 12일 크리스탈웨딩홀에서 허성재 부군수, 도의원, 군의원 등이 참석한 가운데 열렸다.

강원도민일보 2018년 07월 27일 (금) 16면 지역

홍천 서면 군도 정비사업 개통식 홍천군 서면 군도 14호선 위험재해지구 정비사업 개통식이 26일 서면 현지에서 열렸다.

강원도민일보 2018년 08월 08일 (수) 03면 정치

도의회 농림수산위 폭염 피해 농가 방문 도의회 농림수산위원회(위원장 박효동) 위원들은 7일 폭염 피해 현장인 홍천군 서석면 인삼 재배농가를 방문, 피해상황을 점검했다.

신아일보

2018년 08월 23일 (목)
13면 지역

홍천, 태풍 대비 비상근무 체제 돌입

취약지역 예찰 강화 등 다각적 대응태세 구축

강원 홍천군은 23일 전후로 제19호 태풍 '솔릭'이 한반도를 관통할 것으로 예측됨에 따라 재난안전대책본부를 가동하고 비상근무체제에 돌입하는 등 피해 예방에 총력을 기울이고 있다고 22일 밝혔다.

군은 지난 21일 허성재 부군수 주재 하에 태풍 '솔릭' 대비 상황판단 및 대책회의를 열고 부서별 강력한 대응태세 구축에 나섰다.

재난안전대책본부 총괄을 맡고 있는 건설방재과에서는 태풍 대비 비상근무체계를 사전 점검하고, 인명피해우려지역, 급경사지 붕괴위험지역 및 재해위험개선지구 공사 현장 등 태풍에 취약한 지역에 대한 예찰을 강화한다.

또한, 읍면 이장 및 자율방범대 등에 태풍진로 상황을 문자로 알리는 등 2012년 태풍 '산바' 이후 6년 만에 한반도에 상륙하는 태풍에 대비해 다각적인 대책을 추진하고 있다.

허성재 부군수는 급경사지붕괴 위험지역인 화촌면 야시대리 사면보강공사 현장과 폭우에 취약한 태양광 발전시설지 등을 둘러보고 태풍피해를 최소화하고 피해에 즉각적으로 대처할 수 있도록 태풍의 이동 경로에 주목하며 피해예방에 최선을 다해 줄 것을 당부했다.

홍천/조덕경 기자 jogi4448@naver.com

강원도민일보

2018년 08월 23일 (목)
19면 지역

홍천군 간편복 착용의 날 운영 홍천군이 하절기 공무원들의 근무 의욕 고취와 창의적인 사고를 진작시키기 위해 22일 처음으로 간편복 착용의 날을 운영해 눈길을 끌고 있다.

강원도민일보 2018년 08월 24일 (금)
17면 지역

홍천 평생학습 축제 개회식 제5회 평생학습 축제 개회식이 23일 홍천문화센터에서 허성재 부군수, 신영재 도의원, 박영록 군의원, 김종은 문화원장, 평생학습 회원 등이 참석한 가운데 열렸다.

04　　　사진 속 기억들

[배움의 길]

▸ 내촌초등학교 졸업 모습(1976)

▸ 내촌중학교 졸업 모습(1979)

▸ 홍천농업고등학교 졸업 모습(1982)

▸ 연세대학교 정경대학원 졸업식 모습(2010)

▸ 연세대학교 정경대학원 우등상 수상 모습(2010)

▸ 연세대학교 정경대학원 고위자과정 입학(2011)

[국제교류와 토론회 참석]

‣ 몽골식량농업부 교류협력('03) ‣ 북강원도 농업교류협의 방문('04)

‣ 강원농식품 중국 수출협약('15) ‣ 필리핀 산후안시 교류행사('18)

[주요인사 안내와 접견]

‣ 김정삼 행정부지사 감자진흥원방문 업무보고('14) ‣ 씨감자관련 도지사면담 배석('14)

‣ 한민구 국방부장관 가뭄현장 방문('15) ‣ 김동필 농림부장관 현장방문('15)

[주요행사 · 기념식 축사]

▸ 토마토경매사초청 사업설명회('15) ▸ 현충일 추념식('18)

▸ 홍천읍민 한마음대회 축사('18) ▸ 홍천군공무원직장협의회 출범식('18)

[영광의 수상 모습]

▸ 농식품수출최우수지자체상 수상('13) ▸ 지자체-농협 협력사업 최우수상('16)

▸ 농협중앙회장 감사패('16) ▸ 주거복지시책 기관표창('17)

[주요인사 접견·브리핑]

▸ 36사단장(구원근 소장) 예방 ('15)   ▸ 11사단장(박주경 소장) 예방 ('17)

▸ 강풍피해현장 점검('16)   ▸ 행안부차관 재해현장 브리핑('18)

[농정관련 토론과 발표]

▸ 농정현안 토론자 참석('15)   ▸ 농림부장관 푸드비전2020 브리핑('15)

▸ 지자체 농협협력사업 우수사례 발표('16)   ▸ 도의회 행정사무감사 업무보고('16)

[주요 현장설명 · 활동모습]

▸ 강원농특산물 상품설명회('15)   ▸ 중국 청도 aT물류센터 방문('15)

▸ 도의회 현지시찰 안내·브리핑('16)   ▸ 강원농특산물 특판행사('16)

[방송 · 인터뷰]

▸ 농특산물전 홍보방송 인터뷰('15)   ▸ 농협 협력사업 방송 인터뷰('16)

▸ 해외농특산물특판전 홍보방송('16)   ▸ 농산물유통시책 인터뷰('16)

[군부대 관련 행사]

▶ 유해발굴 개토제 헌화 ('18)　　▶ 11사단 신병교육 수료식 ('18)

▶ 유해발굴 합동 위령제 헌화('18)　　▶ 11사단(김태성 소장) 친선교류초청 방문('18)

[그 외 주요행사]

▶ 강원요리경연대회 입상자 시상('16)　　▶ 홍천군 자율방범대장 이취임식('18)

▶ 임용장 수여식('18)　　▶ 이웃돕기성금 기탁식('18)

[집무실 모습]

▸ 강원도 유통원예과장(2015)

▸ 홍천군 부군수(2018)

▸ 강원도인재개발원 연구위원(2020)

[공직퇴임 모습]

▶ 강원도인재개발원 연구위원 송별환송식(2022)

▶ 강원특별자치도 2023년 상반기 퇴임식(2023)

허성재 자서전

작은 외침, 큰 울림

발 행	2025년 07월 20일
지은이	허성재
펴낸곳	도서출판 태원

24349 강원특별자치도 춘천시 서부대성로 110-2
TEL (033)255-0277 E-mail tw0277@hanmail.net

ISBN 979-11-6349-145-3(03810)
값 15,000원

ⓒ 허성재, 2025, korea
이 책은 저작권법에 의하여 보호를 받는 저작물이므로
무단 전재와 복제를 금합니다.